제2판

영유아 언어 교육

서동미 엄은나 박성희 이혜경 공저

JUNGMINSA
정민사

머리말

언어는 인류만의 소유로 인간은 자신이 소속된 집단의 언어를 학습함으로써 타인에게 자신의 경험과 사고를 보다 정확하고 효과적으로 전달할 수 있게 된다. 이러한 과정을 통해 과거 시대의 문화와 행동 양식이 현재까지 전승되어 왔으며, 이는 또한 미래를 위한 발전의 기초가 된다.

영유아는 태어나는 순간부터 언어로 둘러싸인 세상에서 살게 되며, 언어는 모든 영역에서의 발달을 돕는 힘으로 영유아의 생활 면면에 영향을 미친다. 즉 영유아는 언어를 통해 세상에 대한 정보를 얻고 타인과 소통하며, 사회적인 관계를 맺거나 당면한 문제를 해결하는 능력을 가진 존재로 성장해간다.

영유아기는 기본적인 언어 사용 능력과 태도가 자리 잡히는 매우 중요한 시기로써 최초의 의사 표현인 울음으로부터 복잡한 문장 표현에 이르기까지 영유아기에 형성된 언어 습관과 태도는 일생 동안 지속된다. 따라서 유아가 다른 사람의 마음을 이해하고 자신의 생각과 느낌을 효과적으로 표현하는 기초적인 언어 사용 능력을 기르고, 말과 글이 지닌 힘에 대한 올바른 인식을 바탕으로 바른 언어 생활 습관을 갖도록 돕는 교육의 역할은 매우 중요하다.

타인과의 언어적 상호작용을 즐기는 성향은 어린 시기에 어떠한 언어적 경험을 하였는가에 영향을 받는다. 유아기는 언어의 형태보다는 의미에 대한 이해가 먼저 발달하는 시기로 구어 능력 발달의 급격한 변화가 이루어지는 시기이다. 아직까지는 읽기나 쓰기보다 듣기와 말하기의 구어 능력이 의사소통의 결과를 결정하지만, 생활 속에서의 읽기·쓰기 경험을 통해 그 목적과 기능을 이해하고 영향력을 이해함으로써 읽기·쓰기에 대한 강한 동기를 갖게 되는 시기이기도 하다.

그러므로 영유아 언어 교육은 영유아로 하여금 듣기·말하기 활동을 통해 이해와 표현의 언어 사용 능력을 공고히 하고 읽기·쓰기에 대한 흥미를 갖게 하는 방향으로 이루어져야 한다. 그리고 이는 유아 자신의 일상생활 속에서 실제로 경험하는 언어의 의미를 이해하고, 실질적인 이유에 따라 맥락에 맞게 언어를 사용해보는 다양한 활동들을 통해서 이루어져야 한다. 또한 영유아기의 문자 언어 교육은 글자 해독 및 낱자 베껴 쓰기 연습이 아니라 유아 스스로 읽고 쓰고자 하는 동기를 가지고 더 나아가 읽기와 쓰기를 즐기는 성향을 키워 가는 데 초점을 두어야 할 것이다.

따라서 교사는 언어의 구조와 기능 및 유아의 학습 특성에 대한 이해를 기초로 영유아 언어 발달을 지원해줄 수 있어야 한다. 본서에서 1부와 2부는 이론 편으로 1부에서는 언어의 기초 이론과 영유아기 언어 교육의 중요성, 영유아 언어 발달 이론을 제시하였으며, 2부에서는 영유아 언어 교육의 목표와 내용, 교수-학습 방법, 평가에 대해 제시하였다. 3부는 실제 편으로 영아를 위한 언어 교육 실제와 유아를 위한 언어 교육 실제로 구분하여 제시하였다. 영아의 경우 몸을 통해 주변 환경을 탐색하고 몸을 움직이며 언어를 체득하는 발달 특성을 고려하여 몸짓놀이를 통한 언어 활동을 제시하였다. 유아 언어 교육의 실제는 언어 구성 요소에 기초한 언어 활동을 통해 언어 능력의 기초가 공고히 형성될 수 있도록 돕는 방향을 제안하였다. 또한 영아와 유아 모두 그림책을 좋아하고 친숙하게 여기는 특성을 반영하여 공통적으로 그림책을 활용한 언어 활동을 제시하였다.

본서의 저자들은 다년간의 유아 교육 현장 교사 경력과 대학에서의 강의 경험을 토대로 영유아를 위한 언어 교육의 내용 및 효과적인 교수-학습 방법에 대한 이론과 언어 교육의 실제를 균형 있게 다루고자 노력하였다. 이 책이 영유아 교육현장의 언어 교육 실제에 대해 관심을 가지고 고민하는 예비유아교사와 현직 교사들에게 도움이 되기를 바란다.

끝으로 영유아 언어 교육 교재가 출판되기까지 기다려 주신 정민사의 박세원 대표님과 편집자님, 본문 내 사진과 삽화 구성에 도움을 준 김효정 원장님, 김명숙 원장님과 이윤정 학생, 윤민희 학생에게 감사의 인사를 드리고 싶다.

2022. 2.

저자 일동

차례

PART 01 영유아 발달과 언어

Chapter 01 영유아 언어의 이해

Chapter 02 영유아 언어 발달

PART 02 영유아 언어 교육

Chapter 03 언어 교육의 목표 및 내용

Chapter 04 영유아 언어 교수–학습 방법

PART 1

영유아 발달과 언어

영유아는 태어나는 순간부터 사회가 사용하는 언어 체계에 대한 규칙을 습득하기 위하여 부단한 노력을 하고 급격한 발달적 진보를 이루어간다. 영유아는 분화되지 않은 소리를 내는 것을 시작으로 점차 요구사항, 욕구 전달, 정보 요청에 이르기까지 다양한 목적을 지니고 의사소통을 시도한다. 영유아기는 자신이 속한 사회에서 의미 전달이 가능한 언어 체계를 익히고 소통의 기술을 익히는 시기이다. 영유아들이 급격한 발달 과정에서 한국어의 특징을 이해하고 원활한 의사소통자로서 성장하도록 돕는 일은 성인들의 중요한 역할이다. 이 장에서는 언어가 지닌 일반적인 특징과 구조, 영유아기 언어 교육의 중요성을 알아보고자 한다.

학습 목표

- 언어의 특징에 대해 설명할 수 있다.
- 언어의 구조에는 자모음, 음소, 형태소 등이 있음을 이해한다.
- 언어의 구성 요소는 형태, 의미, 화용의 세 부분으로 이루어짐을 이해한다.
- 언어는 사고 발달과 연관되어 있으며 의사소통, 사회성 발달에 영향을 주고 있음을 설명할 수 있다.
- 영유아기 언어 교육의 중요성을 이해한다.

학습 내용

지식	기술	태도
• 언어의 특징(임의성, 사회성 등) 이해 • 언어의 구성 요소 • 언어 교육의 중요성	• 언어의 특징 비교하기 • 언어의 구조 설명하기	• 언어의 특징에 대해 토의하기 • 언어의 구조 탐구하기 • 언어 교육의 중요성 인식하기

핵심 용어

언어의 특징, 언어의 구성 요소, 의사소통, 언어의 기능, 언어와 사고

Chapter

1

영유아 언어의 이해

1 영유아 언어의 이해

1. 언어의 기초

언어는 타인과의 관계 형성뿐 아니라 개인의 사고 과정, 그리고 더 나아가 역사와 문화를 전달하는 매개체이며 사회 구성원들이 함께 만들어가는 약속이면서 때에 따라 변화한다는 특징을 지니고 있다. 각 언어 문화권은 서로 다른 체계를 갖고 있으며 언어 사용자는 자신의 문화에서 통용되는 체계에 대한 이해와 적합한 실제를 통해 유능한 의사소통자로 성장할 수 있어야 한다. 음소, 음절, 형태소와 같은 문법적 요소에 대한 이해는 학습과 실생활의 경험을 통해 확장되어 간다. 언어 사용자가 매순간 의식하지 않더라도 의사소통이 원활하게 이루어지기 위해서 의미론, 통사론 등의 언어 사용 규칙이 적용되고 있다. 무의미한 발성이 의미 있는 소리가 되고 생각을 서로 나누는 의사소통이 되기까지의 길고도 긴 시간동안 교사는 규칙 습득을 도우며 영유아의 언어 발달에 많은 영향을 미친다. 교사는 영유아의 언어 지도를 위해 언어가 지니고 있는 특징과 언어의 구성요인에 대한 이해를 필요로 한다.

1) 언어의 특징

인간은 태어나는 순간부터 다른 사람과 관계를 형성하며 살아간다. 타인과 관계를 형성하는 방법은 다양한데 이 중 언어는 가장 효과적인 수단이다. 사람들은 언어를 통해 자기 자신의 욕구와 생각을 표현하고 이를 다른 사람에게 전달할 수 있다. 언어를 통해 서로 의미를 전달하고 소통하는 것이다. 이러한 언어 능력은 인간들이 공유하고, 인간에게만 고유한 것이므로 인간 종의 특성으로 여겨진다(Chomsky, 2007). 동물과 인간의 구분을 도구 개발 능력, 뇌와 지능, 사회적 공동 생활 능력 등을 기준으로 하였으나 1960년대 이래 침팬지와 같은 유인원들도 이러한 능력을 갖추고 있다는 사실이 밝혀지면서 언어 사용 능력은 인간을 인간답게 만들어준 인간성의 근원으로 삼게 되었다. 이런 관점에 착안해서 우리는 인간을 호모 로퀜스(Homo Loquens), 즉 언어적 인간이라고 한다(송완용, 2005).

언어는 '생각, 느낌 따위를 나타내거나 전달하는 데 쓰이는 음성, 문자 따위의 수단, 또는 그 음성이나 문자 따위의 사회관습적인 체계(표준국어대사전)'로 정의된다. 사전적 정의에 기초하여 각각을 세분하여 언어의 의미를 살펴보면 우선 언어는 생각, 느낌을 표현하는 도구이다. 다음으로 언어는 다른 사람에게 전달되어질 수 있다. 또 언어의 형태는 음성, 문자 또는 그 이외의 형태로 체계화되어 있다. 마지막으로 언어는 개인에게 속하지 않고 사회적으로 인정받고 사용되어지는 체계이다.

언어
생각, 느낌을 전달하는 음성, 문자 등의 수단이나 사회관습적 체계

언어의 의미는 목적, 언어의 형태, 사용 형태를 포함하고 있다. 개인적 수준 혹은 둘 이상의 사회 구성원 간에 사용되는 언어는 개인의 경험, 사고를 통해 외형적으로 표현한다. 이때 구성원 간 성립된 사용 규칙, 맥락에 따라 언어 사용의 적절성이 달라진다. 언어는 사용되어지는 맥락에서의 효율성과 효과성이 매우 중요하다. 언어를 사용하는 사람들은 사회적 관계, 위계와 같은 맥락을 고려하여 적절히 사용해야 한다. 인간이 자신의 생각을 표현하고 타인과의 관계형성을 위해 사용하는 언어가 지닌 주요 특징은 다음과 같다.

첫째, 언어는 고유한 체계를 지니고 있다. 언어는 오랜 시간동안 변화를 겪

체계성
언어권에 따라 고유한 문법적 체계를 갖춤

으며 구성원들의 사용 방법, 빈도, 사례 등을 고려하여 그에 걸맞는 문법이나 사용 가능한 예 등을 가다듬어 왔다. 그리하여 각 언어권에서 사용하는 언어는 어순, 조사의 위치, 문법의 내용과 적용 범위 등이 서로 다르게 정착되었다. 대표적으로 한국어는 '주어+목적어+술어'의 순서로, 영어의 경우 '주어+술어+목적어' 순으로 사용한다. 또한 우리나라의 언어는 '사과야'처럼 주어를 생략하고 사용해도 문맥적으로 이상하지 않지만 영어의 경우 'It is an apple' 처럼 주어가 필수적이다.

임의성
일정한 규칙 없이 언어가 생성됨

둘째, 언어는 임의적인 특징이 있다. 임의적이라는 것은 사물이나 상황을 지칭하는 언어를 생성할 때 일정한 규칙을 따르지 않는다는 의미이다. 같은 사물이나 개념이라 하더라도 국가, 민족, 문화, 지역에 따라 다른 언어를 사용한다. 예를 들어 를 한국에서는 '사과'로, 영어권에서는 'apple'로 표기하고 이를 발음하는 소리도 서로 다르다. 같은 언어 문화권 안에서도 임의적인 특성이 드러난다. 예를 들어 '힘들다'는 표현도 충청도에서는 '대간하다', 경상도에서는 '대다'라고 사용한다. 이러한 기호는 시대나 사회 구성원의 약속에 따라 변화한다.

상징성
사물이나 개념을 표상하는 기호임

셋째, 언어는 상징성을 갖고 있다. 언어는 사물이나 개념을 표상하는 기호 체계이다. 사물이나 개념을 언어화할 때 각 언어권에서 사용하는 '기호'를 사용하여 표상한다. 언어를 표기하는 기호도 지속적인 변화를 겪으며 언어권에 따라 서로 다르게 발전해 왔으며, 현재 한국어는 한글을 사용하고 중국어는 한자를 사용한다.

사물을 기호로 나타낼 때 사물이 지닌 외형적 특징이나 속성이 기호에 내포되는 것은 아니다. 즉 '책상'이라는 단어가 '책을 볼 수 있는 탁자'의 용도를 의미하여 정해진 것은 아니다. 사물에 기호를 표기하는 방식에서도 일정한 규칙이 존재하지는 않는다. 구두, 장화, 운동화는 모두 신발을 나타내지만 각 기호가 일정한 규칙을 따르고 있지는 않다. 다만 구두, 장화, 운동화 등의 기호를 통해 신발이라는 것을 떠올릴 수 있다는 점만 공통적이다. 때로 기호가 하나의 사물과 결합되지 않고 '밤'이나 '배'처럼 다양한 사물을 표상하는 경우 사용자에게 많은 혼란을 주기도 한다.

그림 1-1 하나의 기호 '배'의 다양한 상징성

사회성
언어 사용에 따라 생성, 소멸됨

넷째, 언어는 그 사용자들에게 있어서 사회적인 특징을 지닌다. 언어는 사회 구성원의 약속이며 정해진 방식으로 맥락에 따라 사용되어진다. 사회 구성원의 사고와 문화의 변화에 따라 언어의 상징성이 확장되기도 하고 축소되기도 한다. '가족'이라는 의미는 역사적으로 혼인과 혈연으로 맺어진 사이라는 의미가 강했지만 현대에는 '재결합가족', '다문화가족', '가상가족' 등 다양한 상황에서 쓰이며 의미가 확장되고 있다.

또한 사회 변화와 더불어 언어도 변화한다. '컴퓨터', '텔레비전'이라는 단어는 기술의 발달로 컴퓨터와 텔레비전이 생기기 전까지는 존재하지 않았던 언어이다. 하지만 현재에는 일반적으로 쓰이는 일상 단어가 되었다. 이제 '가상현실', '사물 인터넷'이라는 단어들이 새롭게 등장하여 보편화되고 있다. 이와

- 최근에 사라지거나 새롭게 등장하고 있는 단어를 찾아 적어 보세요.

◐ 사라지는 단어	◐ 등장하는 단어
• ______________	• ______________
• ______________	• ______________
• ______________	• ______________

같이 언어는 사회 구성원의 사용 빈도와 새로운 기술이나 의식의 변화로 가변성을 갖는다. 언어는 지속적으로 새롭게 변화하고 있으며 구성원들이 계속 사용하는 언어는 생명성을 갖지만 반대로 사용 빈도가 줄어드는 언어는 점차 사라지게 된다.

생산성
단어, 구 등의 조합으로 다양한 표현이 가능함

다섯째, 언어는 생산성을 지닌다. 언어는 기본적인 자음과 모음, 철자의 수가 정해져 있다. 그렇지만 이러한 자모음, 철자를 다양하게 조합하여 새로운 단어를 만들 수 있다. 'ㄱ'과 'ㅏ', 'ㅓ', 'ㅗ', 'ㅜ'와 같은 모음을 조합하여 가, 거, 고, 구 등의 다양한 조합이 생긴다. '가'와 '구'의 음절을 합하여 '가구'라는 새로운 단어가 만들어진다.

음절들이 모여서 단어를 만들고 단어들이 모여서 구와 절이 만들어지는 과정은 모두 언어의 생산성을 보여준다. 언어의 생산성은 한 대상을 묘사할 때도 잘 나타난다. 예를 들어, 딸기 하나를 묘사할 때 '딸기', '맛있는 딸기', '달콤하고 맛있는 딸기', '바구니에 담긴 달콤하고 맛있는 딸기', '엄마가 건네준 바구니에 담긴 달콤하고 맛있는 딸기'처럼 언어의 생산성을 이용하여 풍부하고 다양한 표현을 할 수 있다.

2) 언어의 구성 요소

구성 요소
형태, 의미, 화용으로 나뉨

개별 언어에서 나타나는 공통적인 요소들을 여러 연구자들의 연구를 토대로 구분해보면 형태, 의미, 화용의 측면으로 나눌 수 있다. 이는 음소, 형태소, 단어, 문장의 단위로 연계된다(박성희, 2012). 언어를 이해하기 위해서는 언어의 형태, 의미, 화용의 세 측면을 이해할 필요가 있고 학습자는 세 가지가 유기적으로 작용하는 것을 이해할 때 원활한 의사소통을 할 수 있다. 언어의 형태에는 음운론, 형태론, 통사론이 포함되고 내용에 있어서 의미를 살펴보는 분야는 의미론이다. 실제 의사소통 맥락에서 언어가 적절히 사용되고 있는지를 살펴보는 분야는 화용론이다. 여기에서는 형태, 의미, 화용으로 구성된 언어의 세 요소에 대해 알아보고자 한다.

(1) 언어의 형태

언어의 형태는 언어적 표현이 나타나는 형식과 관련된다. 음소, 음절, 단어, 문장의 구성, 배치가 어떠한 과정으로 나타나고 형성되는지를 말하며 음소, 음절, 형태소, 통사 구조 등이 해당된다.

① 음소

음소
음운론상의 최소 단위

음소는 더 이상 작게 나눌 수 없는 음운론상의 최소 단위를 말한다. 각각의 음소 자체는 소리를 낼 수 없으며 다른 음소와 결합할 때 비로소 소리가 난다. 개별 음소는 소리를 내었을 때 소리의 차이를 만드는 기능을 한다. '감'과 '곰'에서 'ㄱ'과 'ㅁ'의 음소는 공통적이지만 'ㅏ', 'ㅗ'의 음소가 다르기 때문에 서로 다른 소리가 난다. 이러한 음소들이 모여서 소리가 나는 음절이 만들어진다.

감

곰

한글
14개의 자음과 10개의 모음으로 구성

한글은 14개의 자음과 10개의 모음으로 구성되어 있다. 자음은 목, 입, 혀 등의 발음기관에 의해 구강 통로가 좁아지거나 완전히 막히는 것과 같은 장애를 받으며 나는 소리이다. 자음은 조음 위치와 조음 방법에 따라 분류할 수 있는데 국어의 경우 조음 위치에 따른 자음의 부류는 두 입술 사이에서 나는 소리 양순음(ㅂ, ㅃ, ㅍ, ㅁ), 혀끝과 잇몸에서 소리가 나는 치조음(ㄷ, ㄸ, ㅌ, ㅅ, ㅆ, ㄴ, ㄹ), 혓바닥과 입천장 사이에서 나는 경구개음(ㅈ, ㅉ, ㅊ), 혀의 뒷부분과 입천장의 뒷부분에서 나는 연구개음(ㄱ, ㄲ, ㅋ, ㅇ), 목구멍에서 나오는 성문음(ㅎ)이 있다. 또한, 조음 방법에 따라 파열음(ㅂ, ㅃ, ㅍ, ㄷ, ㄸ, ㅌ, ㄱ, ㄲ, ㅋ), 파찰음 (ㅈ, ㅉ, ㅊ), 마찰음(ㅅ, ㅆ, ㅎ), 유음(ㄹ), 비음(ㄴ, ㅁ, ㅇ)이 있다.

표 1-1 한글의 자음 분류

구분	입술소리	혀끝소리		구개음	연구개음	목청소리
예사소리	ㅂ	ㄷ	ㅅ	ㅈ	ㄱ	ㅎ
된소리	ㅃ	ㄸ	ㅆ	ㅉ	ㄲ	
거센소리	ㅍ	ㅌ		ㅊ	ㅋ	
비음	ㅁ	ㄴ			ㅇ	
유음		ㄹ				

모음은 성대의 진동을 받는 소리가 목, 입, 코를 거쳐 나오면서, 그 통로가 좁아지거나 완전히 막히거나 하는 따위의 장애를 받지 않고 나는 소리이다. 이에 해당하는 소리로는 'ㅏ', 'ㅑ', 'ㅓ', 'ㅕ', 'ㅗ', 'ㅛ', 'ㅜ', 'ㅠ', 'ㅡ', 'ㅣ' 등이다.

자음과 모음의 결합으로 소리가 나는 방법이 다른 언어에 비해 매우 체계적이고 과학적이기 때문에 한글은 배우기 쉽다. '브, 쁘, 프'를 발음해보면 서로 다른 글자임에도 소리가 나는 모양이 비슷하다. '가, 나, 다, 라'를 읊어봐도 자음은 바뀌어 글자 모양이 다르지만 소리에는 일정함이 있다. 한글은 자모음을 결합하여 하나의 음절을 정확하게 구분하여 표기하므로(강병모, 2000), 글자의 경계가 명확하고 해독이 용이한 문자 체계이다. 또한 소리 표기 단위를 음절로 삼고 각 음절을 초성, 중성, 종성으로 나누어 모음 한 개와 자음 2~3개를 조합하므로(김영실 외, 2006) 글자는 대부분 규칙적인 소리를 만든다(박성희, 2012). 그리하여 외국인이 자음과 모음만 익히면 어떠한 글자라도 표기가 가능하고 소리를 낼 수 있다는 장점이 있다. 중국에서는 20세기 초에 문맹률을 낮추기 위해 한글을 쓰려고 검토한 바 있으며(문화일보, 2016. 7. 28), 인도네시아의 찌아찌아족이 자신의 언어를 표기하는 방식으로 한글을 선택하기도 했다.

음소는 언어권에 따라 서로 다르기 때문에 서로 다른 언어를 배울 때 어려움을 겪는 요소가 되기도 한다. 영어의 'full', 'pull'은 서로 다른 음소를 지니고 있지만 한글에서는 이 둘을 구분할 음소가 없기 때문에 같은 소리로 발음된다.

읽을거리 **훈민정음에 대하여**

훈민정음은 1443년 창제되고 1446년에 반포되었다. 예의와 해례로 되어 있으며 예의는 음가와 운용 방법을 설명하고 있다. 해례본은 글자를 지은 뜻과 사용법을 적어두었다. 5해 1례(제자해, 초성해, 중성해, 종성해, 합자해, 용자례)로 구성되어 있다. 사용하기 쉽도록 음운의 소리를 'ㄱ은 군(君)자의 처음 펴어 난 소리와 같으며'와 같이 발음이 나는 과정에 대해 자세히 설명하고 있다.

훈민정음 해례는 한글 창제의 원리를 자세히 알 수 있는 자료였으나 1940년까지 해례본에 대한 실존 여부가 확실하지 않았다. 우리나라 문화재의 소중함을 알고 지키려 애쓴 간송 전형필에 의해 경북 안동에서 발견되었다. 전형필이 6.25 전쟁에도 상자에 넣고 피난을 갔으며 잠을 잘 때도 놓지 않고 지극히 아껴 보존하여 현재에 이를 수 있었다. 국보에 이어 세계문화유산으로도 지정되어 한글의 우수성을 세계적으로 인정받게 되었다.

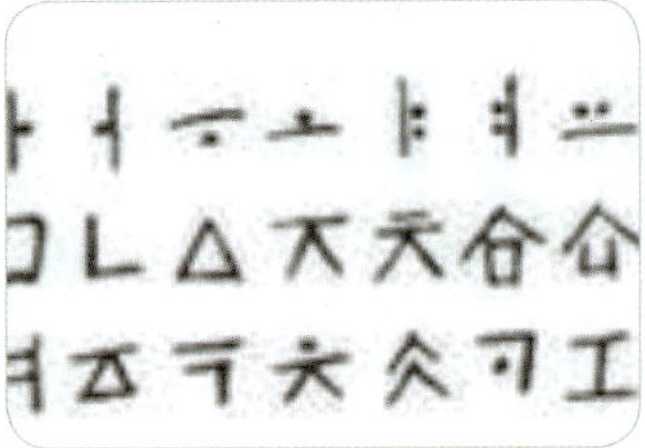
훈민정음 해례본

② 음절

> **음절** 발음의 최소 단위

하나의 종합된 음의 느낌을 주는 말소리의 단위, 몇 개의 음소로 이루어지며, 언어를 실행하는 과정에서 나타나는 발음의 최소 단위이다. 아기들이 말을 처음 배울 때는 '아, 마마, 가'와 같은 자모음이 결합된 음절로 말하게 된다. '아침'의 '아'와 '침'은 2개의 음절로 된 하나의 단어이다.

음절은 자음과 모음으로 이루어지지만 소리로 구성되는 방식은 다양하다. 먼저 모음은 단독으로 한 음절이 되기도 한다. '아, 어, 왜' 등이다. 다음으로 자음과 모음으로만 이루어진 '가', '나', '차'와 같은 조합이 가능하다. 또한 받침이 있는 음절을 만드는 모음과 자음 '악', '온'이 있고 자음과 모음, 자음을 적용한 '각', '홍', '탁' 등도 있다.

음절의 경우 말소리이기 때문에 뜻이 있는 경우도 있고 그렇지 않은 경우

도 있다. '산', '손', '발' 등은 뜻이 존재하고 '웨', '우'의 경우에는 뜻이 없다.

소리를 만들어 내는 구조는 각 문화에 따라 다르다. 강아지가 짖는 소리를 한국어로 '멍멍'으로 나타내지만 영어에서는 'bowwow(바우와우)'로 표기하고 소리는 〔me´ngme´ng〕, 〔ba´uwa`u〕로 낸다.

초기에 영아들이 주변 소리를 듣고, 소리에 반응하는 자신의 소리를 만들어 반응할 때 주변인들이 그 의미를 알아듣기는 어렵다. 점차 다양한 소리자극과 이에 대한 반응이 반복적으로 이루어지고 성인들의 소리와 영아들의 소리에서 유사성이 높아지면서 비로소 변별이 가능한 소리가 된다. 영아들은 '머~모', '머~멍'과 같이 소리를 내다가 '멍멍'이라는 소리를 여러 소리들 가운데 분류하고 범주화하여 발음 가능한 소리로 만들어간다. 영유아기는 '가자', '까까'에서 '과자'로, '바-', '바바'에서 '밥'으로 다양한 소리를 조합해보는 시도 과정을 누적하여 궁극적으로는 의사소통이 가능하도록 발달해가는 때이다.

세계 여러 나라에 걸쳐 영아들이 '마마', '바바' 소리를 가장 빨리 내고 대부분은 엄마, 아빠를 의미하는 첫 말을 한다. 초기에는 음절을 하나 하나 정확하게 분리하여 발음하지는 못하고 음절이 서로 연결되어 있는 미분화음을 낸다. 이후 소리를 낼 때 음절별로 분명히 발음하거나 필요한 부분에 강세를 주어 발음하기도 한다. 이러한 시도에서 음절 각각은 동일할지라도 실제적인 의미는 다를 수 있다. 예를 들어, '가자'라는 말을 할 때 '가'를 높고 길게 발음하여 '가~자' 요청하는 의미로, '가'와 '자' 각각을 끊어서 발음하여 '가 자'라고 화가 났음을 의미하는 데 사용하기도 한다.

③ 형태소

형태소는 '뜻을 가진 가장 작은 말의 단위'를 말하며 '의미가 있는 최소 단위'라고 한다. 단어를 만들 때 '개나리', '새색시'와 같은 단어는 '개', '새'라는 접두사를 붙여서 만든 단어이고 '버스 승객'은 '버스'와 '승객'이라는 각각의 의미를 가진 단어를 붙여서 만든 단어이다. 이때 '개'와 '새'는 독립하여 쓸 수 없고 '버스', '승객'은 독립적으로 사용할 수 있다. 형태소를 구분할 때는 형태소 단독으로 쓰일 수 있는지의 여부와 실질적으로 의미를 가지고 있는지의 여부에 따라 달라진다. 자립성 유무에 따라 단독으로 쓰일 수 있는 자립 형태소와 다른 형태소와 연결지어 사용해야 하는 의존 형태소가 있다. '걸음걸음'은 두 개의 자립 형태소로 이루어져있고 '한걸음'은 '한'이라는 의존 형태소와 '걸음'이라는 자립 형태소가 결합한 것이다. 앞서 설명한 음절과의 차이는 의미를 지니고 있느냐, 없느냐의 차이이다. '산'은 한 음절로 되어 있으며 하나의 형태소이기도 하다.

형대소
의미있는 최소 단위

형태소에 실질적인 의미가 포함되어 있으면 실질 형태소, 의미가 없이 말의 관계나 기능을 나타내면 형식 형태소로 구분한다. '예은이가 과자를 먹었다'라는 문장을 통해서 형태소를 구분해 보자.

형태소의 유형
자립성에 따라 자립 형태소와 의존 형태소로 나뉨
의미 여부에 따라 실질 형태소와 형식 형태소로 나뉨

표 1-2 형태소의 종류

구분	명칭	의미	예시
자립성 유무	자립 형태소	독립적으로 쓸 수 있는 형태소	예은, 과자
	의존 형태소	다른 형태소에 붙여서 써야 하는 형태소	–이가, –를, 먹–, –었, –다
실질적 의미 여부	실질(어휘) 형태소	대상, 동작, 상태와 같은 의미를 지닌 형태소	예은, 과자, 먹
	형식(문법) 형태소	실질 형태소에 붙어서 말의 문법적 관계나 기능을 나타내는 형태소 조사, 접사, 어미가 이에 해당	–이가, –를, –었, –다

언어를 습득하는 초기 영아들은 꼭 필요하고 중요한 정보를 담고 있는 핵심 단어만을 소리로 표현한다. '차', '맘마'와 같이 중요 정보를 지닌 음소만을 사용한다. 2세 전후에 200~250개 정도의 어휘에 대한 인식이 생길 즈음 '과자! 더'와 같이 두 단어를 조합하며 불필요한 음절은 생략하여 말한다. 이후 문장 형태에 대한 인식이 생기면서 '가', '에서'와 같은 조사들도 사용하여 말할 수 있게 된다.

④ 통사론

통사론
문법적 규칙과 변형

통사론은 단어가 결합하여 형성되는 구, 절, 문장의 구조나 기능과 관련된다. 문장의 형태나 구조는 단어의 순서, 문장의 구성, 단어들 간의 관계성, 단어의 품사에 관련된 규칙에 의해 구성된다(이차숙, 2004). 단어를 문장으로 배열할 때 언어 사용 규칙에 적합하지 않으면 의미가 충분히 전달되지 않는다. 각각의 언어는 나름의 단어, 구의 배열 규칙이 있다. 단어나 구 등이 문장에서 사용될 때 적합한 위치에 배열되어야 한다. 단어와 단어가 조합이 되어 문장으로 구성될 때 문법적인 규칙이나 변형에 관해 살펴보는 분야가 통사론이다. 이는 단어를 문법적으로 정확한 순서로 배열하여 문장으로 만드는 능력과 문법의 규칙을 이해하고 구사하는 능력이 발달하는 것을 의미한다(정옥분, 2005). 통사론은 문장을 완성할 때 어떤 단어의 구성이 가능하고 문법적이며, 어떤 것은 그렇지 않은지를 밝혀주는 것이다. 또한 문장의 의미를 분명히 하기 위한 띄어쓰기, 문장 부호의 사용 등도 통사론에 해당된다(박성희, 2012).

구는 둘 이상의 단어가 모여 절이나 문장의 일부분을 이루는 덩어리로 명사구, 형용사구, 부사구, 관형사구 등이 있다. '봄에 가꾼 밭에서 딴 수박은 아주 크다'라는 문장에서 '봄에 가꾼 밭에서 딴 수박'은 명사구이고 '아주 크다'는 형용사구이다.

절은 주어와 술어를 갖추었으나 독립

하여 온전한 문장으로 쓰이지 못하고 다른 문장의 주어, 목적어, 서술어와 같은 역할을 하는 한 성분으로 쓰이는 단위를 말한다. 명사절, 목적어절, 서술절, 부사절, 관형절, 인용절 등이 있다.

문장은 생각이나 감정을 말과 글로 표현할 때 완결된 내용을 나타내는 최소의 단위를 말한다. 주어와 서술어를 갖추고 있는 것이 원칙이나 때로 이런 것이 생략될 수 있다. 예를 들어, 아이에게 엄마가 '노니?'라고 물었을 때 주어가 생략되어 있지만 의미는 온전하게 전달된다. 문장은 평서문, 의문문, 감탄문 등이 있으며 문장을 기록할 때는 문장의 끝에 '.', '?', '!' 따위의 마침표를 찍는다.

문단은 글에서 하나로 묶을 수 있는 짤막한 단위를 말하고 한 편의 글은 여러 개의 문단으로 구성된다. 같은 맥락으로 작성되어 글의 요지가 분명하게 구분될 때 하나의 문단으로 구분할 수 있다.

문장의 구조는 언어에 따라 다르게 사용되는데 한국어는 주어-목적어-동사의 순으로 영어와 중국어는 주어-동사-목적어 순서로 사용된다. 한국어는 의미를 정확하게 전달하는 서술어가 문장의 뒷부분에 위치하기 때문에 '한국사람 말은 끝까지 들어야 한다'는 말처럼 상대가 말을 마무리할 때까지 집중하여 듣고 최종적인 의미를 파악할 필요가 있다. 반면 영어는 서술어가 문장의 앞부분에 제시되어 말하는 사람의 의사를 비교적 빨리 알아차릴 수 있다는 특징이 있다.

언어의 형태는 단어를 만드는 과정인 파생어, 합성어에 대한 이해 뿐 아니라 문법적으로 과거형, 복수형, 존대어 등의 사용 규칙을 이해하는 과정을 모두 포함한다.

(2) 언어의 의미

언어의 의미는 언어 표현에서 드러나는 단어나 문자의 의미 또는 내용에 관한 것이다. 단어의 사용을 통해 의미를 전달하게 되는 과정에서는 언어를 이해하는 것과 산출해내는 과정이 중요하다. 통상적으로 언어 이해 능력보다는

의미론
단어나 문자의 의미 또는 내용

언어 산출이 더 어려우며 언어 사용자들은 산출할 수 있는 어휘 수보다는 이해하고 수용하고 있는 어휘가 더 많다.

일반적으로 영아들은 12개월 전후하여 '말을 튼다'. 즉 의미 있게 상대방과 상호작용할 수 있다는 뜻이다. 처음부터 사물이나 상황에 적절하게 단어를 사용하는 것은 아니고 '안았다'라고 표현할 것을 '때렸어'라고 말하는 것처럼 오류를 범하기도 한다. 적절한 의미로 어휘를 사용하기 위해서는 단어가 표상하는 상징적 의미를 정확하게 이해하고 기억해 두었다가 표현하는 능력이 필요하다. 영유아들은 자신에게 의미 있는 엄마, 아빠, 밥, 강아지 등의 친숙한 경험에 대한 의미를 먼저 형성하고 점차 자신의 몸이나 친구, 장난감 등으로 의미를 확대하며 어휘 이해와 산출을 늘려 간다. 각각의 단어들이 주체가 될 수 있는지, 대상이 되는 것인지에 대한 이해도 필요하다. 때로 영유아들은 이에 대한 이해가 부족하여 자동차를 굴리면서 '자동차가 기어가'라고 말하기도 한다. 의미론적 입장에서는 영유아들이 어휘를 다양하게 접하며 정확한 의미, 개념을 알고 사용할 수 있는 능력의 발달 과정이 중시된다.

어휘의 의미는 의사소통의 과정에서 사회문화적 영향을 받는다. '아버지가 밥 먹었어'는 문장의 구조상 문제가 없지만 어휘가 쓰이는 맥락상 부적절하다. 한국어는 존대어를 사용하는 문화이고 '아버지'라는 단어와 '먹었어'라는 술어는 적절한 조합이 아니기 때문이다. 또한 같은 형태를 지닌 어휘라 하더라도 사용 맥락에 따라 의미가 달라지는데, 이는 언어를 사용하면서 경험적으로 터득해야 하는 부분이다. 아래에 제시된 활동을 하며 단어의 의미가 얼마나 다양하게 변화할 수 있는지 느껴보자.

- **다음의 문장에서 쓰인 '바다'의 의미 차이에 대해 생각해 보세요.**

1. 바다는 어떻게 생겼어?
2. 엄마들의 슬픔이 눈물 바다를 이루었습니다.
3. 그 남자는 진짜 바다 사람입니다.
4. 엄마의 마음은 바다와 같습니다.
5. 마음이 답답해. 바다 보고 싶다.

출처: 박성희(2012). p.19 예시문 응용

(3) 언어의 화용

언어의 화용
의사소통 과정에서 언어가 사용되어지는 맥락

언어의 화용은 의사소통적 맥락 안에서 다른 사람에게 영향을 미치고 정보를 전하려 할 때 적용되는 규칙으로 언어의 기능과 관계를 말한다. 의사소통적 맥락 내에서 언어 사용과 관련한 사회언어학적 문제라기보다는 언어가 어떻게 사용되어야 하는지를 고려하는 것으로 말로 하는 모든 행위, 즉 진술, 질문, 응답, 명령, 제안들을 말한다(유민임, 오성숙, 2013). 실제 의사소통이 이루어지는 과정에서 의미의 전달과 수용의 질은 화자의 적절한 단어의 사용과 청자의 정확한 이해, 대상 · 시간 · 공간과 같은 상황의 적절성에 많은 영향을 받는다.

한국어의 경우에는 영어에 없는 높임말이 있어 의사소통에 어려움이 생기기도 한다. 같은 말이라 하더라도 상대가 말하는 사람보다 나이가 더 많은지, 적은지에 따라 적절하기도 하고 때로는 무례해 보이기도 한다. 예를 들어 말하는 이가 '잘 가'라는 말을 동갑이거나 어린 상대에게 했을 경우에는 무리 없이 적절하다. 반면에 상대방이 말하는 이보다 더 어른이거나 초면인 경우에는 실례가 되는 행동으로 여겨진다. 이러한 높임말의 사용은 연령, 사회적 지위, 가족 관계, 직접 대화와 간접 대화에 따라 매우 다양한 규칙이 적용된다. '아버지, 할머니가 오라고 하셨어요'는 맞는 표현이지만 '아버지, 할머니라 오시라고 하셨어요'는 틀린 말이 되는 것이 그 예이다. 영유아는 성장하면서 자연스럽게 이러한 높임말의 사용 방법을 습득하게 된다. 외국인의 경우 높임말의 사용 방법이 복잡하고 단어를 바꾸어 사용해야 하므로 어려움을 겪기도 한다.

의사소통 맥락에서는 의례적으로 사용하는 언어들도 많다. 진정으로 궁금한 것이 아닌 경우나 예의를 갖추기 위해 하는 말에 대한 이해도 필요하다. '밥 먹었니?', '요즘 잘 지내?' 등은 의례적으로 나누는 인사의 대표적인 사례이다. 의례적인 인사는 특히 시간, 장소가 어떠한지를 살펴 맞게 사용할 필요가 있다.

의사소통에 영향을 미치는 한국어의 또 다른 특징은 주어가 생략되고 대명사 사용이 많다는 점이다. 말하는 사람과 듣는 사람이 주어가 무엇인지 목적어가 무엇인지 알고 있는 경우에는 흔히 생략하는데 이 습관 때문에 한국어에서는 주어가 구체적으로 무엇인지 찾아내기 어려운 문장들도 많다(고려대학교 출판부, 2012). 그리하여 의사소통 과정에서 화자와 청자는 대화의 맥락을 놓치지 않도록 집중해야 한다.

마지막으로 화용에서 가장 중요한 것은 언어적 의사소통에서 글이나 말의 맥락을 알고 공감하고 이에 적절한 반응을 보이는가 하는 점이다. 소통하는 당사자들이 맥락을 읽지 못해도 의사소통이 원활하지 않게 되고, 더 나아가 적절한 반응을 보이지 못하게 되면 관계의 지속이 어려울 수 있다. 또한 의사소통이 원활히 이루어지기 위해서는 단어, 구, 문장 등을 완벽하게 사용하는 것 이외에도 이를 전하는 억양, 톤, 표정 등이 중요하다. "너 어디서 뭐했어?"를 물을 때 억양과 톤에 따라서 전혀 다른 말이 될 수 있다. 염려하는 의미로 물을 수도 있고 따지는 의미로 물을 수도 있다. 따라서 언어를 적절하게 사용하기 위해서는 의사소통이 이루어지는 맥락에 기반하여 듣고 이해하고 반응할 수 있어야 한다.

3) 언어의 기능

영유아를 비롯한 모든 사람들은 언어를 사용한다. 이때 사용하는 언어의 기능은 언어를 사용하는 목적과 상황에 따라 다른 역할을 한다. 화자가 의도한 언어 기능을 이해하는 일은 매우 어렵다. 한 번의 의사소통에서 언어의 기능이 뚜렷하게 구분되지 않을 때도 있다. 의사소통 과정에서 사용하는 언어의 기능을 구분한 대표적인 학자는 스테브(Stabb)와 할리데이(Holiday)이다. 스테브는 교실 내에서 발생하는 음성 언어에 기초하여 5가지로 기능을 분류하였고 할리데이는 언어의 기능에 초점을 두고 구분하였다(한유미 외, 2005).

(1) 스테브의 분류

① 사회적 욕구의 주장

"이 인형은 내 거야.", "간식 지금 먹고 싶어요." 등의 표현은 개인이 나타내는 사회적 욕구이다. 사회적 욕구의 주장은 개인적 권리와 욕구, 비판과 논쟁 등의 부정적 표현과 긍정적 표현, 의견 요청, 우발적 표현 등을 의미하는 언어 기능이다. 영유아들은 하고 싶은 것, 갖고 싶은 것, 먹고 싶은 것에 대한 욕구를 타인에게 전달하기 위해 이러한 언어 기능을 사용한다. "시시해", "재미없어"와 같은 부정적 표현과 "웃겨", "○○ 좋아해", "맛있어"와 같은 긍정적 표현, 또 "이 그림 어때?"와 같은 타인의 의견 요청 표현들도 교실에서 자주 경험할 수 있는 언어적 기능이다.

② 통제

통제는 어떤 일이 행해지기를 바랄 때 요청, 요구, 간청, 협박, 명령 등을 하는 것을 의미한다. 영유아들은 놀이 상황에서 "연필을 나한테 줘", "장난감을 주지 않으면 너랑 안 놀거야" 등으로 물건을 요청하거나 놀이 상황을 통제하기 위해 사용한다. 사회관계 형성에 미숙함을 보이는 영유아들은 적절하게 요청하거나 요구 사항을 말하는 것이 어려울 수 있다. 따라서 교사는 언어를 통해 타인의 행동을 요구할 때 "종이를 줘라고 말해."처럼 언어적 모델을 보여주는 것이 필요하다.

③ 정보

교실에서는 어떤 사물에 이름을 붙이거나 어떤 사건을 회상하는 것, 관찰, 비교 등을 통해 정보를 알려주고 정보를 요청하는 것과 같은 언어 기능도 주로 발생한다. 교사는 영유아들이 정보 기능을 사용할 수 있도록 "○○과 ○○은 어떻게 다른가요?" 혹은 "○○과 ○○은 어떤 점이 같은가요?"처럼 비교하는 질문을 보여주거나 "견학을 다녀온 곳에서 어떤 일이 있었는지 차례대로 말해보자"처럼 회상하여 말할 수 있도록 도움을 제공한다.

④ 예측 및 추론

발견, 집중적 탐문, 사색, 질문 등을 추구하는 언어로 어떤 사건에 대한 예측 및 추론과 관련한 언어적 기능을 말한다. 예측과 추론은 경험이 많지 않은 영유아들에게는 어려운 기능일 수 있다. 따라서 교사들은 일상 대화에서

"○○라면 어떻게 될까?", "무엇 때문에 이렇게 되었다고 생각하니?"처럼 발견하고 탐구하는 질문을 자주 사용하는 것이 바람직하다.

⑤ 투사

투사의 언어적 기능은 자신을 타인의 감정에 투사하는 것으로 만약 다른 사람이라면 어떻게 할지를 표현할 목적으로 주로 사용하며 상상력의 확장, 역할놀이와 관련된 표현에서 자주 등장한다. 교사들은 영유아의 갈등 상황을 해결하거나 타인의 감정 읽기를 지도할 때 투사적 기능을 자주 사용한다. "만약 네가 ○○라면 어떻게 할 거니?(혹은 기분이 어떨 것 같아?)"와 같은 언어적 표현이 투사적 표현이며 영유아들은 투사적 표현을 통해 조망수용 능력이 발달하게 되고 공감이나 문제 해결 과정에 이를 수 있다.

(2) 할리데이의 분류

할리데이(Halliday)는 음성 언어와 문자 언어를 포함하여 언어의 기능을 분류하였다. 도구적 기능, 조정적 기능, 상호작용적 기능, 개인적 기능, 발견적 기능, 상상적 기능, 표상적 기능으로 나누어 설명하고 있다.

① 도구적 기능

언어는 인간이 지닌 다양한 욕구와 소망, 요구를 표현하고 이를 충족시키기 위한 수단으로 사용한다. "여행을 가고 싶다", "물 한 컵 주세요"와 같이 자신이 원하는 바를 이야기하고 이를 충족하는 도구가 된다. 상대를 통해 자신의 욕구를 충족하고자 하는 경우에 특히 도구적 기능이 활용된다.

② 조정적 기능

언어를 통해 자신과 타인의 행동, 감정, 태도를 통제하고 조정한다. 자신을 통제하는 언어는 "난 오늘 이 일을 마칠 거야"처럼 자신의 행동을 조정하고 범위를 한정짓는 데 사용된다. 타인의 행동을 조정할 때는 "속상해하기보다는 다시 살펴보는 게 어때?"처럼 말하여 타인의 행동을 조정하는 것이다.

③ 상호작용적 기능

언어는 사회적 관계를 형성하는 데 사용된다. 공적인 관계의 언어적 소통뿐 아니라 개인적인 관계 형성과 유지에 기능한다. 특히 감정을 나타내는 "네가 있어서 정말 다행이야", "이번에 많은 도움이 되었어"와 같은 언어 표현은 상호작용적 기능을 통해 관계형성, 유지에 효과적이다. 서로 간의 관계 형성, 유지를 돕는 상호작용적 기능의 전형적인 예이다.

④ 개인적 기능

언어를 통해 인간은 자신의 생각과 감정, 태도를 표현하고 개인적 정체감을 인식하게 된다. "이 그림에서 색이 마음에 들어"는 자신의 감정을 나타내고 "난 수영을 좋아해"와 같은 경우는 개인적인 정체성을 표현하는 경우이다. 일기, 자기 소개, 에세이 등에서 자주 표현된다.

⑤ 발견적 기능

언어는 정보를 찾고 문제 해결을 위해 주위 환경을 탐색하기 위한 수단이 된다. "나뭇잎이 왜 물들어?", "나는 어떻게 태어났어?"와 같은 질문들은 주변에서 일어나는 일에 대한 의문을 제기하고 이를 해결하고 일상 환경을 탐색하기 위한 것이다. 발견적 기능의 언어를 자주 사용하는 것은 영유아가 주변의 변화나 자신에 대해 폭넓은 관심을 갖도록 이끌 수 있다.

⑥ 상상적 기능

언어는 상상의 체계를 창조하고, 이를 통해 창의적인 활동과 자신의 세계를 창조할 수 있다. 장석주 시인의 '대추 한 알'의 일부를 보면 "저게 저절로 붉어질 리가 없다. 저 안에 태풍 몇 개, 저 안에 천둥 몇 개, 저 안에 벼락 몇 개가 들어서서 붉게 익히는 것일 게다. (이하 중략)"로 표현되어 있는데 자그마한 대추가 익어가는 과정을 압축적으로 간략하게 나타내고 있지만 우리 모두는 몇 개월의 시간적 흐름과 날씨 변화, 붉어가는 대추 모습을 충분히 상상할 수 있다.

언어를 통해 가상의 환경, 상황을 설정할 수 있으며 상상의 세계는 각 개인의 독특함을 나타낸다. 같은 언어라 할지라도 개인의 경험과 상상 능력에 따라 다른 시대, 형상이 그려져 언어 자체는 그야말로 역동성을 지니게 된다. 동화 『괴물들이 사는 나라』는 유아들에게 현실에서 벗어나 괴물이 사는 나라의 독특한 모습을 상상하도록 돕는다. 또한 『해리포터』와 같은 문학 작품들은 마법에 기반하고 있어 일상에서 경험하기 어려운 가상세계에 대한 상상적 기능의 극치를 보여주는 좋은 예이다. 언어가 지닌 상상적 기능으로 인하여 인류는 무수한 역사적이며 감동적인 문화유산들을 생성해오고 있다.

⑦ 표상적 기능

언어는 아이디어나 정보를 전달하고 표현하는 기능을 한다. '자동차'라는 단어는 자동차의 문, 바퀴와 같은 형태뿐 아니라 트럭, 버스 등 여러 유형의 자동차를 나타내기도 한다. '자동차가 빨리 달리고 있어'라는 문장은 자동차가 움직이는 모습에 대한 많은 정보를 전달한다.

언어는 의미를 포함하고 있어 이를 적절히 사용하려면 이에 대한 경험이 필요하다. 예를 들어, '놀이기구'에 대한 경험이 없을 경우 놀이기구를 그리거나 만드는 표상활동이 어렵고 놀이기구에 대한 언어적 표현도 불가능하다. 새로운 기술에 의한 개념, 사물이 명명 혹은 개발되었을 때 언어의 표상적 기능은 더욱 중요해진다. '컴퓨터'는 한국어로 대체할 기호가 적절하지 않아 그대로 사용하고 있다. 컴퓨터는 초기의 '계산을 하는 기계'라는 표상에서 확장되어 현재는 지식, 정보, 검색 등 다양한 의미를 지니고 있다. 이메일도 전자우편보다는 표상적 기능의 유용성을 더 많이 지니고 있다. 언어의 표상성은 언어 사용자들이 언어와 관련한 경험이 얼마나 많은지, 깊이가 있는지에 따라 달라진다.

2. 언어 교육의 중요성

영유아기에 언어 발달이 급속도로 이루어지므로 교사는 영유아기 언어 지도의 목적을 분명히 해야 한다. 교사는 단기적인 목표를 설정하기보다는 유능한 언어 사용자로서 영유아가 성장할 수 있도록 장기적인 지지 체계 역할을 하며 적극적으로 언어 교육을 지원해야 한다. 유아기에 자신의 의사를 표현하고 타인의 의사를 수용할 줄 아는 의사소통 능력을 갖추는 것은 매우 중요하고(교육과학기술부, 보건복지부, 2012) 이는 영유아 언어 교육의 목적이기도 하다.

영유아기는 자신이 속한 사회의 언어 규칙을 습득해가는 시기이다. 문화에 따라 배우는 단어의 순서나 구조는 다를 수 있지만 이후 사용하는 언어 체계의 기초를 형성하는 시기임은 분명하다. 언어 습득의 최적의 시기인 영유아기에 언어 교육을 해야 하는 것은 더 말할 나위가 없다. 영유아기 언어 교육의 중요성은 여러 학자들(이영자, 2013; 이차숙, 2005)이 의사소통, 사고 발달, 사회성과의 관계에서 설명하고 있다.

첫째, 언어 교육은 의사소통 기술을 습득하도록 돕는다. 영아기에는 주로 몸짓 · 표정을 통한 비언어적 의사소통이 많았다면 유아기에는 주변 사물과 사건, 경험에 대해 이해하고 표현하는 것이 중요해진다(교육과학기술부, 보건복지부, 2013). 비록 영아기에 정확한 어법의 사용이 어렵고 문자처럼 형식화된 언어로 표현되지 않더라도 의사소통은 가능하다. 정확한 언어로 설명하지 않아도 공유하는 경험과 문화가 있으면 의사소통이 이루어질 수는 있다. 하지만 언어를 통하지 않는 의사소통은 한계성을 지닌다. 표정이나 동작의 표현 정도가 사람, 문화에 따라 차이가 있어 의미가 모호하거나 다른 의미로 해석되어 오해를 불러일으킬 수도 있다. 영유아들은 교사 혹은 다른 성인들의 언어 교육을 통해 우리 문화에서 통용되는 의사소통 기술을 익힐 필요가 있다. 언어를 통해 의사 표현이 명확해지고 의사소통이 원활해질 수 있다. 한편 의사소통에서 사용하는 단어와 맥락은 직접적인 경험을 통해서 습득되기 어려운 면이 있다.

예를 들어 관습적 표현이나 속담 같은 경우는 영유아들이 잘 알기 어렵다. 영유아들은 성인의 언어 교육을 통해 의사소통에서 필요한 맥락적 이해, 단어의 의미변화, 변형된 표현들을 익힐 수 있다. 다른 사람의 표정 읽기, 맥락에 따른 단어의 의미 알기, 말과 글의 내용에 적합한 표정, 동작 표현하기 등은 의사소통 기술의 기초적인 내용이다.

둘째, 인간은 언어를 통하여 대리 경험을 할 수 있다. 개인이 직접 경험을 통해서 대상, 사물에 대한 인식을 형성하는 데는 시간적 · 공간적 · 물질적 제약이 따른다. 설사 시간적 · 물질적 여건이 조성된다 하여도 개인이 모든 것을 직접 경험할 필요도 없다. 직접적인 경험이 없더라도 문학 작품, 뉴스 등의 언어에 기반한 다양한 매체를 통해서 대리 경험을 할 수 있다. 특히 문자 언어는 세대를 거쳐 가면서 다양한 경험을 전하여 세대 간의 이해를 돕고 공유 경험을 창출하도록 한다. 또한 공간적으로 분리되어 있는 경우에도 말과 글을 통해 서로의 경험을 연결 지을 수 있다. 언어라는 도구를 통한 대리 경험으로 개인의 경험 세계가 확장되고 타인을 보다 잘 이해하게 된다.

언어 교육을 통해 습득한 말과 글을 통해 영유아들은 주변의 많은 사람들과 대화를 하며 경험을 확장하기도 하고 글을 통해 상상적인 경험과 문제 해결 과정을 깨달아 갈 수 있다. 영유아기의 언어 교육은 영유아의 직접 경험 밖에 흩어져 있는 다양한 경험을 연결 짓는 매개체가 된다.

셋째, 언어는 뇌 발달과 관련되어 있다. 뇌는 언어 신호와 정보를 처리하는 역할을 맡고 있다. 여러 학자들이 뇌 발달과 언어 간의 관련성을 제시하였고 과학적 증거들이 뒷받침하고 있다.

촘스키(Chomsky)는 언어를 뇌가 형성되고 나서 발생한 자연적인 산물로 보고 두뇌 속에는 선천적 문법 기계가 내재되어 있다고 한다. 언어를 습득하기 위한 기본적인 능력은 선천적으로 갖고 태어난다고 하고 이를 LAD(Language Aquisition Device)라고 한다. 이 관점에서 언어는 생물학적으로 결정된다는 입장이다. 뇌의 발달이 언어 습득을 위한 필수적 요소라는 견해이다.

더불어 뇌의 각 영역이 언어와 연관된다는 증거들도 제시되었다. 뇌는 언어의 이해와 산출 과정을 관장하는 역할을 한다. 언어와 뇌의 관계성은 브로카(Broca)의 연구에서 시작되었다. 프랑스의 외과 의사였던 브로카는 1865년 언어장애를 지닌 환자를 치료하는 과정에서 좌반구의 전두엽에서 손상이 있음을 발견하였다. 브로카 실어증의 경우에는 말을 유창하게 하지는 못하지만 언어 이해가 가능하고 발성하는 데 문제가 없다. '탄, 탄, 탄'이나 '아빠... 병원... 수요일'처럼 같은 단어의 반복을 서로 다른 의미로 사용하거나 한 단어를 나열하지만 문장은 만들지 못하는 증상을 보인다. 브로카는 같은 부위의 오른쪽 뇌가 손상된 경우에서는 말하는데 영향을 미치지 않는 것을 알아내고 왼쪽 대뇌의 전두엽이 언어 중추라고 주장했다.

이후 독일의 신경학자인 베르니케(Wernick)는 1874년 좌반구의 뒤쪽은 청각과 관련되어서 말은 잘 하지만 문법에 맞지 않게 표현한다는 것을 발견했다. 뇌의 좌뇌는 논리 분석적인 사고와 수 · 언어 능력을, 우뇌는 시 · 공간적 사고와 감각, 정서 표현을 담당한다. 좌뇌의 앞 부위에 있는 브로카 영역은 입술과 혀의 운동을 관장하여 브로카 영역의 손상을 입은 경우에는 언어 이해 능력은 가능하여 다른 사람의 말을 이해하지만 스스로 언어를 생성하여 발음하기 어렵거나 유창성이 부족하다. 발음이 잘 안 되어 자동차를 발음할 때 '자드츠'처럼 알아들을 수 없게 발음한다. 좌뇌 뒤쪽에 있는 베르니케 영역은 청각과 관련되며 언어 이해를 다룬다. 이 영역에 손상을 입은 경우에는 말을 하나 이해할 수 없는 말을 하거나 의미파악이 되지 않는 말을 한다. 단어를 연결하여 의미 있는 문장으로 말하지 못하고 서로 연관이 없는 단어들을 나열하기만 한다.

언어와 관련한 자극이 시각피질이나 청각피질에서 수용되면 베르니케 영역을 통과한 다음 브로카 영역으로 전해진다. 브로카 영역에서 자극은 언어지시로 바뀌어 일차 운동피질로 보내지므로 아무리 경미할지라도 이 영역에 손상이 생기면 단어를 구성하는 능력에 심각한 피해를 입게 된다. 베르니케 영역에서는 청각신호를 문맥에 맞춰 뇌의 기억장치 속의 올바른 의미와 짝을 짓는다. 해석된 신호는 브로카 영역으로 가서 실제 발음으로 구성된다. 자극을 받아들여 해석하고 실제 발음으로 생성하는 과정에서 브로카 영역과 베르니케 영역이 유기적으로 연관되어 있다(김초복 외, 2015).

브로카 영역과 베르니케 영역의 발견으로 언어 발달에는 뇌의 좌반구가 중요한 역할을 한다는 점과 뇌의 각 영역이 언어 생성, 산출에 미치는 영양이 서로 다름을 알 수 있다. 좌반구가 언어의 생성과 산출과정에서 주된 역할을 하지만 우반구의 역할도 중요하다. 우반구가 손상될 경우 농담이나 은유적인 표현을 잘 이해하지 못한다고 한다.

우반구는 언어의 생성, 산출에서 자연스럽게 동반되는 감정, 정서를 일으키는 중요한 역할을 담당한다. 언어와 정서 반응은 동시에 발생한다. 정서적인 반응은 언어의 빠르기 단어리듬 등에서 드러난다. 유아들은 4가지의 각기 다른 단서를 통해 복잡한 음성 언어를 구별한다. 음성의 규칙성, 음소의 배열, 단어들 간의 음성 패턴의 빈도, 리듬 등이다(Kamiloff-Smith, 2002, 조주연, 이병승, 2012 재인용). 이 중에서 음성 패턴과 리듬은 우반구적인 성격이 강한 것이다.

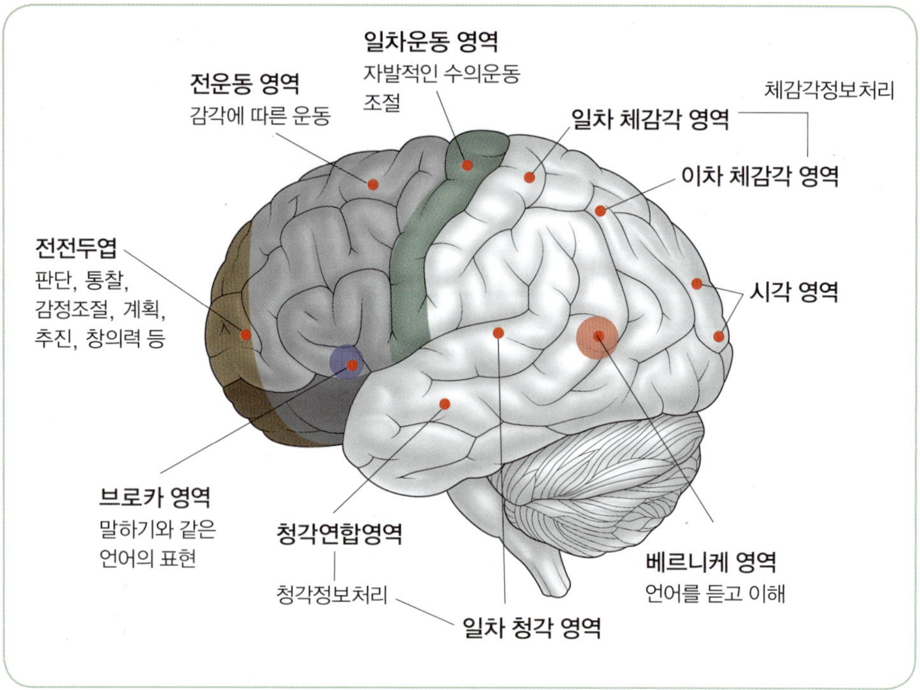

그림 1-2 뇌영역과 언어 간의 관계

이와 같이 언어 발달에 있어서 좌뇌와 우뇌는 서로 연결되어 있다는 사실이 확인됨에 따라 한쪽의 뇌가 절대적인 역할을 한다고 보는 견해가 비판받고 있다. 좌뇌와 우뇌는 언어 발달에 있어서 전 영역이 서로 연관되어 기능한다고 보는 것이 마땅하다. 따라서 언어를 지도할 때는 유아들의 생활, 감정 맥락과 분리된 단어 암기나 쓰기 활동을 지도하기보다는 정서가 내재되어 있으며 음성의 변화와 리듬이 있는 언어적 자극을 제공하는 활동이 더 효과적이다.

뇌의 정상적인 발달은 언어 사용을 가능하게 하는 기본적인 조건이다. 뇌의 발달은 2세경부터 분화되기 시작하여 12세경이 되면 뇌의 측면화 현상이 끝나게 되는데 뇌 발달의 결정기인 유아기는 언어 발달의 매우 중요한 시기라고 볼 수 있다. 따라서 영유아기에는 좌뇌와 우뇌 발달 과정에 기초한 언어 교육이 필요하다.

넷째, 언어와 사고는 서로 연관되어 있다. 언어와 사고 발달은 서로 연관성이 지니고 있음은 분명하나 학자에 따라 상이한 견해를 제시하고 있다. 사피어(Sapir)와 워프(Whorf)는 언어가 사고를 결정한다는 견해를 보였다. 이에 따르면 인간이 사용하는 언어에 의해 사고와 경험 양식이 구조화된다는 것이다.

읽을거리 신경 생물학적 뇌의 측면화 현상과 결정적 시기

레너버그(Eric Lenneberg, 1921-1975)는 1967년 『Biological Foundation of Lenneberg』란 저서에서 뇌의 측면화 현상에 대해 설명한다. 우리의 뇌는 1,000억 개 이상의 신경세포로 구성되어 있는데 좌뇌는 논리적 분석적 기능을 담당하고 우뇌는 감정적이고 사회적인 면을 담당한다. 언어의 기능은 좌뇌에서 담당한다. 뇌의 좌우에 따라 하는 일이 다르다. 좌와와 우뇌의 일이 분화되어 고정화 되는 현상을 '뇌의 측면화'라고 한다. 좌뇌와 우뇌의 기능이 태어날 때부터 나누어진 것이 아니라 발달 과정에서 점차 발생한다. 뇌의 측면화 현상은 생후 2년부터 시작하여 12세 정도에 끝난다. 그리하여 새로운 언어를 형성하는 자극이나 교육이 12세 후에 이루어지면 언어를 습득하는 능력이 감소한다. 언어를 습득하는데 있어서 2세부터 12세 까지는 결정적 시기라고 하였다.

반면 Krashen(1973)은 뇌의 측면화는 5세경에 끝나고 언어 습득의 결정적 시기는 사춘기에 끝나기 때문에 논리가 성립하지 않는다고 반박했다.

즉 언어가 없으면 대상이나 사물, 경험에 대한 사고 과정이 없다는 것이다. 이러한 사피어의 주장은 서로 다른 언어를 사용하더라도 문화를 공유하는 경우가 있으며, 언어에 따라 사물이나 세상을 이해하는 방식이 다른 것이 아니라는 견해에 의해 비판받고 있다.

한편, 피아제(Piaget)와 비고츠키(Vygotsky)는 언어와 사고는 서로 다른 발생적 기원을 갖는다고 보았다. 피아제는 언어가 사고를 정교화하는 데 필수적인 역할을 하지만 충분조건은 아니라고 보았다(홍혜경 외, 2012). 피아제는 사고의 발달이 언어 발달에 선행한다는 견해를 지니고 있으나 비고츠키는 언어가 사고 발달에 중요한 역할을 한다고 보았다. 언어를 통해 고등정신 기능을 형성함으로써 언어와 사고의 발달이 같이 이루어질 수 있다고 하였다. 또한 두 학자는 자기중심적 언어와 사회적 언어에 대해서도 견해가 다른데 피아제는 자기중심적 언어가 먼저 발달하고 이후 사회적 언어가 된다고 보았다. 특히 자기중심적 언어를 영유아들이 미성숙하여 타인이 경험하는 상황이나 관점을 이해하지 못하고 오직 자신을 중심으로 하여 말하는 것으로 하여 가치를 부여하지 않았다.

반면 비고츠키는 2세 이전의 전언어적 시기에서 2세경의 사회적 언어로, 이후 자기중심적 언어 사용에서 내적 언어로 발달한다고 보았다. 비고츠키는 영유아 발달 초기에 사회적 상호작용을 통해 습득한 사회적 언어가 점차 자기중심적 언어, 내적 언어로 발달함에 따라 내적 사고의 도구가 된다고 하였다. 자기중심적 언어에 대한 비고츠키의 견해는 유기체가 자기 스스로 자신의 행동이나 사고를 통제하기 위해서 말하는 것으로 '그래, 난 할 수 있어', '이 방법이 안 되면 다른 방법으로 해보자'처럼 자신에게 용기를 부여하거나, 일의 절차를 자신에게 스스로 안내하는 역할도 가능하다. 이러한 자기중심적 언어는 발화로 보면 외적으로 표현되므로 외적 언어처럼 보이나 실질적인 기능은 자기 조절을 위한 내적 언어로 볼 수 있다. 자기 조절, 통제어 기능을 하는 내적 언어는 그 중요성이 점차 부각되고 있다. 내적 언어기는 말이 사고 과정으로 내면화되는 단계이며 이는 개인이 지닌 언어 구조가 사고 구조를 형성하는 데 영향을 미침을 보여준다.

두 학자의 의견이 조금 다른 면을 지니고 있으나 언어는 사고의 바탕이 되고 사고를 통해 언어의 정교화와 상위 인지로 발달해가는 과정이라는 데는 이견이 없다. 즉, 언어는 사고를 발달시키는 중요한 매개체가 된다. 사람들은 언어를 사용하며 인지적인 구조화가 이루어지고 추상화된 지식 체계를 갖게 된다. 인지 발달을 통해 인식과 범주화, 체계화를 이루어가는 영유아들에게 언어 지도는 지식의 형성과 통합적 조직을 위한 필수 과정이다.

다섯째, 언어는 사회성 발달에 영향을 미친다. 타인과 함께 살아가는 사회에서 공감하고 함께 문제를 해결해나가는 도구로서 언어는 그 중요성이 매우 크다. 언어를 통한 의사소통의 과정은 단어와 단어 혹은 문장과 문장 간의 단순 교환 과정이 아니다. 의사소통은 개인의 감정과 태도, 요구를 전달하는 과정이며 이러한 과정에서 유아들은 상대의 반응에 따라 의사소통의 방식을 수정해나가기를 반복한다. 의사소통 과정에서 어휘, 표정, 어조를 변화시키며 상대의 요구를 수용하기도 하고 본인의 요구나 감정 표현의 수위를 조절하기도 한다. 때때로 자신의 주장을 강하게 내세우기도 하고 때로는 서로 조율하며 영유아들은 자신의 감정을 조절하고 상대의 입장을 고려하는 태도를 형성해 간다. 주장과 양보, 조절 행동을 통해 또래 관계를 형성하고 사회성을 발달시켜 나간다. 이렇듯 언어를 통한 공유된 의식은 영유아들 간의 친밀감과 소속감을 형성한다.

점검해보기

● **다음을 읽고 해당하는 곳에 √ 표해 보세요.**

	예	아니오
1. 언어는 인간만이 지니고 있는 특징이다.	☐	☐
2. 언어는 상징성이 있다.	☐	☐
3. 언어의 구성 요소는 형태, 의미, 화용이다.	☐	☐
4. 언어 발달은 좌뇌가 전담한다.	☐	☐
5. 비고츠키는 언어 발달이 사고 발달에 우선한다고 하였다.	☐	☐
6. 언어는 사고를 발달시킨다.	☐	☐
7. 음절은 발음의 최소 단위이다.	☐	☐
8. 아이디어나 정보를 전달하고 표현하는 기능을 언어의 표현적 기능이라 한다.	☐	☐
9. 언어의 화용은 언어가 사용되는 맥락을 중요시한다.	☐	☐
10. 형태소는 문법의 최소단위이며 자립형태소와 의존형태소가 있다.	☐	☐

정답

1. 아니오 2. 예 3. 예 4. 아니오 5. 예 6. 예 7. 예 8. 예 9. 예 10. 아니오

언어가 타인과 의미를 소통하는 도구라고 한다면 첫 울음을 터트리는 순간부터 인간은 언어를 사용하는 존재라고 할 수 있다. 국가와 지역을 막론하고 신생아들의 첫 발성은 대체적으로 입술을 터트려 내는 소리인 파열음이고 팔을 자유롭게 사용하기 시작한 영아에게 펜을 쥐어주면 팔을 상하로 흔들어 수직선에 가까운 낙서를 한다. 이러한 사실은 모든 인간은 일정한 순서와 방법으로 자연스럽게 언어를 습득할 수 있는 능력을 가지고 태어난다는 가설을 가능하게 한다.

하지만 모든 영유아들이 성장하는 과정에서 같은 형태와 수준의 언어를 사용하는 것은 아니며 형식적으로 말을 하고 글을 쓰기까지는 실로 오랜 시간이 걸린다. 영유아들이 일반적으로 언어를 습득하는 방식과 발달의 과정을 학습하는 것은 언어 교육에 있어 교수 방법을 결정할 수 있는 가장 기본적인 토대가 될 수 있다.

학습 목표	•인간 언어의 발달 과정과 영향을 미치는 요인을 이해한다. •영유아의 음성 언어 발달 과정과 특징을 이해한다. •영유아의 문자 언어 발달 과정의 특징을 이해한다.		
학습 내용	지식	기술	태도
	•행동주의, 생득주의, 상호작용주의 이론에 기초한 언어 발달 과정 •영유아의 듣기, 말하기, 읽기, 쓰기 발달 과정과 특징	•언어 발달 이론에 기초한 영유아기 언어 교육을 위한 상호작용 계획 •영유아의 언어 발달 특징에 기초한 언어 교육 계획	•일상생활에서 영유아의 언어적 표현을 관찰하고 적극적인 상호작용 •영유아의 독특한 의사소통 방식 존중
핵심 용어	행동주의, 생득주의, 상호작용주의, 언어획득장치, 보편문법, 듣기, 말하기, 읽기, 쓰기, 과잉확장, 과잉축소, 전보식 문장, 문법 규칙의 과잉일반화, 창안적 글자		

Chapter

2

영유아 언어 발달

2 영유아 언어 발달

1. 언어 발달 이론

인간의 언어가 어떠한 과정으로 양적 · 질적인 발달을 이루어 가는지에 대한 다양한 이론들이 있다. 인간이 환경과 끊임없이 상호작용하며 성장하는 존재라고 한다면 일생을 통해서 가장 폭발적인 언어적 성장을 이루는 영유아기에 누가 어떤 상호작용을 어떻게 해주는가는 그들의 언어 발달에 지대한 영향을 미칠 것이다. 이 장에서는 영유아들이 선천적으로 가지고 태어나는 언어 습득 능력과 환경과 상호작용하면서 어떻게 자신의 언어 능력을 확장하고 심화시키는지에 대한 이론적 고찰을 해보고자 한다. 이를 바탕으로 교사들은 영유아의 언어 발달을 지원할 수 있는 물리적 · 사회적 환경을 구성하고 효과적인 교육 계획을 할 수 있을 것이다.

1) 행동주의 이론

행동주의 이론은 인간의 발달이 생물학적 요인보다는 환경적 요인에 의한다는 경험주의 철학에 기반을 두고 외부 환경의 자극과 반응의 연합에 의해서 이루어지는 학습 경험이 인간 발달의 근원이라고 주장한다. 학습자의 욕구와 환경의 통제가 반복되는 연속적인 과정을 통해서 인간이 발달한다고 보는 행동주의 이론에서는 언어 교육에 있어서 강화와 모방을 가장 중요한 학습의 기제로 강조한다.

강화는 우연히 또는 의도적으로 발생한 행동이 다시 발생하도록 행동의 빈도를 증가시키기 위한 자극을 제시하는 것이다. 강화에는 영유아가 원하는 자극을 제시함으로써 행동의 빈도를 높이는 정적강화, 영유아가 원하지 않는 자극을 제거함으로써 행동의 빈도를 높이는 부적강화가 있다. 영유아는 다양한 의사소통 상황에서 발생하는 공동체 구성원들의 강화를 통해서, 그들의 언어를 모방한다. 그리고 즐겁게 반복하거나 속상함을 피하기 위해 연습하면서 자신이 살고 있는 사회에서 소통되는 언어 지식과 기술을 획득하게 된다.

강화
이미 발생한 행동이 다시 발생하도록 행동의 빈도를 증가시키기 위한 자극을 제시하는 것

영아들이 처음 발성하는 소리는 '마, 파, 또는 므, 프' 등의 발음으로 성인에게 인식된다. 이때 한국어를 사용하는 엄마는 아이가 소리를 낼 때마다 반가운 목소리와 표정으로 '엄마 했어? 엄마! 그래 엄마야'와 같이 기분 좋은 자

극을 제공한다. 만약 영어를 사용하는 엄마라면 어떤 방식으로 정적인 강화를 했을까? 아마도 'Mom, Mami, That's great. my baby'와 같은 방식으로 반응하면서 자녀가 엄마의 발음을 듣고 모방할 수 있도록 했을 것이다. 이와 같은 방식으로 영유아들은 모국어를 습득하게 되는 것이다.

행동주의 학자인 스키너(Skinner)가 제시한 아이들이 발화를 학습하는 방법(Owens, 1996)을 주영희(2001)의 논의를 토대로 설명하면 다음과 같다.

(1) 맨드(mand)

맨드는 'demand'나 'command'에서 따온 개념으로 요구, 요청, 명령 등의 행동 범주를 의미한다. 아이가 무엇인가 필요한 상황에서 산출한 발성을 듣고 양육자는 그 요구를 충족시켜주면서 동시에 요구에 해당하는 발성을 반복해서 들려준다. 이러한 과정을 통해서 언어가 습득된다는 개념이다. 아이가 물을 가리키면서 '머'와 같은 발성을 했을 때, 양육자는 물을 먹여주면서, "물? 우리 아가 물 줄까? 아이고 물 맛있다. 물 마시니까 시원하지?"와 같이 '물'이라는 발성을 반복해서 들려주는 것이다.

(2) 텍트(tact)

텍트는 'contact'에서 나온 개념으로 물리적 접촉이 발생하는 행동 범주를 의미한다. 아이가 우연히 사물과 접촉하면서 발성을 하면, 양육자가 해당하는 사물의 이름을 반복해서 말해주는 과정을 통해서 언어가 습득된다는 것이다. 아이가 인형을 흔들며 '어'라는 소리를 낼 때, 양육자는 "그래 인형! 인형이네."와 같이 '인형'이라는 발성을 반복해서 들려주는 것이다. 성인들에게서 아이가 무언가를 만지거나 가만히 쳐다보면 그것의 이름을 말해주는 행동을 쉽게 관찰할 수 있다.

(3) 에코익(echoic)

에코익은 반향 모방적 언어반응(echoic verbal response)이라고도 하는데, 아이가 주변에서 듣는 언어를 마치 메아리처럼 모방해서 발성하는 것을 뜻한다. 우연한 기회에 부모나 성인의 음성을 모방했을 때 칭찬을 받으면 그것이 강화의 역할을 하며, 이런 과정이 반복되는 가운데 아이들은 성인 언어와 유사한 언어를 습득해간다는 것이다. 아이가 자기보다 나이가 많은 형제가 소리 내어 책을 읽으면, 옆에 앉아서 유사한 소리를 내며 흉내 내는 행동이나, 가족들과 함께 TV를 보면서 가족들이 모두 웃을 때 따라서 웃는 등의 행동을 예로 들 수 있다.

(4) 내적 언어화 반응(intraverbal response)

내적 언어화 반응은 대화자 간의 언어가 어떤 반응을 직접 요구하는 자극적 역할을 하지 않으면서 상황에 맞는 언어를 연상하여 표현하는 경우를 뜻한다. 외부 자극에 의해서 자신에게 내재되어 있는 유사한 언어를 끌어내어 일치시키고자 하는 행동이다. 영유아들의 대화를 관찰하다보면 “난 토요일에 마트에 다녀왔어.”라는 친구의 말을 듣고, 대화하고자 하는 목적없이 “마트는 너무 복잡해.”와 같이 마트에 대한 자신의 경험을 언어로 표현하는 경우가 있다. 영유아들은 서로의 언어 자극이 강화제가 되어서 자신의 내부에 있는 유사한 언어들을 문장화시키는 것이다.

(5) 자동화 반응(autoclitic response)

자동화 반응은 유아가 자신이 표현한 언어 유형에 자극이 되어 문법 규칙을 자동적으로 학습하는 방법을 뜻한다. 장난감 주스 병을 보고 "주스다."라고 최초 발성을 한 유아가 이어서 "주스는 시원해."라는 문장을 말하고, 인형의 입에 주스 병을 대면서 "아가는 주스를 먹는데. 그래서 아가는 이제 시원하대."와 같이 문법 규칙을 적용하고, 확장하며 언어를 사용하는 경우이다. 또는 "아가는 사과를 좋아한대."라는 유아의 가상적 발성에 양육자가 "아가는 딸기도 좋아한대."라고 반응하는 경우, 유아가 "아가는 귤도 좋아한대. 아가는 콜라도 좋아한대……"와 같이 끊임없이 문장을 반복하는 경우를 들 수 있다.

모방은 영유아가 다른 사람의 행동을 관찰하고 반복해서 재생함으로써 학습하는 것이다. 행동주의 학자인 반듀라(Bandura)의 사회학습 이론에 따르면 모방에 의한 관찰학습은 주의집중, 기억, 운동 재생, 동기 유발의 인지 과정을 거치며 이 중 한 과정이라도 누락되면 성공적인 모방 즉, 학습이 이루어지지 않는다고 보았다. '사과'를 보고 이름을 말할 수 있는 영아와 함께 사과를 먹는 상황을 가정하여 관찰 학습을 통한 언어 발달의 과정을 설명하면 그림 2-1 과 같다.

모방
타인의 행동을 관찰하고 반복, 재생함으로써 학습하는 것

학습과정		영아	교사
주의 집중	모델의 행동에 주의를 집중하는 단계		이게 뭐야?
		사과	
			(아이에게 사과를 쥐어주며) "사과 먹자."
		(사과를 받아들고 한 입 먹는다.)	
↓			
기억	관찰되거나 경험한 내용을 기억하는 단계	(교사의 얼굴을 본다.)	(사과를 한 입 먹으며 얼굴을 찡그리며) "아이 새콤해."
		(교사의 얼굴을 본다.)	(사과를 또 한 입 먹고 같은 표정을 지으며) "아이 새콤해."
↓			
운동 재생	기억한 내용을 행동으로 실행하는 단계		"너도 새콤한 사과 먹어봐."
		(사과를 한 입 베어 물고 얼굴을 찡긋하며 교사의 표정을 따라한다.)	
			아이 새콤하다. "사과 먹으니까 새콤하지?"
		(교사가 지시하지 않아도 사과를 한 입 베어 물고 얼굴을 찡긋하며) 아이↗	
↓			
동기 유발	직간접적 강화를 통해 동기를 유발하는 단계		(아이를 보고 활짝 웃으며) "사과가 아이 새콤했어?"
		(사과를 한 입 먹을 때마다 얼굴을 찡긋하며 교사를 쳐다본다.) 사과... 아이↗	
			(아이의 표정과 말을 따라하며) 우리 ○○이 혼자서도 잘하네. "사과가 아이↗ 새콤했어?"
		(교사의 말을 비슷하게 따라한다.) 아이↗ 새콤↘	
			"그래. 사과가 새콤하다. 그치?"
		'사과 새콤해.' '사과 아이' '아이 새콤해'와 같이 관련된 문장을 노래하듯이 반복해서 말한다.	

그림 2-1 반듀라의 언어적 상호작용을 통한 관찰학습

이와 같은 행동주의 이론은 영유아의 초기 발성 시기부터 길고 복잡한 언어 형태를 학습하기까지 반복해서 듣고 모방하는 경험을 통해 언어가 발달한다고 본다. 언어를 하나의 습관으로 보기 때문에 습관화의 과정이 곧 언어 교육이 되고, 습관화를 위해서는 반복적 모방과 연습이 최선의 방법임을 주장하고 있다(주영희, 2001). 행동주의 이론은 언어 발달에 있어 부모와 교사 등 성인 양육자의 역할이 무엇보다 중요하다는 시사점을 남겼으며, 초기 언어 발달에 있어 양육자의 참여와 책임을 강조했다. 반면, 영유아들이 사용하는 말 중 성인이 사용하지 않는 창조적인 말과 성인이 사용하지 않는 방식의 언어 구조를 설명하지는 못하고 있다. 또한 언어 학습을 위해서 꽤 이른 시기부터 영유아들이 자기 의지에 의한 행동을 함에도 불구하고, 그들을 지극히 수동적인 위치에서 해석했다는 비판을 받고 있다.

2) 생득주의 이론

생득주의 이론은 인간의 발달은 정해진 내적 시간표에 따라 전개된다는 자연주의 교육철학에 기반을 두고 있다. 영유아의 발달은 환경의 영향보다는 스스로 성장하고자 하는 내적인 힘에 의해서 결정되며 교육은 이러한 개인의 힘이 잘 작용할 수 있도록 지원하는 역할을 하는 것이다. 언어 발달에 있어서 생득주의 이론을 주장한 노암 촘스키(Noam Chomsky)는 모든 인간은 선천적으로 뇌 속에 언어 습득 과정에 중심적 역할을 하는 가상의 특수 기관인 언어획득장치(Language Aquisition Device, LAD)를 가지고 태어난다고 주장하였다.

언어획득장치 안에는 인간이 언어를 습득하는 데 필요한 모든 기본 원칙이 담겨 있는데 이를 '보편문법(Universal Grammar, UR)'이라고 한다. 영유아는 살아가면서 자신이 속해 있는 사회에서 사용하는 언어를 자연스럽게 접촉하게 되는데 이렇게 최초로 습득한 언어를 '일차 언어 자료(Primary Linguistic Data)'라 한다. 영유아에게 입력된 일차 언어 자료는 언어획득장치에 내재된 언어 규칙인 보편문법에 기초해서 그 의미가 자동적으로 이해되고 문법적으로 구조화

언어획득장치
인간의 뇌 속에 선천적으로 내재되어 있는 언어 습득 과정에 중심적 역할을 하는 가상의 특수기관

보편문법
언어획득장치에 내재된 인간이 언어를 습득하는 데 필요한 모든 기본 원칙

되어 적절하게 산출된다. 이러한 언어획득장치의 기능을 통해서 영유아는 언어를 사용하는 환경에 노출될 수만 있다면 누구나 제약 없이 모국어 사용 능력을 갖추게 되는 것이다. 언어획득장치의 사용 과정을 그림으로 나타내면 그림 2-2 와 같다.

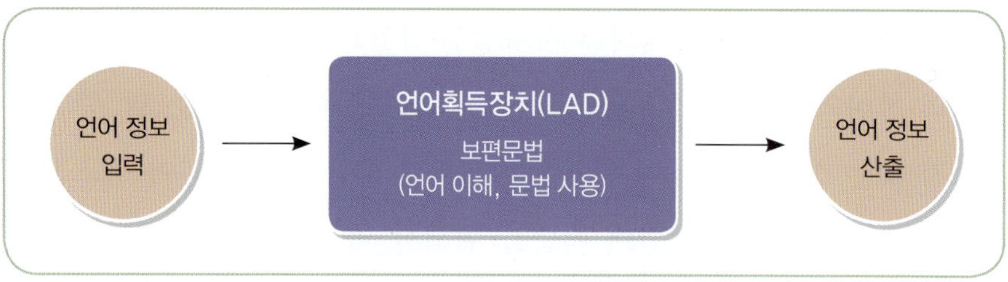

그림 2-2 언어획득장치의 사용

자극의 빈곤성
영유아들은 모든 언어 자극을 성인들로부터 입력받지 않는다는 가설

불충분한 자극
성인들이 사용하는 모든 언어가 문법적으로 완전하지는 않다는 가설

촘스키는 '자극의 빈곤성', '불충분한 자극'의 개념을 보편문법 이론의 근거로 제시했다. 자극의 빈곤성은 영유아들은 실제로 그들이 모국어 생활을 하는 데 있어서 필요한 모든 언어 자극을 성인들로부터 입력받지는 않는다는 것이다. 불충분한 자극은 성인들이 일상생활에서 사용하는 언어는 모든 부분에 있어서 문법적으로 완전하다고 볼 수 없으며 때로는 문법적 오류를 포함하고 있거나 간단한 줄임말을 사용하는 경우가 많다는 것이다(Chomsky, 2000).

영유아들은 생의 초기에 어른들은 사용하지 않는 자신만의 독특한 언어를 사용하기도 하는데 이렇게 문법적으로 틀리거나 실제로 사용하지 않는 언어를 성인들이 적극적으로 고쳐주지 않는다. 그럼에도 불구하고 일정 시기가 되면 정확한 모국어를 사용할 수 있게 되는 것은 언어획득장치 때문이라는 것이다.

영유아들이 두 개 이상의 어휘를 사용해서 문장을 구성하는 정도의 수준이 되면 "선생님 이거 내가 했다요.", "선생님이가 웃었잖아요."와 같이 동사의 종결어미 '다'의 동사의 맨 끝에 '요'를 붙여서 존댓말을 사용하거나 주격조사 '이'와 '가'를 함께 사용하는 경우를 쉽게 발견할 수 있다. 이러한 형식의 언어는 성인들이 일상생활에서 사용하지 않음에도 불구하고 영유아들의 언어에서 일반적으로 나타난다. 또한 영유아들이 이러한 문법적 오류를 내포한 유아어를 사용할 때 성인들은 오류를 수정하여 제시하기도 하지만 귀엽게 여겨 유아를 따라하는 등 정적인 강화를 제공하기도 한다. 그렇지만 이러한 영유아들만의 언어가 지속되지 않으며 일정 시기가 되면 유아어 사용을 더 이상하지 않는 것 역시 언어획득장치가 가능하기 때문이라고 주장한다.

언어학자 맥닐(McNeil)은 언어획득장치가 지니는 생득적 언어 특성으로 4가지 능력을 꼽는다. 그것은 첫째, 환경 속에서 언어음과 비언어음을 구분할 수 있는 능력, 둘째, 언어적 사건들을 여러 군으로 조직화할 수 있는 능력, 셋째, 단지 일정한 언어 체계 유형만이 가능하고, 다른 유형들은 불가능하다는 것을 아는 능력, 넷째, 직면하는 언어적 자료로부터 가능한 한 가장 간결한 체계를 구성하기 위하여 발달 과정상의 개인적 언어 체계를 끊임없이 평가할 수 있는 능력이다.

촘스키의 주장처럼 인간은 생의 초기에 울음이나 옹알이 등 지역과 문화를 막론하고 모두 비슷한 보편적인 발성을 한다. 이때의 보편적인 발성은 형식적인 의사소통이 불가능하지만 이러한 발성으로 인하여 인간은 주변의 사람들로부터 끊임없이 더 많은 언어 정보를 입력받게 된다. 이러한 언어 정보 입력 과정을 통하여 12개월 정도가 되면 비로소 한 단어를 발화하기 시작하는데 이때의 발성은 명확한 의사소통이 가능하다.

한 단어 발화 시점을 보편성의 기점으로, 이후 지속적 언어 정보 입력과 산출의 반복을 통해 언어 기능이 인체와 더불어 성장한다. 그러다가 14세가 되면 동일한 언어의 총체적 문법 구조와 3,000개 이상의 어휘가 두뇌 속에 습득되어 주어진 언어권의 모든 사람이 공유하는 언어의 공통 분모를 형성하게 된다. 이렇게 축적된 언어 기능의 공통 분모를 바탕으로 한 의사소통 수단이 해당 국가 민족의 언어이며, 모든 인간이 이러한 과정을 거쳐 모국어를 습득하게 된다는 것이다(Chomsky, 2000).

하지만 이러한 보편적인 언어 습득 능력이 평생 동안 지속되는 것은 아니다. 인간의 양적 성장이 일정 수준이 되면 멈추는 것과 마찬가지로 언어획득장치 또한 13세까지 작용하며, 그 이후에는 언어 습득이 자연적 · 보편적으로 이루어지기 어렵다고 하였다. 실례로 1920년 인도의 캘커타 인근에서 2명의 늑대소녀는 생을 마감할 때까지 인간의 언어를 습득하지 못하였다. 발견 당시 8세와 15세로 추정되었던 2명의 여자아이를 인간화하기 위한 많은 노력이 있었으나 15세로 추정되었던 여아는 발견 후 1년 뒤 생을 마감하였으며, 8세로 추정되었던 여아는 이후 9년을 더 살았으나 생을 마감할 때까지 30개 정도의 단어를 사용했을 뿐이었다.

따라서 언어획득장치가 가장 활발하게 기능하는 영유아기가 언어 발달의 결정적 시기이며, 이 시기의 언어 경험이 매우 중요함을 알 수 있다. 또한 언어 획득장치가 기능하는 시기가 끝난 이후부터는 각자의 지식 축적 여하에 따라 의사소통 능력의 격차가 벌어지기 시작하며, 이것이 개인의 언어 능력으로 결정된다. 언어 능력은 언어를 창조해내는 힘으로서 인간에게만 생득되는 개념으로 실제적인 언어 수행의 개념과 구별되며 언어 수행은 언어 능력과 언제나 일치하지는 않는다.

언어 능력은 모국어의 규칙과 원리에 대하여 내면화하고 있는 정신적 구조라고 할 수 있다. 언어 능력은 어떤 과정을 수행할 수 있는 능력이 아니라 모국어에 대한 선천적인 능력이므로, 말로 표현될 수 없는 의식 이전의 암묵적인 지식이다. 언어 수행은 이러한 지식에 맞추어 언어를 실제로 표현하는 것을 뜻한다. 유아가 아는 지식을 언어 표현으로 옮겼다면 이는 언어 수행이며 언어 수행은 언어 능력에 의해 가능하다고 본다. 즉, 문장을 표현하는 것은 언어 수행이고 수행 이전의 기초 지식은 유아가 소유하고 있는 언어 능력이라고 할 수 있다(주영희, 2001).

촘스키는 언어 수행을 위해서 모든 언어에는 공통적인 언어 구조와 어린 영유아에 의해서도 쉽게 인지되는 구문 규칙이 있다는 사실에 주목하면서 변형생성 이론을 주장하였다(조정숙, 김은심, 1996). 변형 생성 이론에 따르면 모든 문장은 의미를 관장하는 심층 구조와 문장의 구성 성분 구조 그 자체인 표층구조의 두 수준으로 구성되어 있다. 즉, 우리가 말하고 싶은 '의미'에 해당하는 심층구조는 다양한 형태의 '문장'인 표층 구조로 변형될 수 있다는 것이다. 예를 들어, 심심해서 함께 놀 친구를 찾고 싶은 마음을 가지고 있는 유아가 교사나 친구들에게 그 마음을 표현할 수 있는 말은 다음과 같다. "나랑 같이 놀래?, 선생님, 지금 심심해요, 나 인형 놀이하고 싶은데, 너 색종이 접는 거 좋아해?"와 같이 그 표현은 무궁무진할 수 있다. 이러한 다양한 언어를 생성할 수 있는 능력이 언어획득장치에 내재되어 있다는 것이다.

촘스키의 생득주의 이론은 유아가 언어 학습에 있어서 외부 환경에 의해서 절대적으로 영향을 받는 수동적인 존재가 아니라 능동적이고 창조적인 존재로 인식할 수 있도록 하는 데 기여했다. 반면, 언어 사용의 개인차를 설명하지

못하였으며, 언어의 습득은 13세까지 제한적으로 이루어지는 것이 아니라 평생 동안 지속되어야 한다는 것, 그리고 유아의 발화는 처음부터 창조적일 수 없으며, 성인과의 상호작용을 통하여 반복적인 재생 과정이 선행되어야 한다는 것을 간과하였다는 비판을 받고 있다.

3) 상호작용 이론

(1) 피아제(Piaget)의 인지적 상호작용주의

인지적 상호작용주의는 인간의 발달은 인간과 환경의 상호작용을 통해 이루어진다는 구성주의 철학에 기반을 두고 있다. 인간이 환경과의 직접적인 상호작용을 통해서 얻은 구체적인 경험이 '세상을 이해하는 틀'인 도식을 형성하고 그 도식이 경험을 통해 지속적으로 재구성되면서 인간의 인지는 심화, 확장, 발전한다는 것이다. 언어 능력이 자신의 생각과 느낌을 자기 자신, 타인과 소통하는 것이라고 보았을 때, 언어는 곧 인간의 생각과 느낌이라고 할 수 있다.

따라서 언어 발달은 인지 발달에 의존하며, 언어는 사고의 표상으로 인지 발달이 언어 발달에 우선한다는 것이다. 대표적인 학자인 피아제는 언어가 사용되기 위해서는 일정한 인지수준에 도달해야 하며, 언어는 사고의 정교화에 필수적인 역할을 하지만 사고 발달에 주도적인 역할을 하지는 못한다는 인지 우선주의의 입장을 취하였다.

피아제는 인간은 생물학적으로 지식을 구성할 수 있는 능력을 가지고 있어서, 새로운 환경을 접하게 되면 자신이 이미 구조화해놓은 지식의 틀(도식)을 기초로 동화와 조절이라는 사고 과정을 거쳐서 새로운 도식을 생성하는 지속적 과정을 통해 인지 발달을 이룬다고 하였다. 그리고 언어는 이러한 인지 발달 과정을 통해서 형성한 도식의 표상으로 보았다. 즉, 바다를 경험한 유아만이 '바다'라는 언어를 사용할 수 있고, 사과를 이용해서 주스를 만드는 과정을 경험한 유아만이 "사과로 주스를 만들어요."라는 언어적 표상을 할 수 있다는 것이다. 따라서 언어 발달은 영유아의 인지수준과 물리적 환경과의 직접적이고 구체적인 상호작용이 선행되어야 한다.

피아제는 영유아의 인지 발달 단계를 감각운동기와 전조작기로 구분하였다. 감각운동기인 영아들은 감각과 움직임을 통해서 도식을 형성하고 그 도식이 언어적 이해와 표상에 기초가 된다. 그러므로 언어 교육 역시 감각과 움직임을 통해서 이루어져야 한다. 영아기의 언어 교육은 그림이나 사진, 동영상과 같은 추상적인 교수매체보다는 구체적인 사물과 자연을 직접 보고 느끼는 감각적 경험을 통해서 이루어지는 것이 바람직하다. 그림 카드나 그림책 등 글과 그림을 교수매체로 사용할 때에는 적어도 영아들이 경험했던 것이어야 하며, 그림책을 읽을 때에도 움직임이나 직접적인 사물과 연합시키는 과정으로 통합하는 것이 바람직하다.

전조작기 유아의 대표적인 특성은 자기중심적인 사고와 추론 능력이 부재하다는 것이다. 피아제는 유아의 자기중심적인 사고에 기초해서 언어 발달 역시 인지 발달과 동일하게 자기중심적 언어(ego-centric speech)에서 사회적 언어(socialized speech)로 발달한다고 하였다. 어린 유아일수록 타인과 상호작용하기보다는 자신이 하고 싶고 자신에게 필요한 말만을 한다. 3세반 유아들의 경우 엄마, 아빠 놀이를 하면서, 서로 간의 대화는 없이 자신이 지금 하고 있는 일에 대해서만 중얼거리는 모습을 볼 수 있다. 반면 5세반 유아들의 경우에는 각자의 역할을 분명히 하고, 역할에 충실한 말을 사용하여 놀이하며, 서로 간의 의견을 조율하기도 한다. 김두순(2014)의 설명을 토대로 자기 중심적인 언어와 사회화된 언어의 특징을 정리하면 다음과 같다.

① 자기중심적인 언어

자기중심적인 사고에서 비롯되는 언어 형태로 반복, 독백, 집단적 독백이 있다. 반복은 말하는 즐거움과 새로운 소리를 학습하기 위해서 흥미 있는 언어를 반복적으로 연습하며 즐기는 것이다. 독백은 의사 전달을 할 목적 없이 자신의 욕구를 충족하기 위해서 또는 동작을 조절하기 위한 도구로서 언어를 사용하는 것이다. 집단적 독백은 주변의 사람을 의식하면서 말하기는 하지만

자기중심적인 언어
자기중심적인 사고에서 비롯되는 표현 형태로 반복, 독백, 집단적 독백이 있다.

대화를 목적으로 하지 않는 언어 표현이다. 유아가 반복이나 독백의 형태로 언어를 표현을 할 때에는 교사가 섣불리 개입하지 않고 지켜보는 것이 바람직하다. 섣부른 개입은 유아의 언어 행동을 멈추게 할 수 있기 때문이다.

유형	예
반복	퍼즐을 맞추고 있는 아이가 별 모양 조각을 들고 엄마에게 묻는다. • 아이 : 엄마 이게 뭐야. • 엄마 : 별. 아이는 퍼즐을 맞추면서 같은 소리를 낸다. • 아이 : 별별별별 별별별 ♪♬
독백	퍼즐을 맞추고 있는 아이가 조각을 들고 말한다. • 아이 : 여기다 넣어야지. 퍼즐을 다 맞춘 후 • 아이 : 됐다.
집단적 독백	퍼즐을 맞추고 있는 아이(1) 옆에 자동차를 들고 있는 아이(2)가 각자 놀고 있다. • 아이 1 : 나는 퍼즐을 잘 해. • 아이 2 : 나는 자동차 잘 만들어. • 아이 1 : 아! 퍼즐 재밌다. • 아이 2 : 뛰뛰 빵빵 자동차가 지나갑니다.

② 사회화된 언어

자기중심적인 언어와는 달리 듣는 사람의 관점을 고려해서 사용하는 언어 형태를 의미하며 전조작기에서 구체적 조작기로 전환이 되어가면서 나타난다. 사회화된 언어의 유형에는 순응된 정보, 비난과 조롱, 명령이나 협박 또는 요구, 질문과 대답이 있다. 순응된 정보는 유아가 자신에게 흥미 있는 사건을 전달하거나 상호 간의 뜻을 모으는 것으로 다른 사람과 자신의 생각을 나누는 과정에서 발생한다. 예를 들어, 간식을 먹던 유아가 다른 유아를 바라보며 "간식 남기면 안 되지~!"라고 말하면 상대편 유아가 "우유는 다 먹어야 되지~!"와 같이 서로의 생각에 동의하면서 자신의 의견을 주고받는 장면에서 관찰할 수 있다.

사회화된 언어
듣는 사람의 관점을 고려해서 사용하는 언어 형태로 순응된 전보, 비난과 조롱, 명령이나 협박 또는 요구, 질문과 대답이 있다.

비난과 조롱은 서로의 생각에 동의하는 순응된 정보 교환과 다르게 다른 사람의 말이나 행동에 대해서 비난하는 것으로 나와 타인의 다른 점들을 비교하거나 부정적인 감정을 표현하는 과정에서 발생한다. 인형 놀이를 하던 두 유아가 "너는 미미 인형 없지? 나는 있다~!"라고 말하면 "아니다. 나도 미미 인형 있다~. 나는 토끼 인형도 있다. 너는 없지?"와 같이 상호작용하거나, "내가 더 크다", "아니다 내가 더 크다", "내가 아빠만큼 크다", "나는 집만큼 크다"와 같이 자신을 표현하기 위해서 상대방을 폄하하는 장면에서 관찰할 수 있다. 또는 기분이 상한 유아가 친구에게 "넌 나빠!", "너는 개미야!" 등 자신의 감정을 표현하기 위해서 상대방을 비난하는 장면에서도 관찰할 수 있다.

명령과 협박, 요구는 유아들이 놀이 관계를 유지하거나 놀이에서 우위를 점하기 위해서 상호작용하는 과정에서 발생한다. 예를 들어, 놀이 상황에서 친구의 행동이 마음에 들지 않을 때 "나 지금 화났어!", "너랑 안 놀아!", "너 이제 딱 한 번만 해."와 같은 말로 친구의 행동을 멈추게 하거나 자신의 요구를 관철시키고자 하는 장면에서 관찰할 수 있다. 이때의 명령이나 협박은 놀이관계 유지가 목적이므로 진짜 화가 나거나 안 놀 생각이 있는 것이 아니라 자신이 원하는 결과를 얻고 나면 금방 순응적인 상태로 돌아와 즐겁게 놀이한다는 것을 알아둘 필요가 있다.

질문과 대답은 3~4세 사이에 강화되는데 초기에 "이게 뭐야(What)?"라는 대상의 이름을 묻는 질문에서 "왜(Why)?"라는 원인과 결과를 추론하는 질문으로 전환되어 간다. 유아들의 "이게 뭐야?"라는 질문은 대상에 대한 다양한 도식을 수집하여 통합하는 과정이므로 자신의 도식과 조금이라도 불일치하는 것이 있을 때는 언제든지 발생한다. 예를 들어, '의자'라는 단어는 등받이가 있는 의자와 없는 의자, 낚시용 의자와 책상용 의자, 긴 의자와 짧은 의자, 나무로 만든 의자와 플라스틱으로 만든 의자와 같이 다양한 도식을 가지고 있다. 어른들에게는 너무나 당연한 것이지만 유아들에게는 모두 새로운 의자들이다. 그 모든 의자들이 의자라는 단어로 통합될 때까지 아마도 유아들의 "이게 뭐야?"라는 질문은 계속될 것으로 예상된다.

이러한 유아의 인지적·언어적 특징을 교사는 잘 이해하고 정성껏 그들의 언어와 인지의 통합을 지원할 필요가 있다. 유아들은 제한된 추론 능력을 가지고 있으므로 어떤 결과에 대한 원인을 구체적으로 이해하기 어렵다. 어떤 사건의 원인을 알 수 없을 때 어른들이 답답한 것처럼 유아들도 무척 답답할 것이다. "왜?"라는 질문은 그런 답답함을 해소하고 상대방을 통해서 원인을 찾아보고 싶은 욕구일 것이라는 추론을 해볼 수 있다. 유아들의 "왜"에 적절하게 상호작용하기 위한 가장 좋은 방법은 직접 원인과 결과를 경험하게 해주는 것이다.

인지적 상호작용주의는 영유아의 언어 발달을 위해서 구체적이고 다양한 경험이 선행되어야 함을 강조하였다. 또한 구성주의에 입각하여 영유아 스스로 음성 언어나 문자 언어에 대한 개념을 형성하기 위해서 시행착오를 거치고 오류를 조정하는 언어 습득 과정의 중요성을 시사하였다. 언어 습득은 유아의 지적 능력과 의미를 표현하고자 하는 자발적인 욕구 및 부모로부터의 언어 입력과 함께 이루어짐을 강조함으로써 언어 교수법의 변화에 공헌하였다.

반면, 인지 우선론을 통해 언어가 인지 발달의 결과이며, 인지 발달을 밝히기 위한 도구 정도로 설명함으로써 언어가 인지 발달에 기여하는 영향력을 과소평가하였으며, 실제적으로 유아들이 사용하는 사회화된 언어 표현의 시기를 너무 늦게 보고 있다는 비판을 받고 있다.

교사 Tip

- 직접적 경험을 제공하기 어려운 질문을 할 때는 유아의 수준에서 이해할 수 있는 말로 대답해 준다.
  - 아이 : 왜 밤이 되면 깜깜해져?
  - 교사 : 낮에 환하게 빛나던 해님이 없으니까 깜깜해지지.
- 유아의 질문이 교사의 지식 범주를 넘어설 때는 전조작기 유아의 자기중심적, 물활론적, 인공론적 사고에 기초하여 대답해 준다.
  - 아이 : 해님은 왜 밤이 되면 사라져?
  - 교사 : 밤이 되면 해님도 OO이처럼 잠을 자야 내일 아침에 다시 일어나지. 해님이 늦잠 자면 깜깜해서 OO이 놀이터에도 못 갈 텐데 괜찮아?

표 2-1 전조작기 유아의 언어 발달 유형(김두순, 2014)

언어 유형		내용
자기중심적 언어	반복 (repetition)	유아는 말하는 즐거움과 새로운 소리 습득의 즐거움을 위해서 방금 들은 것을 그대로 흉내 내는데 이것은 기능적 동화의 원리로 설명한다.
	독백 (monologue)	유아가 단어와 대상의 활동을 충분히 분화시키지 못하는 것에서 유래하며 유아 자신의 욕구 충족이 목적이다. 또한 어떤 의미로는 동작의 일부이며 의사 전달을 위한 목적은 없다.
	집단적 독백 (collective monologue)	유아의 중심적 언어 중 가장 사회화된 언어 유형인 집단적 독백은 대화의 시초라고 할 수 있다. 다시 말해서 유아는 주변에 누가 있기 때문에 언어 표현을 하지만 그를 대화의 상대로 고려하지는 않는다는 것이다.
사회화된 언어	순응된 정보 (adapted information)	유아가 자신에게 흥미 있는 사건을 전달하려 하거나 유아 상호 간에 공동 목표를 위해 뜻을 종합하는 언어 유형으로 유아가 자신의 생각을 남과 나누는 과정에서 이 같은 언어 유형을 사용한다.
	비난, 조롱 (criticism, derision)	순응된 정보 교환과 비슷하지만 타인의 일이나 행동에 대하여 비난하는 표현이 뚜렷한 언어 형태를 의미한다.
	명령, 요구, 위협 (command, request, threat)	유아는 생각과 의견을 나누기 위해서 친구들과 관계를 맺지 않고 단지 놀기 위해서 관계를 맺는다. 이런 경우 지적인 언어의 상호 교환은 적고 대개 명령이나 요구, 위협 등이 있다.
	질문, 대답 (question, answer)	초기의 "저게 뭐야"라는 질문에서부터 "왜?"라는 질문으로 옮겨가는데 이것은 3~4세 사이에 점점 더 강해지며 질문에 대한 대답은 주로 순응된 정보 교환, 즉 사실에 대한 언급이거나 의문, 명령, 요구에 대한 반응을 말한다.

(2) 비고츠키(Vygotsky)의 사회적 상호작용주의

사회적 상호작용주의는 기본적으로 환경과의 상호작용을 통하여 지식을 구성하는 인지적 상호작용주의를 토대로 하고 있다. 하지만 그에 더하여, 인간의 능동적인 학습 능력을 지원하는 사회적 환경, 성인이나 유능한 또래와의 상호작용이 인지 발달에 미치는 영향을 강조한다. 직접적인 경험이 아닌 언어적 상호작용을 통한 간접적인 경험에 의해서도 인지가 발달할 수 있다는 것이다.

대표적인 학자인 비고츠키는 언어란 구체적 경험에 더하여 사회적 경험이 내면화되는 것이며, 구체적 경험 외에 사회적인 상호작용이 개인의 언어를 형성하는 데 기여한다고 보았다. 인지와 언어는 서로 독립된 근원을 가지고 발달하지만 2세경이 되면 인지와 언어 발달 곡선이 서로 교차되면서 상호 의존적으로 서로의 발달에 영향을 미친다는 것이다. 사고의 발달은 사고의 도구인 언어와 사회 · 문화적 경험에 의해서 결정된다고 주장하면서 언어가 사고의 표상이라는 피아제의 인지 우선주의를 보완하여 언어는 사고의 도구임을 강조하였다.

또한 자기중심적 언어에서 사회적 언어로 발달한다는 피아제의 이론과 달리 인간의 언어는 초기부터 사회적임을 주장한다. 인간의 언어는 외적 언어, 자기중심적 언어, 내적 언어로 발달한다는 것이다. 외적 언어란 사고 능력이 부족한 어린 시기에 사용하는 언어로 궁금증을 해결하기 위해서 다른 사람의 능력을 구하거나 사고의 지원을 받기 위한 요청의 언어, 그리고 언어에 익숙해지기 위해서 모방하는 언어로 사회적 언어라고도 한다. 사회적 언어 단계에 있는 영아는 자신의 생각과 느낌을 모두 표정, 소리, 말로 표현한다. 목이 마를 때 "물"이라고 말하거나 냉장고로 달려가 문을 두드리면서 "열어, 열어."라고 요구하는 것과 같은 언어 행동이다. 또는 같이 있는 성인이 "날씨 참 좋다"라고 말했을 때 "조아?", "나! 씨?"와 같이 성인이 사용한 언어가 무슨 의미인지는 모르지만 언어의 구조에 익숙해지기 위해서 끊임없이 모방하는 등의 행동이다.

외적 언어
사고 능력이 부족한 어린 시기에 사용하는 언어로 요청, 모방을 목적으로 한다.

영유아들은 사고와 언어가 발달할수록 외적인 언어가 줄어든다. 그 대신 자신의 생각과 행동을 조절하는 데 도움을 주는 혼잣말을 사용하는데 이를 자아중심적 언어라고 한다. 자아중심적 언어 단계에 있는 영유아는 목이 마를 때 "물 먹어야지", "어? 물이 어디 있지?" 등과 같이 혼잣말을 하면서 행동하고 스스로 문제를 해결한다. 자신의 생각과 느낌, 그리고 자신이 어떻게 문제를 해결해야 할 것인가에 대한 생각 모두를 밖으로 표현한다. 마치 사회적 언어

자아중심적 언어
영유아가 자신의 생각과 행동을 조절하는 데 도움을 주기 위해 사용하는 혼잣말

같이 보이지만 자아중심적 언어는 타인의 반응을 요구하는 것이 아니라 자신의 반응을 조절하고자 하는 목적이 있다. 따라서 이 시기의 영유아들의 혼잣말에 성인이 모두 반응해 주어야 할 필요는 없다. 그들이 스스로 문제 해결을 하지 못하고 실망하거나 좌절하기 직전에 개입하는 것이 바람직하다.

내적 언어
영유아가 자신이 가지고 있는 경험과 정보를 토대로 내면적으로 사고하는 언어

사고 능력이 발달하여 보다 깊은 사고를 할 수 있게 되면 개인의 언어는 내적으로 수렴한다. 내적 언어 단계에서는 사고나 행동을 지원하기 위해서 굳이 언어를 사용하지 않아도 자신이 가지고 있는 많은 경험과 정보를 토대로 내면적으로 사고하고 결정할 수 있다. 말로 표현하지 않는다고 생각하지 않는 것은 아니다. 사고가 발달하면 발달할수록 언어와 사고는 분리되기 어렵기 때문에 언어가 곧 사고이며, 사고가 곧 언어가 되는 것이다.

퍼즐을 처음 맞추는 아이는 "같이 하자, 어떻게 하는 거야?" 등 퍼즐 맞추기를 하는 동안 자신이 원하는 문제를 해결하기 위해 언어로 사람들의 도움을 구한다. 조금 능숙해진 경우에는 "여기에 뭐를 놓지? 어? 이거 여기 아니다. 그럼 어디지?" 등과 같은 혼잣말을 하면서 문제를 해결하기 위한 자신의 사고

표 2-2 영유아의 언어 발달 단계(김두순, 2014)

<table>
<tr><th colspan="3">단계</th><th>내용</th></tr>
<tr><td>1</td><td rowspan="2">사회적 언어 단계</td><td>초보적 언어 단계</td><td>0~2세 영아기에 해당하며 언어 이전의 인지 혹은 인지 이전의 언어 단계로 언어와 인지가 아직 만나지 않았고 말과 사고의 조작이 원시적으로 나타난다.</td></tr>
<tr><td>2</td><td>상징적 언어 단계</td><td>2세경 언어와 인지가 만나기 시작하면서 의사소통을 위한 사회적 언어가 나타나는 단계로 언어는 사고가 단어로 변형된 것으로 아직 인지 구조는 습득되지 않았으나 언어 구조에는 익숙해진다.</td></tr>
<tr><td>3</td><td colspan="2">자아중심적 언어 단계</td><td>3~6세경 자신의 생각과 행동을 통제하기 위해 혼잣말을 사용하는 단계로 소리를 내어 생각하는 형태를 말하며 형태상으로는 사회적 언어와 같지만 기능상으로는 내적 언어와 유사하다.</td></tr>
<tr><td>4</td><td colspan="2">내적 언어 단계</td><td>말이 사고로 내면화되는 단계로 기능적으로나 구조적으로 자아중심적 언어가 누적됨으로써 발달한다. 이때부터 언어 구조는 사고의 기본으로 작용하게 된다.</td></tr>
</table>

를 스스로 지원한다. 더 나아가 퍼즐 맞추기에 매우 능숙해지면, 말없이 과제를 완수하는 모습을 들 수 있다. '벼는 익을수록 고개를 숙인다.'와 '빈 수레가 요란하다.'는 옛 속담을 통해서 비고츠키의 언어 발달 단계를 잘 이해할 수 있다. 비고츠키가 제시한 언어 발달 단계를 김두순(2014)의 설명을 토대로 정리하면 표 2-2 와 같다.

사회적 상호작용주의는 언어 발달에 있어 영유아와 성인, 영유아와 영유아 간의 언어적 상호작용의 역할을 강조한다. 하지만 언어적으로 상호작용하는 행위 그 자체가 아니라 그것이 어떻게 이루어지는가에 따라 그 효과가 달라짐을 분명히 하고 있다. 적절한 때와 방법을 강조하는 상호작용의 이론적 기초가 근접발달지대와 비계 설정이다.

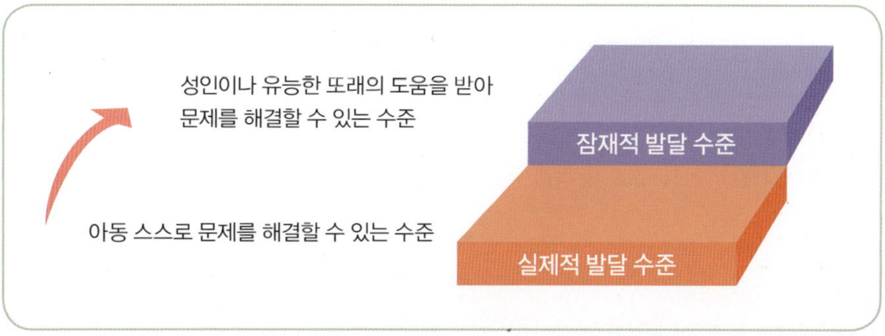

그림 2-3 근접발달지대

근접발달지대란 현재 영유아의 실제적 발달 수준과 잠재적 발달 수준의 차이를 의미한다. 비계설정이란 영유아가 잠재적 발달 수준까지 도달할 수 있도록 물리적 · 사회적 환경을 지원하다가 지원의 범위를 점점 축소하는 것을 의미한다. 교사는 영유아와 상호작용을 할 때 그들의 실제적 발달 수준을 파악해야 하며, 잠재적 발달 수준까지 사고할 수 있도록 지원의 범위를 결정할 수 있어야 한다. 만약 교사의 상호작용이 근접발달지대를 넘어서거나 지나친 개입이 이루어진다면 영유아의 언어 발달을 효과적으로 지원할 수 없다. 제시된 상호작용을 보면서 근접발달지대의 범위에서 이루어진 언어적 상호작용과 그렇지 않은 것의 차이에 대해서 생각해 보자.

근접발달지대
영유아의 실제적 발달 수준과 잠재적 발달 수준의 차이

비계설정
영유아가 잠재적 발달 수준까지 도달할 수 있도록 물리적 · 사회적 환경을 지원하다가 영유아의 발달에 따라 지원의 범위를 축소해하는 것

근접발달지대에서의 비계설정 사례

- 유아 : 선생님 태양계 알아요? 수금지화목토천혜!
- 교사 : 우주에 있는 태양의 친구들 말하는 거니?
- 유아 : 네, 태양의 친구들이 태양을 빙글빙글 돌아요.
- 교사 : 태양과 태양 주위를 빙글빙글 도는 행성들을 태양계라고 하는구나.
- 유아 : 그러면 수금지화목토천혜가 행성이네요.
- 교사 : 언어 영역에 있는 『지구와 우주』라는 책에서 행성에 대해서 찾아볼까?

근접발달지대의 범위를 벗어난 비계설정 사례

- 유아 : 선생님 태양계 알아요? 수금지화목토천혜!
- 교사 : ○○이 태양계를 아는구나? 지구랑 가장 가까운 행성은 어디지?
- 유아 : 행성이 뭐예요?
- 교사 : 행성은 중심이 되는 별의 둘레를 궤도에 따라 도는 별을 말하지.
- 유아 : 별이 왜 별을 돌아요?
- 교사 : ○○이가 말했던 '수금지화목토천혜'도 태양을 돌고 있잖아.
- 유아 : ? ? ?

교사 Tip

사피어-워프(Sapir-Whorf) 가설

워프는 어휘의 차이뿐 아니라 문법적인 차이 또한 사고와 행동을 결정할 수 있다고 주장한다. 예를 들면, 한국어는 문장의 끝에 동사가 위치하기 때문에 화자의 이야기를 끝까지 들어야만 그의 생각을 알 수 있다. 반면 영어는 동사가 문장의 앞에 위치하기 때문에 이야기를 시작하자마자 그 사람의 생각을 알 수 있다. 이렇게 다른 문법을 사용하는 언어 집단은 어떠한 차이점을 가지게 될까? 일례로 한국어를 사용하는 언어 집단은 대화를 하면서 청자의 반응에 따라 결론을 바꿀 수도 있으며, 대화에 있어서 매우 높은 집중력이 필요하다. 반면 영어를 사용하는 집단은 대화를 할 때 자신의 주장이 선명해야 하고 청자의 경우에도 상대방의 입장을 분명하게 알고 대처할 수 있기 때문에 화자와 청자 모두 논리를 세우는 능력이 발달할 수 있다는 가설을 가능하게 한다.

현실 세계는 상당한 정도로 그 집단의 언어습관의 기반 위에 형성된다. 공동체의 언어습관이 해석에 대한 선택의 방향을 주기 때문에 우리는 현재처럼 보고 듣고 경험을 한다(Sapir, 1929). 사람들의 행위는 그들이 사용하게 되는 언어의 범주에 의해 지배받기 쉽다는 것이다. 오늘날 우리는 사피어-워프 가설을 전적으로 수용하지도, 그렇다고 전적으로 거부하지도 않는다(맥코맥, 1997).

사피어-워프 가설에 근거한다면 교사의 언어와 언어의 사용은 영유아의 생각과 행동에 지대한 영향을 줄 수 있다는 사실에 주목할 필요가 있다. 교사는 자신의 언어습관을 돌아보고 영유아들이 건강하게 행동하고 생각할 수 있는 언어적 환경을 구성하고 있는지에 대한 반성해 보아야 한다. 교사로서 내가 사용하는 언어가 영유아들에게 무엇을 바라보게 하고 어떤 판단을 내리게 하는가? 어떤 것을 중요하게 또는 하찮게 생각하도록 하는가? 영유아의 전인 발달을, 민주 시민으로서의 기초를 지원할 수 있는가? 등 다양한 각도에서 반성적 질문을 해 볼 필요가 있다. 무심코 반복하고 있는 "우리 반 친구들 참 예쁘지요? 너희들이 질서를 지켜주어서 선생님은 참 기뻐요."라는 말들이 '예쁘다'라는 어휘 안에 영유아들을 가두지 않는지, 그들의 자발적인 동기가 아니라 교사를 만족시켜야 하는 외적 동기로 행동하게 하지 않는지 점검해 보자.

2. 음성 언어 발달

음성 언어는 언어의 형태 중 수용 언어인 듣기와 표현 언어인 말하기이다. 듣기란 단순히 말소리를 받아들이는 것이 아니라 말소리에 주의를 기울여 의미를 구성하고, 메시지를 이해하고 반응하는 과정이다. 말하기는 자신이 알고 있는 정보, 생각 그리고 감정들을 소리의 상징을 사용하여 다른 사람들에게 체계적이고 효과적으로 표현하는 고도의 인지적 활동이다(이차숙, 2005). 이에 기초하여 영유아기의 음성 언어가 어떠한 과정을 통해서 발달하는지에 대해 듣기와 말하기로 나누어서 알아보고자 한다.

1) 듣기 발달

(1) 듣기의 개념

우리는 일상생활 속에서 자연스럽게 많은 소리에 노출된다. 하지만 모든 소리를 듣지는 않는다. 만약 우리가 세상의 모든 소리를 듣게 된다면 그 많은 정보를 처리하기 위해서 너무 많은 에너지를 소비하게 될 것이다. 그렇다면 듣기라는 행위는 자연스러운 것이기보다는 인간의 의지가 포함된 것이라고 볼 수 있다. 즉, 사고 과정이 포함된 행위인 것이다.

듣기는 다른 사람이 전해주는 말소리, 또는 자연 현상이 만들어내는 소리들을 마음속에서 의미로 전환시키는 과정이다. 잘 듣기 위해서는 단순히 들려오는 소리를 인식하는 것을 넘어 언어적 · 비언어적 메시지를 지각하여 변별하고, 그것의 의미를 해석한 후 나의 경험과 통합하여 종합하고 평가하는 고등 수준의 사고가 요구된다(Hoskisson, 1987). 타일러(Taylor, 1973)는 들리기(hearing), 듣기(listening), 이해하기(auding)로 구분하여 듣기가 가진 복잡한 과정을 설명했는데 그 내용은 표 2-3 과 같다.

표 2-3 타일러(Taylor, 1973)의 듣기 과정

구분	내용
들리기 (hearing)	말소리의 음파를 귀로 받아들이는 단계로, 소리가 들려오는 곳을 확인하거나 말소리와 말소리가 아닌 것을 구분하거나 말소리에 초점을 두어 지속적으로 그 말소리만을 받아들이는 과정이다.
듣기 (listening)	말소리를 다른 음향과 구분하여 언어로 인지하고 의미 있는 단위로 처리하는 것이다. 즉 귀로 받아들인 말소리를 분석하고 조직하며 기억 속에 저장된 지식이나 경험과 연결 짓는 과정이다.
이해하기 (auding)	듣기의 처리 결과를 종합적으로 이해하고 해석하며 자신의 정의적인 반응까지 포함하는 것이다. 즉 연속적으로 이어지는 단어들을 종합하여 의미로 변화시키는 높은 수준의 인지적 · 정의적 처리과정이다.

듣기란 인간 발달의 측면에서 말하기, 읽기, 쓰기에 앞서 발달하는 언어 능력이며, 듣기를 통해서 영유아는 태어나서 처음으로 새로운 세계에 눈뜨게 된다(Jalongo, 2003). "들으면서 배운다."라는 말이 있듯이 듣기는 아이들이 그들이 속한 사회의 신념, 규범, 지식을 습득하는 기초적 방법 중 하나로서 기능한다(Ma Devitt, 1990). 더불어 듣기를 통해 세상을 인식하고 자신이 속한 사회에 적응하는 기능을 한다. 이와 같은 듣기의 정의에 따르면 진정한 듣기의 과정은 다

음과 같다.

첫째, 주변의 소리를 귀로 받아들여 인식하기

둘째, 음향을 의미 있는 단어로 처리하여 해석하기

셋째, 적절하게 반응하기

윤진주(2007)는 언어 발달에 있어서 듣기가 말하기, 읽기, 쓰기의 기능 발달과 사고 발달을 유도한다고 하였다. 듣기가 능숙해지면 전에는 인식하지 못했던 것에 주목하게 되고, 필요한 지식을 얻고, 화자의 말을 비판적으로 평가할 수 있기 때문이다.

듣기가 언어 발달뿐 아니라 사고와 사회성 발달을 이끌고 실생활에서 가장 많이 사용됨에도 불구하고 읽기, 쓰기, 또는 말하기에 비해 교육의 비중이 적다는 것에 주목할 필요가 있다. 잘 듣는 것은 많은 정보를 수용하는 것이다. 특히 문자 언어 사용이 능숙하지 않은 영유아의 경우 듣기는 보기와 함께 세상을 인식할 수 있는 중요한 기능을 한다. 따라서 많은 학자들은 듣기 기능을 향상시키기 위해 일상생활중심의 실행교육이 필요함을 강조하고 있다. 영유아를 위한 듣기 프로그램의 개발을 위해서 교사는 그들의 듣기 발달을 관찰하고 체계화하는 과정에 관심을 가져야 할 것이다.

(2) 듣기의 발달

① 영아기

영아들이 언제부터 들을 수 있는지에 대한 많은 연구들은 출생 전 태중에 있을 때부터라는 가설을 내놓고 있지만 확실히 검증된 바를 찾기는 어렵다. 분명한 것은 청각이 생의 초기에 비교적 빨리 기능하며 영아에게 많은 정보를 제공한다는 것이다. 신생아는 소리를 듣기는 하지만 성인이 듣는 것보다 큰 소리만 들을 수 있다. 영아가 가지고 태어나는 청각 능력은 성인이 감기가 들려 약간 귀가 멍멍한 것처럼 느껴지는 수준으로 알려져 있다. 그러나 얼마 지나지 않아 성인의 수준에 도달하게 되고 소리 변별 능력도 매우 높아진다.

출생 후 3일 정도가 되면 어머니의 음성과 낯선 사람의 음성을 구별할 수 있으며 소리가 나는 쪽으로 눈과 머리를 돌린다. 생후 2주경에는 사람의 목소리를 다른 소리와 구별할 수 있으며 사람의 목소리에 더 역동적으로 반응하는 것으로 보아 사람의 소리를 더 선호한다고 추론할 수 있다(Vouloumanos & Werker, 2007). 출생 후 1개월경에는 강한 소리 자극에 깜짝 놀라는 반응을 보인다. 1~4개월경에는 소리를 들려주면 마치 듣는 것처럼 조용해지고 4개월이 가까워지면 엄마의 목소리에 웃음을 보이며 반응한다. 4~6개월이 되면 고개를 돌려 소리가 나는 방향을 찾을 수 있으며(최현석, 2009) 소리의 정확한 위치를 확인하는 능력은 6개월 이후 크게 향상된다.

생후 1년 동안 영아들은 모국어의 소리체계에 대해 많은 것을 배운다. 영아는 주위 사람들이 말하는 것에 집중하게 되면서 중요한 음의 변화에 초점을 맞추는 것을 배운다. 외국어보다는 모국어를 듣고서 젖꼭지를 더 많이 빠는 것으로 보아 자주 들었던 모국어에 대한 구분 능력이 있음을 알 수 있다(Decasper & Spence, 1986). 6~8개월의 영아들은 모국어에 사용되지 않은 음을 구별하기 시작한다(Anderson, Morgan, & White, 2003).

6~11개월의 영아들은 엄마의 화난 말투와 상냥한 말투를 구별해서 반응하고 "안 돼!", "하지 마!" 등 강한 어조를 들었을 땐 행동을 주춤하는 반응을 보인다. 이 시기의 영아들은 익숙한 엄마, 아빠, 맘마 등의 낱말에 관심을 보이고 12~17개월경에는 친숙한 사물을 가져오는 심부름도 하고 "무엇?", "누구?"에 대한 질문과 "없다"의 의미도 이해할 수 있다. 18~23개월에는 "휴지를 주워서 버려라."와 같은 연결된 두 가지 지시를 듣고 순서대로 할 줄 알며 평서문과 의문문을 듣고 구별할 수 있다. 24~29개월에는 일상적인 동사를 이해하며 연결 어미가 들어간 복문을 알아들을 수도 있다(고은영, 2009).

② 유아기

유아기는 소리를 변별하는 것과 의미 이해를 넘어서서 소리를 듣고 자신의 경험과 통합하고, 비판적으로 사고하는 단계로 접어드는 시기이다. 따라서 유아기의 듣기 발달을 지원하기 위해서는 단순히 소리를 듣거나 어휘를 익히는 것, 지시를 따라서 행동하는 것이 아니라 듣고 그것에 대한 자신의 생각이나 느낌을 표현할 수 있는 기회를 제공해야 한다.

2살이 끝나갈 무렵의 유아들은 50단어에서 수백 단어를 알고 두 개나 세 개의 단어 조합을 하기 시작하는데 한 두 개의 새로운 단어를 주마다 학습한다(Nelson & Stage, 2007). 그들은 자신이 표현할 수 있는 어휘보다 네 배 정도 많은 단어를 이해할 수 있다. 유아들은 낮은 소리나 높은 소리를 더 잘 들으며 고주파수의 음에 대한 민감도는 4~5세경에 절정에 달한다. 5세경의 유아들은 거의 8,000개의 단어를 받아들이는데 하루에 6~10개 정도의 새로운 단어를 배우는 것으로 조사되었다(Nation, 2006).

추상적인 사고 능력이 발달하고 언어와 사고가 통합되면서 유아들은 성인들이 눈에 보이지 않는 추상적인 것에 대해 이야기하는 것을 듣고, 그것에 대해 다른 사람이 해석한 것을 배운다(Tomasello, 2003). 직접경험을 하지 않고 다른 사람들의 대화를 듣는 것만으로도 대상에 대한 이해가 가능하다는 것이다. 따라서 유아기의 듣기 능력은 말로 표현된 다양한 언어적 상징들을 내면화하고 그것을 바탕으로 사고할 수 있는 지적 능력의 기초가 된다. 이상연과 안성우(2014)도 그들의 연구에서 듣기 능력이 언어 발달의 모든 척도에서 공통된 설명변인이 된다는 것을 밝혀 이를 뒷받침하고 있다.

듣기 능력은 여아들이 남아들보다 집중력과 명료한 발음에서 2배 정도 높다는 연구 결과가 있다(National Research council, 2001). 이러한 발달의 차이는 남아들의 학습 과정이나 상호작용의 방법을 여아들과 차별화해야 함을 의미한다. 남아들의 듣기 학습을 지원하기 위해서는 소음을 차단한 조용한 환경을 구성해야 하며 상호작용을 할 때에도 항상 눈을 마주 보고 정확한 발음으로 천천히 이야기해 주어야 한다. 남아들이 잘 들을 수 있도록 하는 것은 언어뿐 아니라 인지 발달, 더불어 또래 관계를 유지하거나 사회적 문제를 해결하는 능력에 지대한 영향을 미칠 것이기 때문이다. 선행 연구를 바탕으로 영유아의 연령별 듣기 발달의 내용들을 정리하면 표 2-4 와 같다.

표 2-4 연령별 듣기 발달

연령	내용
0세	• 사람의 말소리에 반응하고 말하는 사람의 얼굴을 응시한다. • 사람들이 나누는 대화를 경청하고 익숙한 사람과 사물의 이름을 안다.
1세	• 스스로 말할 수 있는 단어보다 훨씬 많은 단어를 이해한다. • 그림책을 읽어주는 것에 흥미를 가지고 집중한다.
2세	• 누군가 질문을 하면 대답을 해야 한다는 것을 알게 된다.
3세	• 주변 사람들의 부탁이나 명령을 알아차리고 재빨리 시행하려는 의지를 보인다.
4세	• 자신의 경험과 관련 있는 경우 쉽게 새로운 어휘를 습득한다. • 언어의 규칙성을 파악하기 시작한다.
5세	• 다른 사람의 말을 듣고 그것에 기초하여 의견을 말한다. • 다른 사람의 음성과 말하는 것을 그대로 모방할 수 있다.

2) 말하기 발달

(1) 말하기의 개념

말하기의 사전적 의미는 자신의 생각이나 느낌을 다른 사람에게 말로써 전달하는 일이다. 따라서 말하기는 단순히 소리를 내는 것이 아니라 발성 이전에 듣는 사람에 대한 이해와 자신의 생각을 효과적으로 조직하는 사고 과정이 선행되어야 한다. 말하기의 과정은 다음과 같다.

첫째, 내가 표현하고 싶은 것이 무엇이며, 어떻게 말할 것인지에 대해 계획한다.

둘째, 음성기관이나 행동을 통해서 계획한 것을 표현하기 과정으로 이루어진다.

물론 계획하고 표현하는 과정이 반드시 순서대로 이루어지는 것이 아니라 말하는 과정에서 동시에 이루어지기도 한다. 하지만 교사는 영유아들이 말하기 전에 계획하고, 그 다음에 표현하는 과정을 경험할 수 있도록 지도해야 한다. 영유아들은 이러한 과정을 통해서 말하기 전에 생각하는 것이 보다 효과적인 의사소통을 할 수 있다는 믿음을 가질 수 있다.

말하기가 듣는 사람에 대한 이해를 바탕으로 한 지적인 사고 과정의 결과라면 말을 잘하기 위한 지식과 기술을 습득할 필요가 있다. 호프(Hoff, 1997)는 효과적으로 말하기 위해서 필요한 지식으로 화용론적 지식(pragmatic knowledge), 담화론적 지식(discourse knowledge), 사회언어학적 지식(social linguistic knowledge)을 제안하였다.

화용론적 지식이란 언어의 '의사소통적 기능'과 의사소통을 위한 '언어 사용의 관례'에 대해서 아는 것이다. 의사소통적 기능이란 말이 요구, 명령, 질문, 대답, 안내, 사회적 관계 형성 및 유지 등 다양한 목적으로 사용된다는 것이다. 언어 사용의 관례란 어른, 아이, 친구, 손님 등 듣는 사람의 특징, 축하하는 말, 위로하는 말, 응원하는 말 등 말을 하는 상황, 교실, 운동장, 병원 등 말하는 장소의 특징에 따라 관습적으로 사용하는 말의 형태이다. 즉, 말을 하는 사람, 듣는 사람, 상황과 장소, 전달하고자 하는 내용에 따라 사용하는 말의 특징을 알고 사용하는 것이 화용론적 지식이다.

화용론적 지식
의사소통적 기능과 의사소통을 위한 언어 사용의 관례에 대해서 아는 것

교사 Tip 화용론적 지식 지도의 예

- 교사가 등원하는 영유아를 맞이할 때 아이들의 기분이나 건강 상태에 따라 다른 말과 톤으로 인사 나눈다.
- 친구에게 "미안해!"라고 소리치며 사과하는 아이에게 어떤 목소리와 태도로 사과해야 친구가 너의 사과를 받아들일지를 안내한다.
- 바깥놀이터에서 몇 번이나 큰 소리로 친구를 부르는 아이에게 이렇게 넓은 곳에서는 직접 친구에게 가서 네 이야기를 하는 것이 좋겠다고 제안한다.

담화론적 지식이란 문장보다 더 큰 단위의 언어 사용, 그리고 대화나 이야기의 전체적인 전개나 구조에 관해 아는 것이다. 효과적인 의사 전달을 위해서 말을 낱낱의 문장 단위로 보는 것이 아니라 내가 전달하고자 하는 말의 전체 덩어리를 처음부터 끝까지 어떻게 구성할 것인지를 결정하는 것이다. 강하

게 또는 부드럽게, 희망적으로 또는 울분에 차서와 같이 말을 할 때 어떤 어휘를 선택하고 어떤 분위기로 전달할 것인지, 대상과 상황에 따라 말의 총 분량은 어느 정도로 할 것인지 등을 결정하는 데 필요한 지식을 의미한다.

교사 Tip 담화론적 지식 지도의 예

- '설날'에 대한 이야기 나누기를 할 때 연령에 따라 교육 기대수준을 결정하고 다른 분량, 분위기, 어휘를 선택하여 효과적으로 전달하기 위한 전략을 짠다.
- 영유아들이 친구들 앞에서 자기 소개를 할 때 "먼저 이름을 말하고 네가 좋아하는 것을 친구들에게 알려줄까?"와 같이 말하는 순서를 알려준다.

사회언어학적 지식
상대방의 사회적 지위, 문화, 성과 같은 사회적 변인에 따라 언어가 사용되는 방법이 다르다는 것을 아는 것

사회언어학적 지식이란 상대방의 사회적 지위, 문화, 성과 같은 사회적 변인에 따라 언어가 어떻게 다르게 사용되는지를 아는 것이다. 똑같은 어휘일지라도 그것을 사용하는 집단에 따라 다른 의미를 가질 수 있고, 다른 방법으로 사용된다는 것을 아는 것, 더 나아가 적절하게 사용할 수 있는 기술을 포함한다. 우리나라에서는 나의 생각을 말할 때 "저도 잘은 모르지만..."이라는 말을 문두에 붙여 겸양의 표현으로 쓰지만, 영어권에서 "I don't know but..."이라는 말을 문두에 붙이면 그 사람의 의견을 듣지 않는 경우가 생긴다. 이것은 사회문화적으로 존칭어가 없는 외국인들이 우리말의 존댓말을 어려워하는 것, 각 지역에서 방언이나 독특한 억양을 사용하는 것, 어휘가 적은 영아들이 독특한 방식으로 언어를 사용하는 것들을 포함한다.

교사 Tip 사회언어학적 지식 지도의 예

- 혼합 연령반, 장애 통합반, 다문화 영유아 혼합반 등 다양한 문화가 존재하는 유아교육기관에서 서로 간의 언어 표현을 이해할 수 있는 수업 전략을 짠다.
- 세계 여러 나라의 인사말을 익힐 때 말뿐 아니라 인사하는 방법, 태도 등을 함께 익힐 수 있도록 계획한다.

표 2-5 호프(Hoff, 1997)의 말하기에 필요한 지식

구분	내용
화용론적 지식 (pragmatic knowledge)	언어의 의사소통적 기능과 의사소통을 위한 언어 사용의 관례에 대해서 아는 것이다. 말하는 사람의 목적, 듣는 사람, 장소, 상황에 따라 다른 방법으로 의사소통하는 것을 지도한다.
담화론적 지식 (discourse knowledge)	문장보다 더 큰 단위의 언어 사용, 대화나 이야기의 전체적인 전개나 구조에 관해 아는 것이다. 효과적으로 말하기 위한 말의 순서, 어휘의 선택, 말하는 분위기를 선택하는 것을 지도한다.
사회문화적 지식 (social linguistic knowledge)	상대방의 사회적 지위, 문화, 성과 같은 사회적 변인에 따라 언어가 어떻게 다르게 사용되는지를 아는 것이다. 국가, 지역, 가족 등 문화적 특성에 따라 독특한 언어가 있고 사용하는 방법이 다르다는 것을 지도한다.

말하기는 오랫동안 우리 문화권에서 격려되는 행위는 아니었다. 말이 많은 것을 좋지 않게 생각한 것은 물론 필요한 말만 골라서 신중하게 말하도록 교육되어 왔다(주영희, 2001). 또한 말하기 교육에 있어서 똑똑한 발음, 정확하게 말하기와 같은 언어의 형태적 측면에만 초점을 맞추고(이차숙, 2004), 계획하기 단계를 간과하고 표현하기 단계에만 치중해 왔다는 한계가 있다.

하지만 다양한 문화가 공존하고 빠르게 변화하는 현대 사회에 자기 자신을 표현하는 말하기, 타인의 생각이나 느낌을 읽어주는 말하기, 서로 다른 문화를 가진 사람이 의견을 조율하거나 더 좋은 결과를 만들어내기 위해서 토론하고 타협하는 말하기는 매우 중요한 사회적 능력으로 인정받고 있다. 언어 습관과 태도를 형성하는 영유아기에 말하기를 위한 지식을 습득하고 말하기 전에 생각하는 태도를 형성할 수 있도록 교육하는 것은 이후의 총체적인 발달에 중요한 기저를 형성할 것이다.

(2) 말하기의 발달

① 영아기

■ 울음

울음(crying)은 영아가 다른 사람과 의사소통하기 위해서 사용하는 최초의 수

단이다. 영아들은 울음을 통해서 자신의 요구를 전달하고 양육자들이 그것에 반응하도록 한다. 이러한 요구의 표현 기능 외에 초기 울음은 영아의 폐 사용과 발성기관의 사용이 정상화되는 것을 지원하는 역할을 하기도 한다. 생후 3개월을 전후하여 음성과 호흡의 협응 능력이 발달하면서 울음은 점차 조절되고 리드미컬해지고 습관적인 울음소리와 유의미한 울음소리로 나뉘어서 나타난다(주영희, 2001).

초기의 울음은 의미가 분화되지 않아 울음만으로 영아의 요구를 파악하는 것이 쉽지 않다. 하지만 양육자들이 영아의 울음이 요구하는 것에 민감하게 반응하고 적절하게 대처하는 과정을 통해서 월령이 높아질수록 영아들의 울음은 상황에 따라 분화되고 양육자들은 울음의 의미를 더 잘 파악할 수 있게 된다. 생의 초기에 양육자와의 의사소통수단으로 사용되었던 울음은 영아들의 언어 능력이 증가되면 그 사용이 감소되고, 대신 영아는 다양한 형태의 언어 표현을 시도하게 된다.

■ 쿠잉

쿠잉(cooing)은 신생아기에 나타나는 울음이 아닌 발성으로 설명할 수 있다. 약 생후 6주부터 나타나기 시작하는데 마치 비둘기의 소리 같다고 하여 쿠잉이라 부른다. 쿠잉은 대체적으로 식사 후나 좋아하는 대상을 바라보는 등 영아가 기분이 좋을 때 목을 울려 낮게 내는 발성으로 '행복한 소리'라고 표현하기도 한다. 쿠잉 단계에서부터 양육자와 영아 간의 상호 발성이 이루어지는데 이때부터 양육자와 영아는 놀이 같은 대화에 참여할 수 있다. 영아가 쿠잉을 하면 양육자가 그 소리를 따라서 유사한 소리를 내고, 그 소리를 받아 영아가 쿠잉으로 대답하면 그때 어른이 그 다음 차례로 같은 소리를 내는 방식이다(이영자 외, 2006). 영아들이 쿠잉을 사용하는 시기에 놀이 같은 양육자와의 대화를 통해서 상호 교환적 의사소통이 시작된다고 볼 수 있다. 양육자가 영아의 쿠잉에 얼마나 적극적으로 반응하는가, 얼마나 기분 좋은 소통이 일어나는가에 따라 영아의 발성과 소통에 대한 의지가 결정될 수 있다.

■ 옹알이

옹알이(babbling)는 자 · 모음으로 구성된 음절을 연속적으로 발성하는 음성적 행동을 말한다. 시작 시기에 대해서는 다양한 견해가 있지만 대체로 4개월에서 6개월 사이에 시작하여 생후 1년이 지나면 점차 감소한다. 이 시기의 영아들은 청각 반응이 민감해지면서 자기 소리를 듣고 스스로 만족을 느끼게 되어 반복적인 소리를 자주 하게 된다. 12개월경의 옹알이는 모국어의 모음과 유사하게 소리를 내는데, 이는 모국어의 음운 구조를 습득하기 시작했음을 시사한다. 옹알이는 사회문화적인 요인과 관계없이 음성기관에 결함이 없는 모든 영아에게서 나타난다는 사실에 비추어 볼 때 언어 습득의 보편성을 입증해주는 근거라고 할 수 있다(주영희, 2001).

옹알이는 자기 소리를 모방하는 자폐적 옹알이와 타인의 소리를 모방하는 사회적 옹알이로 나뉜다. 자폐적 옹알이는 타인과의 소통 없이 혼자 놀면서 자, 모음과 유사하지만 불완전한 소리를 반복해서 내는 행동이다. 자폐적 옹알이를 통해서 영아는 동일한 소리를 다양한 크기와 음색으로 내보고 발성 기관의 움직임을 연습한다. 또한 자신이 낸 소리 중에서 우연히 흥미를 느끼는 소리가 생기면 같은 소리를 반복하면서 자기 소리 모방(lallation) 행동을 한다. 교사는 영아들이 자폐적 옹알이를 할 때에는 스스로 충분히 자신이 내는 소리를 즐기고 연습할 수 있도록 상호작용을 하지 않고 관찰하는 것이 바람직하다. 만약 섣부르게 상호작용을 시도한다면 영아는 한참 재미있는 놀이를 강제로 중단당한 기분이 들 수도 있다.

자폐적 옹알이
타인과의 소통 없이 혼자 놀면서 자 · 모음과 유사하지만 불완전한 소리를 반복해서 내는 행동

사회적 옹알이는 타인을 의식하면서 소리를 내는 것이다. 영아들이 자신의 요구를 전달하는 기능도 하지만 양육자와의 사회정서적 결합을 다지는 기능을 하기도 한다. 사회적 옹알이를 하면서 영아들은 타인과 의사소통을 하고자 하는 욕구가 자극되며, 이에 대한 주변 사람들의 반응을 통해 '나는 혼자가 아니구나. 나와 소통하는 사람들이 있구나.'와 같은 공동체감을 형성할 수 있다. 영아들이 사회적 옹알이를 할 때에 교사는 자폐적 옹알이를 할 때와는 반대로 아이와 눈을 맞추고 적극적으로 상호작용에 참여함으로써 그들의 의사소통을

사회적 옹알이
자신의 요구를 전달하거나 양육자와의 사회정서적 결합을 다지기 위해 타인을 의식하면서 소리를 내는 행동

위한 의지를 촉진할 수 있어야 한다.

양육자가 사회적 옹알이에 반응하며 의사소통을 할 때에 주의할 사항은 되도록 목소리의 크기, 속도, 억양과 강세까지 영아의 소리를 따르는 것이 좋다. 아이들의 패턴에 맞게 흉내 내어 주면 그들은 옹알이하는 것을 더욱 즐기게 되고 언어 표현을 위한 적극적인 학습자가 될 수 있다. 반면 양육자가 영아의 옹알이보다 더 크고 빠르게 반응하게 되면 아이들은 쉽게 옹알이에 대한 흥미를 잃게 되고 의사 표현 의지가 위축될 수 있다.

■ 한 단어 시기

생후 1년 전후가 되면 영아들은 한 단어를 사용하여 말을 시작한다. 아이들이 사용하는 단어는 대부분 명사이며 처음 사용하는 한 단어들은 발음이 정확하지 않다. 영아들이 사용하는 한 단어는 문장으로서의 단어라는 의미에서 일어문(一語文)이라고 한다. 이 시기에 영아들이 사용하는 한 단어는 몸짓과 억양 등 다양한 비형식적인 언어와 함께 사용되면서 복잡한 의미를 내포하고 있다.

따라서 한 단어 시기에는 영아의 말을 해석하는데 신중을 기해야 한다. 영아가 "물"이라고 말하는 경우를 가정하고 영아가 하고 싶은 말이 무엇이었을지 예측해보자. "물 먹고 싶다, 물 쏟았다, 물에 젖었다, 친구가 물장난한다" 등 여러 가지 상황일 수 있다. 따라서 한 단어 시기 영아들과 대화할 때 그 의미를 분명히 알기 위해서는 상황에 의존해야 한다(Schickedanz, Hansen & Forsyth, 1990). 또한 영아의 말과 함께 몸짓과 표정을 비롯한 비형식적인 언어에 집중하여 맥락에 따른 의미를 해석하기 위해 노력해야 한다.

과잉축소
하나의 대상에는 하나의 이름만 존재한다고 생각하는 현상

한 단어 시기에 나타나는 영아들의 독특한 언어 표현 방식으로 과잉축소(under extension)와 과잉확장(over extension)이 있다. 과잉축소는 하나의 대상에는 하나의 이름만 존재한다고 생각하는 현상이다. '뭉치'라는 이름의 치와와를 키우고 있는 아이에게 "어머나, 치와와가 참 귀엽고 예쁘구나."라고 이야기했을 때, 아이가 "얘는 치와와가 아니고 뭉치인데요?"라고 우기는 경우이다. 자신이 뭉치라는 이름으로 알고 있는 대상이 강아지, 치와와, 개와 같은 다른 이름으

로 대치될 수 있다는 것을 인정하지 않는 것이다. 이러한 현상은 영아들이 새로운 어휘를 쉽게 습득할 수 있는 기제로 작용한다. '뭉치'라는 치와와를 키우고 있는 아이 앞에 그 아이가 키우고 있는 치와와와 처음 보는 푸들을 놓고 이 중에서 '푸들'이 어떤 것인지 찾아보라고 제안한다. 그러면 아이는 비록 '푸들'이라는 종류의 개를 모르더라도 주저 없이 자신이 알고 있는 뭉치가 아닌 다른 개를 선택할 수 있다. 이러한 방법으로 영아들은 자신이 모르는 단어를 빠르게 습득할 수 있는 것이다.

과잉확장은 유사한 형태를 가지고 있는 대상에게 자신이 알고 있는 적절한 이름을 붙여서 부르는 현상이다. 한 단어 시기의 영아들이 남자 어른들을 모두 "아빠"라고 부르거나 수족관에서 보글보글 올라오는 기포를 보고 "콜라"라

과잉확장
유사한 형태를 가지고 있는 대상에게 자신이 알고 있는 적절한 이름을 붙여서 부르는 현상

고 부르는 경우이다. 하지만 영아들이 남자 어른을 진짜 아빠라고 생각하거나 수족관에 있는 물을 콜라처럼 마실 수 있다고 생각하는 것은 아니다. 다만 경험과 지식이 부족하고 어휘가 풍부하지 못하기 때문에 생기는 현상으로 어휘가 풍부해지면 자연스럽게 소멸된다.

■ 두 단어 시기

생후 18개월이 지나면 영아는 두 단어 또는 두 단어 이상의 언어로 된 아주 초보적이고 문법적으로 불완전한 문장을 사용하기 시작한다. 이 시기에 나타는 독특한 언어 표현 방식으로 전보식 문장(telegraphic speech)이 있다.

전보식 문장
의미를 전달하기 위해 가장 핵심적인 내용의 단어만 사용하여 문장을 구성하는 것

전보식 문장은 조사, 전치사 등의 기능어는 생략하고 의미를 전달하기 위해 가장 핵심적인 내용의 단어만 사용하여 문장을 구성하는 것이다. 예를 들어, "엄마, 그림책 읽어주세요. 여기 소파에 앉아서 읽어주세요."라는 의미를 전달하기 위해서 "엄마, 책", "앉아, 여기"와 같이 말하는 것이다. 이것은 영아의 어휘 수가 제한되어 있거나 성인의 문장을 모방할 만큼 충분하게 기억하지 못하기 때문에 발생할 수 있는 현상이다(조정숙, 김은심, 2001). 하지만 영아들은 내용어가 기능어보다 더 정보적임을 직관적으로 알고 있으며 문법적 구별도 이해하고 있음을 시사한다고 볼 수 있다(Carroll, 1994).

주축문법
주축이 되는 단어를 중심으로 단어에 변화를 줌으로써 다양한 표현을 하는 것

영아들이 전보식 문장을 구성하는 표현 방식은 주축문법(pivot grammar)으로 설명할 수 있다. 주축문법이란 주축이 되는 단어를 중심으로 단어에 변화를 줌으로써 다양한 표현을 하는 것을 말하는데(정남미, 2005), 주축어(pivot words)와 개방어(open words)로 구성된다. 영아들은 주축이 되는 단어를 먼저 선택하고 새로운 단어를 포함시켜 문장을 표현한다. 주축어란 어휘의 수가 적고 중복이 되는 어휘가 많은 감탄사나 부르기 단어들로 다음과 같은 특징을 갖는다(주영희, 2001).

첫째, 다른 단어가 합쳐지는 축의 역할을 한다.

둘째, 수적으로 적고 증가 속도가 느린 어휘군이다.

셋째, 고정된 위치에 나타난다.

넷째, 단독으로 또는 다른 주축어와 함께 사용되지 않는다.

다섯째, 모든 개방어와 조합될 수 있다. 개방어는 어휘 수가 다양하고 중복 사용되지 않으며 이야기의 핵심이 되는 단어이다.

주축어	개방어	개방어	주축어
엄마	맘마	빠빵	가
엄마	여기	멍멍이	가
엄마	책	집	가
엄마	가	엄마	가

그림 2-4 주축어와 개방어의 구성

② 유아기

유아기는 어휘의 발달이 폭발적으로 일어나면서 성인과 유사한 수준의 말하기를 할 수 있다. 점차적으로 성인과 유사한 문법적 규칙을 적용하여 문장을 구성하고 언어를 다양한 목적으로 사용할 수 있다. 다양한 연구 결과들을 토대로 연령별 유아의 말하기 발달 특징을 알아보면 다음과 같다.

■ 3세

- 4단어 또는 그 이상의 단어를 사용한 문장으로 말할 수 있지만 단어를 정확하게 발음하는 것은 다소 어려워하기도 한다.
- 문장을 구성하고 단어를 연결하기 위해서 생각하는 시간이 필요하기 때문에 말을 하는 과정에서 '왜냐하면', '또'와 같은 단어를 많이 사용한다.
- 사물의 이름에 대한 호기심이 많아지면서 '누가?', '뭐야?', '왜?'와 같은 단어를 사용해서 글자, 그림, 사물, 사람들에 대해 끊임없이 질문하고 성인의 대답을 요구한다.
- 또래와 상호작용하기보다는 성인과 상호작용하는 것을 더 선호하며, 상대방이 자신의 말을 알아들을 수 있는가에 대해 관심을 가지고 말을 한다.

- 놀이 과정에서 상상의 친구를 만들어 대화하는 모습을 관찰할 수 있는데 이럴 때는 교사가 개입하기보다는 대화하는 내용을 들으면서 유아가 평소에 생각하는 것들에 대해 탐색하여 개별적인 상호작용 전략을 구성할 때 기초 자료로 활용하는 것이 바람직하다.

■ 4세

- 대체적으로 5~6개의 단어를 조합하여 문장으로 말할 수 있다.
- 단어의 일부분을 듣고 전체 단어를 생각해 낼 수 있으며 접속사를 사용하여 문장을 길게 늘일 수도 있다.
- 인지 능력이 높아지면서 사랑, 마음, 행복과 같은 추상적인 단어에 대한 관심이 증가하고 그것이 의미하는 것이 무엇인지 질문하기도 한다. 유아들이 추상적인 단어를 질문할 때 교사는 추상적인 설명 대신 구체적인 상황으로 설명할 수 있어야 한다. 만약 그렇지 않다면 꼬리에 꼬리를 무는 질문에 지칠 수 있다. 예를 들어, "선생님 사랑이 뭐예요?"라는 질문에 "사랑은 좋아하는 마음이지."라고 대답하면 "좋아하는 마음이 뭐예요?"라는 질문을 받게 되기 쉽다.
- 친구들과의 상호작용이 활발해지는데 이 과정에서 유아의 음성 언어 기술이 크게 향상된다. 자신보다 어린 아이에게 말할 때는 단순하고 느리게 말함으로써 상대방의 요구에 따라 대화 방식을 조절할 수도 있다.
- 교사는 친구들과 함께 공동의 목표를 달성할 수 있는 연합놀이의 기회를 많이 제공하는 것이 바람직하다. 짝 활동, 모둠 활동 등 친구들과 함께 놀이하면서 유아들은 다양한 친구들과 대화를 나눌 수 있고, 그 결과 효과적인 말하기를 위해 필요한 지식들을 직접 연습할 수 있을 것이다.

■ 5세

- 완전하고 복잡한 문장을 사용하여 거의 모든 단어들을 정확한 발음으로 말할 수 있다.
- 차례를 지켜가며 대화를 나눌 수 있을 정도로 말하기 기술을 활용할 수

있다.

- 말과 글을 연결하고자 하는 자발적인 의지가 생기는데 사물이나 글자를 손으로 지적하며 큰 소리로 말하거나 글씨를 천천히 쓰면서 소리 내어 말하는 모습을 관찰할 수 있다. 따라서 교사는 말하기와 읽기, 쓰기가 통합되는 다양한 활동을 계획하는 것이 바람직하다.
- 논리적인 사고 능력이 발달하면서 "비는 왜 와?", "개나리는 왜 봄에 피어?"와 같이 눈에 보이지 않는 원인, 자연 현상에 대한 질문을 많이 한다. 교사는 유아들의 지적인 욕구를 충족시켜주기 위한 도서나 동영상 등을 제공함과 동시에 자신들이 습득한 지식들을 친구들 앞에서 발표할 수 있는 기회를 제공하는 것이 바람직하다.

위와 같이 유아기에는 비교적 정확한 문장을 구성하여 말하는 수준에 도달하기 때문에 말하기에 있어 문법적인 지식이 체계화되어 간다. 유아들이 말하는 문장에서 발견할 수 있는 문법적인 특징들을 정리하면 다음과 같다.

■ 문법 규칙의 과잉일반화

유아들은 점점 많은 단어를 조합하여 문장을 구성하면서 문법적인 규칙을 적용하기 시작하는데, 이때 자신이 이미 알고 있는 규칙이 다르게 적용될 수 있다는 것을 이해하는 데 어려움을 겪는다. 문법 규칙의 과잉일반화는 문법 습득의 과정에서 유아들이 예외를 피하기 위해 예측 가능한 유형으로 문법 규칙을 적용하여 말하는 현상을 의미한다(주영희, 2001). 우리나라 유아들뿐 아니라 다른 언어권에서도 보편적으로 나타나는 특징이 있다.

한국어에서는 주격 조사로 '~이'와 '~가'를 사용한다. 단어에 받침이 있으면 '~이', 받침이 없으면 '~가'를 붙여서 문장을 구성할 때 주어로 사용하는 문법 규칙이 있다. 유아들은 주격 조사 '~가'를 먼저 습득한 후 이 규칙을 지키기 위해서 아래와 같이 주격 조사 '~이' 뒤에 '~가'를 중복해서 사용하는 시기를 거친다. 또 하나의 현상은 상대방에 대한 존칭을 의미하는 종결어미 '~요'의 과잉일반화이다. 유아들과의 대화에서 서술격 조사 '~(이)다'의 뒤에 종결 어미

'~요'를 붙여서 존댓말을 표현하는 것을 발견할 수 있다.

주격 조사 '가'의 과잉일반화	종결 어미 '요'의 과잉일반화
선생님이**가** 그랬잖아요. 별님이**가** 반짝 반짝 빛났어.	이거 내가 어제 산 장난감이다**요**. 선생님, 나 김치도 먹었다**요**.

■ 문법적 형태소

유아들이 사용하는 문법적 형태소의 발달 특징을 조명한(1983)의 연구를 토대로 설명하면 다음과 같다.

표 2-6 유아기 문법적 형태소의 발달

구분	내용	발현순서
격조사	명사 어미에서 그 명사의 의미 기능을 나타낸다.	공존격 조사(랑, 하고, 같이) → 장소격(에, 한테, 에게) → 주격(이, 가) → 목적격(을, 를) → 도구격(로, 으로)
동사 어미 · 형태소	움직임을 나타내는 용언의 어간에 붙어 서술어로 활용되는 부분	문장어미 형태(~**야**, ~**라**, ~**자**.) → 과거형(었) → 미래형(~ㄹ) → 수동형(이, 히) → 진행형(ㄴ, ㄴ다)

■ 문장의 구조

유아들은 성인들이 사용하는 수준의 문장을 사용하기까지 다양한 전략을 적용하여 문장의 구조를 연습한다. 유아들이 문장을 사용하는 특징을 선행 연구 결과들을 정리하여 설명하면 다음과 같다.

표 2-7 유아기 문장 구조의 발달

구분	내용
의문문	• 유아의 즉각적 환경과 관련된 '무엇, 어디, 누구'와 같은 명사의 대답을 요구하는 의문문은 일찍 나타난다. • 문장 내의 의미론적 관계를 묻는 '어떻게, 언제'와 같은 의문문은 명사형 대답을 요구하는 의문문보다 늦게 나타난다. • 인과관계를 묻는 '왜' 의문문도 논리적 사고가 발달하면서 비교적 늦게 나타난다. • 유아들은 질문에 대답을 할 수 있으면 해당하는 의문문을 표현할 수 있다.
부정문	• 유아들은 부재, 거부, 부인, 금지, 무능 등의 의미로 부정문을 사용한다. • 초기에는 부정어 '안'을 문장의 맨 앞이나 명사 앞에 위치시키는 방식으로 부정문을 표현한다. (ex. 안 밥 먹어. 안 집에 갈 거야. 나 안 우유 먹어 등) • 점차적으로 '안' 부정문은 감소하고 부정어 '못'을 동사나 형용사 앞에 두는 부정문을 사용한다. • ' ...하지 못한다.' 형태의 부정문은 가장 늦게 출현한다.
복문	• 접속문과 내포문이 거의 동시에 사용되지만 점차적으로 내포문을 더 많이 사용한다. • 초기에는 접속사가 빠진 접속문을 사용하기도 한다. • 접속문은 대등(그리고), 대립(그러나), 시간적 순서(그리고 나서), 원인(그래서)의 문장이 먼저 출현하고 한정조건(~한다면), 동시성(~할 때)의 순서로 나타난다. • 내포문의 경우 '데, 거' 등의 불완전한 명사에 관형절이 첨가된 문장이 자주 나타나는데 그중에서도 '거'를 과잉사용하는 경향이 있다. (ex. 아까 갔던 데 이름 알아요? 내 거, 공 어디 있어요?)

복문

한 가지 이상의 명제를 접속, 또는 내포시킴으로써 압축하여 표현하는 문장으로 접속문과 내포문이 있다.

- 접속문 : 접속사를 이용하여 두 개의 명제를 대등 또는 연합으로 구성하는 문장
- 내포문 : 하나의 명제가 다른 명제에 포함되는 문장

표 2-8 연령별 말하기 발달

연령	말하기 발달
0세	• 울음 : 미분화된 울음에서 분화된 울음으로 변화
	• 쿠잉 : 행복한 소리. 양육자와의 상호 발성 시작
	• 자폐적 옹알이 : 발성 방법 훈련 • 사회적 옹알이 : 상호작용 훈련
1~2세	• 한 단어 시기 : 과잉확장, 과잉축소 현상 발현 • 두 단어 시기 : 전보식 언어, 주축문법 사용 • 두 단어 이상 시기 : 단어 폭발기

연령	말하기 발달
3세	• '왜냐하면', '또' 와 같은 단어를 많이 사용함 • '누가?' '뭔데?' '왜?'로 시작하는 질문을 많이 함. • 말이 많아지고 상대방이 자신의 말을 알아들을 수 있는가에 대한 관심을 두고 말하기 때문에 상대방 역시 유아의 말을 이해할 수 있음
4세	• 추상적 단어 사용에 대한 관심 증가 • 자신보다 어린 유아에게 말할 때는 단순하게 말함으로써 상대방의 요구에 따라 대화 방식을 조절할 수 있음
5세	• 완전하고 복잡한 문장 사용 • 차례를 지켜서 대화할 수 있음

3. 문자 언어 발달

문자 언어는 언어의 형태 중 수용 언어인 읽기와 표현 언어인 쓰기에 해당한다. 읽기는 문자의 형태를 인식하고 소리 내어 발음하는 해독(decoding)의 단계에서 문자의 의미를 도출하고, 그것을 개인의 삶과 연관하여 사고하는 이해(comprehension)의 단계로 이루어지는 복잡한 과정이다. 쓰기는 자신의 생각과 느낌을 조직하고, 적절한 단어와 문장 구조를 선택하여 다른 사람과 소통하기 좋은 방법으로 문자를 배열하는 과정이다. 따라서 읽기와 쓰기를 위해서는 문자에 대한 이해가 선행되어야 한다.

교사 Tip 문자 언어 교육에 대한 관점의 변화

읽기 준비도	문자 언어 발달에 대한 초기의 견해는 문자 언어 교육을 위해서는 읽기, 쓰기를 위해서 문자에 대한 이해를 할 수 있는 발달적으로 적합한 시기가 될 때까지 기다려야 한다는 '읽기, 쓰기 준비도'에 대한 주장이 강했다. 이는 성숙주의의 입장에서 아이들의 문자 언어는 발달적으로 준비가 되어야만 학습과 교육이 가능하다는 것이다. '읽기 쓰기 준비도'에 대한 개념이 지배적이던 시기에는 영유아들이 문자를 학습하기 위해서는 좌 · 우 개념, 소근육 발달, 눈과 손의 협응, 선과 도형의 사용 등의 능력이 충분히 발달될 때까지 기다려야 하며 문자 언어 교육을 위한 가장 적합한 시기를 만 6년 6개월로 보고, 그 이전의 문자교육은 무의미하다는 입장을 취하였다. 그러나 이러한 교수 방법은 학습에 대한 책임이 전적으로 영유아에게 전가되고, 만 6세 이전의 문자 교육에 대한 중요성은 간과되는 문제점을 양산하였다.
단계적 학습	이런 문제점에 대한 대안으로 연령에 따라 쉬운 것부터 어려운 것, 단순한 것에서 복잡한 것으로 순차적으로 가르치면 영유아의 문자 언어 발달을 이끌 수 있다는 '단계적 학습'에 대한 관심이 높아졌다. 이는 행동주의의 입장에서 성인이 문자 언어 발달을 위해서 필요한 단계와 내용을 정하고, 이에 따라 연습의 기회를 제공하고 반복적으로 훈련을 하면 누구나 완전한 문자 언어 발달을 이룰 수 있다는 것이다. '단계적 학습'에 대한 개념이 지배적이던 시기에는 연령별로 한글 학습 자료들이 대량으로 제작 · 판매되었으며, 모든 아이들이 동일한 내용을 동일한 방법으로 학습하는 경향이 나타났다. 그러나 이러한 교수 방법은 영유아의 문자 언어에 대한 개별적인 흥미나 발달의 차이를 극복하지 못하였으며, 문자 언어의 형식을 학습하는 것에 제한되어 일상생활에서 유의미한 문자가 아닌 성인이 임의로 정해놓은 문자를 기계적으로 학습해야 한다는 문제점을 만들었다.
발생적 문식성	최근에는 '발생적 문식성'의 관점이 지배적이다. 영유아기는 글이 사용되는 일상생활 경험을 통해서 자연스럽게 글자에 관심을 보이기 시작하는 발생적 문식성 단계에 속해 있다(김창복, 김민진, 2006). 문해는 정해진 시기에 정해진 방법으로 형식적인 문자 체계를 익히는 것이 아니라 태어날 때부터 경험하는 문자에 적응하는 과정과 문해 의지를 바탕으로 상호작용하는 모든 과정을 문해 교육으로 인식해야 한다는 것이다(김지영, 김영실, 2002).

발생적 문식성	영유아들은 과거보다 더 많은 문자와 정보 그리고 상징에 노출되어 있기 때문에 그 안에서 적응하려는 노력을 계속할 수밖에 없다. 영유아의 시도와 시행착오 그리고 적응의 의지는 수많은 사고의 축적을 만들 것이며, 그러한 사고의 복잡성을 유지하고 기억하기 위해 과거의 인류가 그러했던 것처럼 '문자 사용'의 필요를 느끼게 될 것이다. 그 결과, 자발적으로 문해 능력을 발달시킨다는 것이다. 뉴먼과 로스코스(Neuman & Roskos, 1993)는 영유아의 적극적인 활동에 의해 문해가 구성된다는 것을 기본 전제로 하며, 영유아기에 가정 및 유아교육기관에서 유아 문해의 바탕이 되는 다양한 언어적 자극 및 활동의 제공 그리고 환경을 조성하는 것이 유아의 문해 학습에 결정적 단서가 된다고 하였다. 이는 비고츠키가 유아의 언어와 사고의 발달을 위하여 영유아들의 요구를 파악하고 달성할 수 있는 목표를 설정하여 경험을 제공하는 비계설정의 중요성을 밝히면서 성인과 보다 인지적으로 앞선 또래와의 사회적 상호작용을 강조한 것(신현정, 1985)과 같은 맥락이다. 즉, 영유아들의 발생적인 문식성을, 발현적인 문해 의지를 지원하기 위한 교사의 역할은 매우 중요하다. 교사는 영유아의 흥미와 요구에 기초한 다양한 물리적 · 사회적 상호작용을 통하여 영유아들의 문해 의지를 고취하고, 즐겁게 문해를 숙련함으로써 문해 능력을 발달시킬 수 있는 역동적인 체계를 제공할 수 있기 때문이다.

1) 읽기 발달

(1) 읽기의 개념

읽기는 낱자나 단어를 보고 소리 내어 발음하는 행동과 글자에 의미를 부여하고 의미를 이끌어내는 과정이 동시에 진행된다. 문자를 읽는다는 것은 문장에 대한 이해와 통찰력을 가진다는 것이며, 책을 읽는 사람의 삶과 연결될 때 이러한 이해와 통찰력은 더 높아지고 이로 인해 문장에 대한 의미는 더욱 명확해진다. 그러므로 읽기는 글자에 대해 의미를 부여하고 그로부터 의미를 이끌어내어 이해에 이르는 과정이라 할 수 있다(Weaver, 1994, 한유미 외, 2006 재인용).

읽기에 대한 관점을 설명하면 다음과 같다(주영희, 2001).

첫째, 읽기는 문자 해독이다. 읽기는 의미구성의 과정이 아니고 문자기호의 해독 과정이기 때문에 글자 해독을 위해서는 문자의 빠른 지각과 정확하게 발음하기를 집중적으로 연습해야 한다.

둘째, 읽기는 글자 자체보다 글에 대한 독자의 가정이나 추측에 의해 능동적으로 의미가 구성되는 과정이다. 읽기는 독자가 가지고 있는 배경 지식과 경험, 읽기의 의도와 특성에 따라 글의 의미가 달라질 수 있다.

셋째, 읽기는 글이 주는 정보의 처리와 독자의 배경 지식 및 경험이 상호 보완적으로 작용하여 의미가 새롭게 구성되는 과정이다. 글을 읽는 과정에서 독자는 수동적으로 저자가 전달하고자 하는 메시지를 수용하고 동시에 능동적으로 저자의 메시지와 자신의 경험과 생각을 통합할 수 있는 능력이 있어야 한다.

세 가지의 관점 중에서 최근에는 수동적인 동시에 능동적인 독자의 역할을 강조하고 있다. 읽기는 읽기 자체로도 중요하지만 정규 교육 과정에 진입하는 동시에 모든 학습의 성공을 위한 도구적 역할을 한다는 점에서 영유아기 읽기 교육에 대한 접근이 심도있게 이루질 수 있어야 한다.

(2) 읽기 발달 단계

영유아의 읽기 발달 단계에 대해서는 실제로 많은 연구들이 이루어지지 못하고 있다. 더불어 발생적 문식성의 관점에서 영유아의 읽기 행동을 다양하게 정의할 수 있을 뿐 아니라 개인차도 매우 크기 때문에 읽기의 발달 단계를 연령별로 정의하는 것에는 어려움이 있다. 여기에서는 그림책 읽기와 문자 읽기로 구분하여 대표 학자들의 설명을 소개해 보고자 한다.

① 그림책 읽기 단계(Clay, 1991)

단계	내용	
1단계	개념	• 글자는 이야기로 전환될 수 있는 것임을 이해하는 단계
	행동 특징	• 글자가 적힌 종이를 들고 웅얼웅얼 소리 내기 • 그림책을 거꾸로 들고 엉터리로 지어서 책 읽기
2단계	개념	• 구어에서는 잘 사용되지 않는 특별한 형태의 문어체 이야기를 만들어내는 단계
	행동 특징	• 말을 할 때와 책을 읽을 때 사용하는 어휘가 다르다는 것을 인식함 • 인형놀이를 할 때와 책을 읽을 때 다른 어휘를 사용함 인형놀이 : "토끼야 안녕?", "여우야 안녕?" 그림책 읽기 : 여우가 말했습니다. "토끼야 안녕?" 그리고 또, 토끼가 말했습니다. "여우야 안녕?" 했습니다.
3단계	개념	• 그림을 보고 적절한 문장을 생각해내는 단계
	행동 특징	• 그림이 이야기 내용의 단서가 됨을 이해하고 있음 • 그림에 나온 여러 가지 것들을 조합하기만 하면, 정확하게 읽어주지 않아도 수긍함 • 글자를 몰라도 그림을 보면서 자유롭게 이야기를 꾸며가면서 책을 읽음
4단계	개념	• 책에 적혀 있는 문장의 대부분을 기억하는 단계
	행동 특징	• 자신이 기억한 이야기 내용과 그림을 단서로 책을 읽음 • 자신이 기억한 이야기 내용과 다르면 수긍하지 않음 • 자유롭게 책을 읽었던 3단계와는 달리 스스로 책을 읽으려하지 않고 유능한 성인에게 책을 읽어 달라고 조름
5단계	개념	• 단어의 시각적 단서를 사용하여 문장을 재구성하며 읽는 단계
	행동 특징	• 글자를 하나씩 짚어가며 소리 내어 책을 읽음 • 다른 사람이 책을 읽어줄 때 단어의 수가 맞는지에 관심을 가지고 누락되는 경우 이의를 제기함

② 문자 읽기 단계(주영희, 2001)

단계	내용
읽기 이전 단계	• 주위의 글자에 관심을 갖는다. • 책 다루기에 흥미를 보인다. • 책과 글자는 읽는 것임을 안다. • 글자에 대해 마술적이거나 외현적이며 타인이 부여한 대로 의미를 구성한다. • 글자나 단어로 놀이한다. • 주변 맥락 또는 상황(표지판이나 상표)의 글자에 주목하기 시작한다. • 책 속의 그림을 보고 '사자', '토끼' 등으로 명칭 붙이기를 좋아한다. • 새로운 글자에 대해 마술적인 의미를 부여하려고 한다.
과도적 단계	• 책을 볼 때 그림이 아니라 글자를 읽는 것임을 안다. • 읽기의 목적을 물으면 '책을 읽기 위해서', '학교에 가려고', '공부 잘 하려고' 등으로 반응한다. • 스스로를 독자로 받아들여서 읽기 관련 활동에 참여한다. • 책을 읽는 방법, 읽는 방향, 페이지 제목을 안다. • 소리와 글자 간의 일대일 대응을 할 수 있다. • 주위에서 아는 글자를 읽어 보려고 한다. • 친구들의 이름에 있는 글자를 안다. • 자신의 이름을 알아보고 환경적 요소가 강한 맥락(표지판, 상표)에서 몇 글자를 인식한다. • 그림에서 단서를 얻어서 이야기 내용을 구성할 수 있다. • 인쇄 자료에서 단어를 일관성 있게 골라내지 못한다. • 음성적으로 공백을 메우며 읽기(oral closed reading)에서 바르게 반응하여 메울 수 있다. • 단어의 운을 맞춘다. • 비지각적 단서체계의 조절력이 향상된다. • 같은 발음으로 시작하는 단어를 음성적으로 제시한다. • 책 다루는 지식이 향상된다. • 핵심 단어를 회상할 수 있다. • 이야기 문법을 내면화하기 시작해서 "옛날에…"라든가 "그들은 행복하게 잘 살았대요." 라고 말한다. • 맥락이 달라지면 읽었던 단어도 읽지 못한다.
혼자 읽기 단계	• 아는 글자가 다른 상황에서 제시되어도 읽을 수 있다. • 주변에서 자주 볼 수 있는 글자를 읽는다. • 가족과 친구들의 이름을 읽는다. • 자신이 쓴 것은 읽을 수 있다. • 단어와 글자를 골라낼 수 있다. • 그림 단서를 활용하여 읽기를 보충한다. • 읽기에 대해 흥분한다. • 가끔 읽어 주고 싶어 한다. • 글자가 의미 구성의 기초임을 인식한다. • 많은 환경 내 글자(표지판, 상표 등)를 인식하고 소리 내서 읽는다. • 맥락 내의 글자를 다른 맥락에서 보존할 수 있다. • 의미 중심이 아니고 단어중심으로 소리 내어 읽는다.

2) 쓰기 발달

(1) 쓰기의 개념

교육 과정에서 제시하는 쓰기는 2가지 내용을 포함한다. 하나는 쓰기에 대한 전통적인 관점으로 다른 사람의 말을 듣고, 그대로 글로 옮겨놓거나 적혀있는 글자를 보고 베끼는 것이다. 다른 하나는 자신의 생각이나 느낌을 조직하여 의미를 생성하는 이야기 짓기이다. 쓰기는 쓸 것을 생각해 내는 것, 생각한 것을 효과적으로 표현할 수 있는 어휘를 선택하고 표현하는 것의 과정을 통해서 완성된다.

쉬케단츠(Schickedanz)는 영유아들이 연습의 과정을 통해서 성인수준의 쓰기를 하기 위해서 아래와 같은 능력이 필요함을 주장하였다(이영자, 1996). 아래의 설명에 따르면 쓴다는 것은 단순히 글자를 기록하는 것에 국한되는 것이 아니라 나의 생각을 다른 사람과 소통하기 위해서 어떻게 표현할 것인가를 결정하고 정확한 철자와 문법을 사용해서 기록하는 사고 과정임을 알 수 있다.

첫째, 자 · 모음 글자를 쓰는 능력

둘째, 글자와 말이 어떻게 연결되는지를 아는 능력

셋째, 글자체나 문형이 상황에 따라서 어떻게 달라지는가를 아는 능력

넷째, 내가 쓴 것에 대해서 읽는 사람이 어떻게 반응할까를 예상하는 능력

쓰기는 말하기, 듣기, 읽기 능력이 발달한 후 가장 늦게 발달하는 것으로 인식하는 경향이 있는데, 발생적 문식성의 관점에서는 다른 것과 마찬가지로 출생 직후부터 일상생활에서의 다양한 쓰기 경험의 관찰과 모방, 사고 과정을 통해서 발달한다고 본다. 발생적 문식성의 관점에서는 표준적인 글쓰기 훨씬 전부터 유아는 의미표현 및 전달을 위하여 끼적거리기, 창안적 철자 쓰기 등의 자발적인 쓰기 행동을 보이며 이러한 초기 쓰기들이 표준적인 글자와 동일한 기능을 하고 있다고 주장한다(김영실 외, 2006).

따라서 영유아의 쓰기 교육은 특정한 시기에 이루어지는 것도 아니고, 짧은 시간에 철자를 익히는 것에 국한되어서도 안 된다. 일상생활에서 풍부한 문해

환경을 접할 수 있도록 하고, 영유아들이 자발적으로 읽고 쓰고자 하는 의지를 격려하고 촉진해 주면서 문자 생활의 뿌리를 단단히 해줄 수 있어야 한다. 이를 위해서 영유아들이 접하는 문자는 그들에게 친숙하고 반복해서 접할 수 있는 것일수록 좋다. 영유아의 한글학습에 대한 연구들은 한글을 익히기 위해서 그들의 이름 글자를 중심으로 접근하는 것이 효과적이라고 주장하고 있다.

클레이(Clay, 1991)는 영유아들은 능숙한 쓰기를 하기 위해서 쓰기의 하위 기능들을 순서대로 익혀나가는 것이 아님을 주장하였다. 그들은 일상생활에서 문자를 직접 사용하면서 끊임없이 새로운 가설을 만들고 검증하는 과정을 통해 쓰기 발달을 완성해 나간다는 것이다. 영유아들이 쓰기를 학습하는 원리는 다음과 같다.

표 2-9 영유아의 쓰기 학습 원리

원리	내용
반복의 원리 (recurring principle)	작은 동그라미나 선 모양을 줄을 따라 반복적으로 그려 놓는다. 글을 얼핏 보면 마치 작은 동그라미나 선 모양이 반복적으로 그어져 있는 것과 같이 보인다.
생성의 원리 (generative principle)	잘 알고 있는 낱자나 잘 쓸 수 있는 몇 개의 낱자들을 여러 가지로 조합해서 반복적으로 쓴다.
기호 개념의 원리 (principle of sign concept)	그림, 디자인, 기호의 차이를 인식하고 종이 위에 단어, 아이디어, 정보들을 나타내려고 애를 쓴다. 그림을 그려 놓고 그 아래에 정확하지는 않지만 글자 모양을 그려 놓고 구두로 설명을 덧붙이기도 한다.
융통성의 원리 (principle of flexibility)	유아가 글자의 기본 모양을 가지고 한 번도 본 적이 없는 새로운 글자들을 만들어 내며 글자와 말소리와의 관계를 지으려고 애를 쓴다. 이때부터 창안적 글자 쓰기(invented spelling)가 나타난다.
줄 맞추기와 쪽 배열의 원리 (principle of linear and page arrangement)	일명 방향성의 원리라고도 말한다. 글을 쓸 때 줄을 맞추려고 애를 쓰며, 왼쪽에서 오른쪽으로, 그리고 다 쓰고 나면 아래로 내려와서 다시 왼쪽에서 오른쪽으로 쓰기 시작한다.
띄어쓰기의 원리 (principle of spaces between words)	단어와 단어 사이를 띄우는 것을 알게 된다. 때로 그것이 어려워 단어와 단어 사이에 마침표를 찍기도 한다.

(2) 쓰기 발달 단계(정남미, 2005)

① 1단계 : 낙서하기 단계

낙서하기는 18개월경 출현하는데, 손과 팔을 움직이는 반복행동으로 인하여 발생하며 영아는 움직일 때마다 나타나는 표시를 보고 느끼는 만족감 때문에 낙서를 한다. 영아의 관심은 종이 위에 표시를 하는 데 있으며, 표시가 나지 않는 도구를 주면 즉시 낙서하기를 멈춘다.

② 2단계 : 조절된 낙서하기 단계

쓰기 도구의 조절 능력이 발달되어 낙서의 형태와 배치가 분명해지며, 좋아하는 선을 반복해서 그린다. 수직선 〉 수평선 〉 원의 순서로 낙서의 형태가 조절되어 간다. 이때의 낙서는 의도된 쓰기로 원을 닫을 수 있는 능력을 발달시킨다.

③ 3단계 : 낙서 명명하기 단계

영유아들이 자신의 낙서에 나름대로 의미를 부여하여 이름을 붙이거나 이야기를 짓는 형태로 보다 의미 있는 쓰기에 접근한다.

④ 4단계 : 한두 개의 자형이 나타나는 단계

우연히 한두 개의 자형이 나타나기 시작하다가 점차 의도적인 자형 쓰기가 나타난다.

⑤ 5단계 : 여러 줄의 글처럼 보이는 쓰기 단계

마치 여러 줄의 글을 쓴 것처럼 선이나 모양 또는 자형을 한 줄, 한 줄 줄을 채우고 바꾸는 쓰기 형태가 나타난다.

⑥ 6단계 : 창안적인 글자 쓰기 단계

표준 쓰기 이전에 영유아가 나름대로 사고 과정을 통해 언어 규칙을 깨닫고 독특하고 창의적인 글자 쓰기를 하는 것이다. 이때 한 글자가 전체 음절, 또는 한 단어를 대표하기도 하고 한두 글자만 창의적으로 쓰는 행동이 나타난다. 이 단계를 통해서 영유아들은 모르는 각 단어를 성인에게 물어보지 않아도 되기 때문에 독립심이 생기고, 정확성보다는 아이디어를 강조함으로써 방해 받지 않고 유창하게 쓴다. 또한 자신의 속도로 글자와 소리 대응 관계를 깨달아 효율적인 쓰기 발달 단계를 거칠 수 있고 글에 대한 규칙을 시도하고 모험함으로써 쓰기에 대한 통제감과 책임감이 발달하게 된다.

⑦ 7단계 : 글자 쓰기 단계

형식적으로 자모음의 형태와 연합이 나타난다.

⑧ 8단계 : 단어 쓰기 단계

다소 불규칙한 크기로 글자를 쓰지만, 점차 고른 크기로 글자를 쓸 수 있다. 자모음의 방향과 받침이 틀린 불완전한 단어 쓰기에서 완전한 단어 쓰기 형태가 나타난다.

⑨ 9단계 : 문장 쓰기 단계

쓰기 원리에 대한 이해로 정확한 쓰기가 가능해진다. 부분적으로 틀린 글자가 있는 불완전한 문장 쓰기에서 완전한 문장 쓰기로 발달한다.

확인해 보세요

● **아래의 설명에 해당하는 개념을 찾아 번호를 적어 보세요.**

① 내적 언어	② 주축문법	③ 과잉확장	④ 문법 규칙의 과잉일반화
⑤ 과잉축소	⑥ 사회적 옹알이	⑦ 읽기준비도	⑧ 자기중심적인 언어
⑨ 전보식 문장	⑩ 언어획득장치	⑪ 발생적 문식성	⑫ 창안적 글자

1. 자기중심적인 사고에서 비롯되는 것으로 반복, 독백, 집단적 독백의 유형이 있다. ( )
2. 문자교육은 유아들이 좌우 개념, 소근육 발달, 눈과 손의 협응 등의 능력이 충분히 발달된 후에 이루어져야 한다. ( )
3. 인간의 뇌 속에 선천적으로 내재되어 있는 언어 습득 과정에 중심적 역할을 하는 가상의 특수 기관으로 13세까지 기능하는 것이다. ( )
4. 의미를 전달하기 위해 가장 핵심적인 내용의 단어만 사용하여 문장을 구성하는 것이다. ( )
5. 유사한 형태를 가지고 있는 대상에게 자신이 알고 있는 적절한 이름을 붙여서 부르는 현상이다. ( )
6. 자신의 요구를 전달하거나 양육자와 사회적 결합을 다지기 위해 타인을 의식하면서 소리를 내는 행동이다. ( )
7. 하나의 대상에는 하나의 이름만 존재한다고 생각하는 현상이다. ( )
8. 표준 쓰기 이전에 유아가 나름대로의 사고 과정을 통해 만든 언어 규칙을 적용하여 독특하고 창의적인 글자 쓰기를 하는 것이다. ( )
9. 주축이 되는 단어를 중심으로 단어에 변화를 줌으로써 다양한 표현을 하는 것이다. ( )
10. 문자교육은 형식적인 문자 체계를 익히는 것으로 시작하는 것이 아니라 생애 초기부터 문자에 적응하는 과정과 읽고 쓰려는 의지를 가지고 상호작용하는 모든 과정을 통해 이루어진다. ( )

11. 영유아가 자신이 가지고 있는 경험과 정보를 토대로 내면적으로 사고하는 것이다. ( )

12. 유아들이 문법의 예외를 인정하지 않고 자신이 학습한 방식대로 문법 규칙을 적용하는 현상이다. ( )

정답

1. ⑧ 2. ⑦ 3. ⑩ 4. ⑨ 5. ③ 6. ⑥ 7. ⑤ 8. ⑫ 9. ② 10. ⑪ 11. ① 12. ④

PART 2

영유아 언어 교육

언어 교육의 목표는 자신의 사고와 감정을 다른 사람과 효과적으로 의사소통하는 데 있다. 영아기는 자신의 요구를 울음과 옹알이로 표현하면서 주변 성인과의 비언어적 · 언어적 상호작용을 시도하며 이러한 상호작용을 통해서 의사소통의 기초 능력을 발달시킨다. 표준보육과정의 의사소통 영역은 영아들의 의사소통 능력을 발달시키기 위한 교육 목표와 교육 내용을 0, 1세와 2세로 구분하여 제시하고 있다. 유아기는 말과 글을 통해 타인과 의사소통하면서 관계를 형성하고 주변 세상에 대한 정보를 습득하여 지식을 구성하는 시기이다. 2019 개정 누리과정의 의사소통 영역은 '일상생활에 필요한 의사소통 능력과 상상력을 기른다.'라는 목표에 기초하여 듣기와 말하기, 읽기와 쓰기에 관심 가지기, 책과 이야기 즐기기의 범주별 교육내용을 제시하고 있다. 초등학교 국어 교육 과정은 듣기 · 말하기, 읽기, 쓰기, 문법, 문학의 5개 영역으로 구성되어 있으며, 내용 체계별 학년군 성취 기준을 중심으로 영역 성취 기준 및 내용 성취 기준이 제시되어 있다. 본 장에서는 0, 1세, 2세 표준보육과정과 2019 개정 누리과정의 의사소통 영역을 중심으로 유아 언어 교육의 목표와 내용을 제시하고, 초등학교 1학년의 국어 교육 과정의 언어 교육의 목표와 내용을 알아보고자 한다.

학습 목표

- 영아 언어 교육의 목표와 교육 내용을 안다.
- 유아 언어 교육의 목표와 교육 내용을 안다.
- 초등학교 1학년의 언어 교육의 목표와 내용을 안다.
- 초등학교 1학년 언어 교육의 목표, 내용과 유아 언어 교육의 목표와 내용을 연계하여 비교한다.

학습 내용

지식	기술	태도
• 표준보육과정 의사소통 영역의 목표와 교육 내용 • 누리과정 의사소통 영역의 목표와 교육 내용 • 초등학교 1학년 국어 교육 과정의 성취 기준과 교육 내용	• 영아 언어 교육 목표에 적합한 교육 내용 기술 • 유아 언어 교육의 목표에 적합한 교육 내용 기술 • 초등학교 1학년 국어 교육 과정의 성취 기준과 교육 내용 기술	• 영유아 언어 교육의 목표와 교육 내용에 대한 관심 • 초등학교 1학년 국어 교육 과정과 유아를 위한 누리과정 의사소통 영역의 목표와 교육 내용 연계에 대한 관심

핵심 용어

표준보육과정, 누리과정, 의사소통 영역, 듣기, 말하기, 읽기, 쓰기, 성취 기준, 내용 체계

Chapter

3

언어 교육의 목표 및 내용

3 언어 교육의 목표 및 내용

1. 영아 언어 교육의 목표와 내용

언어는 타인과의 상호작용에서 자신의 요구와 생각을 전달하는 강력한 수단이다. 또한 자신의 요구를 표현하여 타인의 행동을 변화시키거나 통제할 수도 있기 때문에 사회 구성원들과의 원활한 소통을 위한 중요한 능력이다. 영아는 태어나는 순간부터 주위 사람들과의 의사소통 경험을 통하여 언어를 획득한다(Vygotsky, 1987). 초기에는 생존과 성장을 위해 의사소통을 시도하지만(이영자, 이종숙, 이정옥, 1996) 점차 외부와 상호작용하기 위하여 주의를 기울이고 몸짓과 소리로 의사를 표현한다. 이와 같이 영아들은 언어 이전 시기에도 타인의 음성을 듣고 반응할 수 있고 옹알이와 같은 의사소통의 방식으로 자신의 요구를 표현하면서 계속적으로 언어 능력을 발달시키게 된다.

이런 관점에서 볼 때 영아기의 의사소통은 중요한 언어 발달의 과정이자 경험이다. 부모 또는 교사와의 상호작용은 영아의 의사소통 능력에 밀접한 영향력을 미친다. 성인이 표현적 언어를 많이 구사하고 영아의 의사소통에 반응을 많이 보일수록 영아는 타인의 소리를 변별하여 반응하는 능력과 자발적인 의사소통 시도가 증가된다(김현, 2008). 따라서 교사는 영아의 몸짓과 옹알이를 통한 의사소통 시도에 민감한 언어적 반응을 할 수 있어야 하며, 영아가 교사의 소리를 귀 기울여 듣고 반응할 수 있는 기회를 제공해주어야 한다.

1) 언어 교육의 목표

언어 교육의 목표는 영아의 연령 또는 개별 영아의 발달 수준에 따라 달라질 수 있다. 제4차 표준보육과정 의사소통 영역에서는 0~2세 영아의 의사소통 능력 발달을 위한 교육 목표를 연령에 따라 표 3-1 과 같이 제시하였다.

표준보육과정
0~2세 영아를 위한 국가수준의 보편적 보육과정

의사소통 영역
표준보육과정과 누리과정에서 영유아가 주변인과 효과적으로 의사소통하기 위한 듣기와 말하기, 읽기와 쓰기, 책과 이야기 즐기기 경험을 확장하기 위하여 교육 목표와 내용을 제시한 영역

표 3-1 0~1세, 2세 표준보육과정 의사소통 영역의 목표(보건복지부, 2020)

구분	0~1세	2세
목표	의사소통 능력의 기초를 형성한다.	의사소통 능력과 상상력의 기초를 형성한다.
세부 목표	• 일상생활에서 듣기와 말하기를 즐긴다. • 읽기와 쓰기에 관련된 관심을 가진다. • 책과 이야기에 관심을 가진다.	• 일상생활에서 듣기와 말하기를 즐긴다. • 읽기와 쓰기에 관심을 가진다. • 책과 이야기에 재미를 느낀다.

2) 언어 교육의 내용

제4차 표준보육과정 의사소통 영역의 내용 범주는 '듣기와 말하기', '읽기와 쓰기에 관심 가지기', '책과 이야기 즐기기'로 연령에 관계없이 동일하지만 0~1세에 비해 2세 영아들의 내용이 보다 확장된 수준임을 알 수 있다.

듣기
주변의 소리를 듣고 구분하기, 말소리 또는 이야기를 듣고 의미 알기

말하기
발성과 발음으로 소리 내기를 포함하여 자신의 의견을 낱말과 간단한 문장으로 표현하기

읽기
영아 주변의 그림책과 환경 인쇄물에 관심과 흥미를 갖기

쓰기
소근육을 사용한 끼적이기 행동

표 3-2 0~1세, 2세 표준보육과정 의사소통 영역의 내용 비교(보건복지부, 2020)

구분	0~1세	2세
듣기와 말하기	표정, 몸짓, 말과 주변의 소리에 관심을 갖고 듣는다.	표정, 몸짓, 말에 관심을 갖고 듣는다.
	상대방의 이야기를 들으면서 말소리를 낸다.	상대방의 이야기를 듣고 말한다.
	표정, 몸짓, 말소리로 의사를 표현한다.	표정, 몸짓, 단어로 의사를 표현한다.
		자신의 요구와 느낌을 말한다.
읽기와 쓰기에 관심 가지기	주변의 그림과 상징에 관심을 가진다.	주변의 그림과 상징, 글자에 관심을 가진다.
	끼적이기에 관심을 가진다.	끼적이며 표현하기를 즐긴다.
책과 이야기 즐기기	책에 관심을 가진다.	책에 관심을 가지고 상상한다.
	이야기에 관심을 가진다.	말놀이와 이야기에 재미를 느낀다.

0~1세와 2세 영아를 위한 듣기와 말하기 경험은 표정, 몸짓 등 비언어적 의사소통이 중요하다. 0~1세는 말과 주변의 소리에 관심을 갖고 말소리를 내는 경험에 중점을 두며, 2세는 말에 관심을 가지고 상대방의 이야기를 들으며, 표정이나 몸짓 등 비언어적 표현과 함께 자신의 요구와 느낌을 단어로 말하는 경험을 제시하고 있다.

읽기와 쓰기에 관심 가지기의 경우에는 0~1세와 2세 모두 주변의 그림과 상징에 관심을 가지는 발달적 특성을 반영한 내용을 제시하고 있다. 다만 0~1세는 끼적이기에 관심을 가지는 경험을 제시하였으나 2세에는 끼적이며

표현하기를 즐기는 내용을 제시하였다.

책과 이야기 즐기기의 연령별 내용을 비교해 보면 0~1세에 비해 2세에는 책에 관심을 가지고 상상하기의 경험과 말놀이와 이야기에 재미를 느끼는 경험을 제시하여 연령에 따라 내용이 확장되는 것을 알 수 있다.

(1) 0~1세 영아의 의사소통 내용

① 듣기와 말하기

고은이가 고개를 좌우로 움직이면서 "어! 어!" 말소리를 낸다.
교사가 고은이에게 다가와서 "고은아, 왜 그래?"라고 묻는다.
교사는 고은이가 쥐고 있는 놀잇감을 만지면서 "안 들어가서 그랬어?"라고 묻는다.
고은이는 손으로 놀잇감의 버튼을 누르는 동작을 한다. " 안 들어가?", "꾹~ 선생님하고 같이 눌러볼까?"라고 말한다.
고은이는 "꼬~~"라고 말하고 웃는다.

위 사례에서 교사는 영아가 내는 말소리에 관심을 가지고 들으면서 영아의 요구가 무엇인지를 파악하여 의사소통을 시도하였다. 듣기와 말하기는 주변 환경에서 들려오는 말소리 또는 사람과의 상호작용을 통해 경험할 수 있다. 영아가 교사의 말소리에 반응하고 교사가 영아의 몸짓이나 표정, 말소리에 반응하는 것은 듣기와 말하기 발달을 위한 중요한 경험이 된다.

표 3-3 0~1세 표준보육과정 의사소통 영역의 듣기와 말하기 내용

구분	0~1세
듣기와 말하기	표정, 몸짓, 말과 주변의 소리에 관심을 갖고 듣는다.
	상대방의 이야기를 들으면서 말소리를 낸다.
	표정, 몸짓, 말소리로 의사를 표현한다.

0~1세 영아의 듣기와 말하기 내용은 '표정, 몸짓, 말과 주변의 소리에 관심을 갖고 듣는다.', '상대방의 이야기를 들으면서 말소리를 낸다.', '표정, 몸짓, 말소리로 의사를 표현한다.'이다. 영아의 듣기와 말하기 발달을 돕기 위하여 교사는 영아들의 옹알이를 격려하고 반응해 주어야 하며, 영아와 의사소통할 때는 짧고 간결한 말소리나 이야기를 들려주도록 한다. 교사는 영아의 표정과 몸짓을 주의 깊게 관찰하여 영아가 말하고자 하는 바를 언어로 들려주도록 한다.

② 읽기와 쓰기에 관심 가지기

> 정민이가 벽에 부착된 하얀 종이 위에 끼적이기를 하고 있다.
> 교사는 정민이 옆에 앉아서 정민이의 놀이를 관찰한다.
> "정민이는 오늘 끼적이기가 재밌나 보구나~"
> 정민이가 손에 쥐고 있던 색연필을 교사에게 건넨다.
> "선생님도 할까?"
> 정민이는 잘 들리지 않게 중얼거린다.
> 교사는 정민이에게 "재밌는 이야기 해주는 거야?"라고 한다.
>
> 수종이가 벽에 부착된 사진을 보고 자신을 가리킨다.
> 교사가 "수종이 찾았네."라고 말하자 다른 영아의 사진을 가리키며 말한다.

위 두 사례를 보면 0~1세의 영아도 사진이나 교실에 부착된 그림을 보면서 읽기를 시도하고 소근육 발달에 따라 쓰기 도구를 쥘 수 있게 되면서 끼적이기를 시도한다. 0~1세 영아의 읽기와 쓰기에 관심 가지기 내용은 '주변의 그림과 상징에 관심을 가진다.', '끼적이기에 관심을 가진다.'이다.

표 3-4 0~1세 표준보육과정 의사소통 영역의 읽기와 쓰기에 관심 가지기 내용

구분	0~1세
읽기와 쓰기에 관심 가지기	주변의 그림과 상징에 관심을 가진다.
	끼적이기에 관심을 가진다.

영아가 읽기와 쓰기에 관심을 가질 수 있도록 교사는 영아가 친숙하게 느끼는 가족, 놀이, 또래친구의 사진을 벽에 게시하거나 책으로 만들어서 영아에게 제시한다. 또한 영아가 끼적이기에 관심을 가질 수 있도록 벽면 또는 교실 바닥에 커다란 종이를 부착해 놓고 언제든지 끼적이기를 할 수 있도록 한다.

③ 책과 이야기 즐기기

경주가 한 권의 그림책을 가지고 와서 책을 펼친 후 손가락으로 그림을 가리킨다. 교사가 "꿀벌이지."라고 말하며 몸을 움직여 그림책의 상황을 표현한다. 경주는"꿀벌 슝~~ 날아가네."라고 말하며 자리에서 일어나서 몸을 움츠렸다가 다시 앉는다. 은수와 하정이가 그림책을 가지고 와서 펼친다. 교사는 은수와 그림책을 보면서 상호작용한다. 하정이는 다른 교사에게 다가가서 책을 내민다.

0~1세 영아도 감각책이나 그림책에 대한 관심이 많으며 혼자서도 그림책 보기를 시도하지만 교사와 양육자가 들려주는 이야기 듣기를 즐긴다. 책과 이야기 즐기기의 내용은 '책에 관심을 가진다.', '이야기에 관심을 가진다.'이다.

표 3-5 0~1세 표준보육과정 의사소통 영역의 책과 이야기 즐기기 내용

구분	0~1세
책과 이야기 즐기기	책에 관심을 가진다.
	이야기에 관심을 가진다.

영아가 책과 이야기에 관심을 가지고 즐거움을 느낄 수 있도록 교사는 영아가 흥미를 보이는 감각책이나 그림책과 관련된 재미있는 소리와 이야기를 들려준다. 영아가 그림책을 보고 있을 때 언어적 상호작용을 바로 시도하기보다는 영아의 행동을 관찰하면서 무엇에 관심이 있고 흥미를 느끼는지를 파악하여 즐겁게 책을 보는 경험이 지속되고 반복되도록 돕는다.

(2) 2세 영아의 의사소통 내용

① 듣기와 말하기

아영이가 교사와 싱크대 앞에서 손을 씻고 있을 때 경주가 다가와 싱크대 앞에 놓인 발판에 오르려고 한다.
교사가 아영이를 가리키면서 경주에게 "경주야, 기다려야 해."라고 말한다.
경주가 "나도 씻을 거야."라고 말한다.
교사는 "경주야, 지금은 아영이가 손을 씻고 있지? 여기 봐. 지금 아영이가 먼저 손을 씻고 있어. 경주는 다음 차례에 씻을 수 있어. 그러니 기다리자."
아영이는 경주를 보고 "내가 씻고 있어. 너는 기다려야지."라고 말한다.

2세 영아는 간단한 단어를 사용하여 자신의 요구를 말로 표현하기도 하고 교사와 또래의 말을 듣고 대답하거나 질문할 수 있다. 말로 다 표현하지 못하는 자신의 감정이나 느낌은 표정과 몸으로 표현하고 상대방의 표정과 몸짓을 이해하고 이에 적절한 반응을 하기도 한다.

표 3-6 2세 표준보육과정 의사소통 영역의 듣기와 말하기 내용

구분	2세
듣기와 말하기	표정, 몸짓, 말에 관심을 갖고 듣는다.
	상대방의 이야기를 듣고 말한다.
	표정, 몸짓, 단어로 의사를 표현한다.
	자신의 요구와 느낌을 말한다.

2세 영아의 듣기와 말하기 내용은 '표정, 몸짓, 말에 관심을 갖고 듣는다.', '상대방의 이야기를 듣고 말한다.', '표정, 몸짓, 단어로 의사를 표현한다.', '자신의 요구와 느낌을 말한다.'이다.

2세 영아의 듣기와 말하기 발달을 지원하기 위하여 교사는 영아에게 주변 사물의 이름을 명명하여 들려주고 영아가 단어에 관심을 가지고 듣도록 한다. 영아의 일상적인 행동을 언어화하여 들려주거나 친숙한 사물의 특성과 관련

된 짧은 문장을 들려주어 영아가 다양한 어휘를 듣고 이해할 수 있는 기회를 제공한다.

또한 영아와 눈맞춤을 하면서 영아가 한 단어 또는 몸짓 표현을 하면 교사가 이에 반응하는 상호작용 경험을 제공한다. 이러한 과정을 통해 영아는 말하는 사람을 보면서 의사소통을 시도하는 것을 배우기 시작한다.

교사는 영아가 말하기를 즐기도록 하기 위해 단어 게임을 할 수 있으며 다양한 사물과 사진을 보여주고 말하기를 격려한다.

② 읽기와 쓰기 관심 가지기

교사가 영아를 관찰한 내용을 기록하고 있을 때 은정이가 다가온다.
은정: 뭐라고 썼어요?
교사: 너희들이 어떻게 놀이하는지 적었어.
은정: 읽어봐요.
교사: 은정이가 친구랑 재밌게 놀고 있어요.
은정: (느리게 말하며) 나는 피자 만들었어요. 썼어요?
교사: (느리게 말하며 적는다) 은정이는 피자를 만들어요.

2세 영아는 교실에서 자신의 사진과 이름을 찾기도 하고 위 사례에서 보는 것처럼 쓰기에 관심을 보인다. 영아는 부모나 교사가 쓰는 것을 관찰하고 모방하면서 쓰기 행동을 한다.

표 3-7 2세 표준보육과정 의사소통 영역의 읽기와 쓰기에 관심 가지기 내용

구분	2세
읽기와 쓰기에 관심 가지기	주변의 그림과 상징, 글자에 관심을 가진다.
	끼적이며 표현하기를 즐긴다.

2세 영아의 읽기와 쓰기에 관심 가지기 내용은 '주변의 그림과 상징, 글자에 관심을 가진다.', '끼적이며 표현하기를 즐긴다.'이다. 2세 영아의 읽기에 대한

관심을 높이기 위하여 교사는 교실 벽면에 유아들의 놀이를 소개하는 글이나 동시, 노랫말을 적어서 부착한다. 영아들이 친숙하게 느끼는 과자 상자나 광고지 등은 읽기에 대한 관심을 높이는 데 도움이 된다. 2세 영아가 끼적이기를 즐길 수 있도록 교사는 영아가 관심을 보이는 종이와 필기도구를 다양하게 준비해 주고 영아의 쓰려는 시도를 격려한다.

③ 책과 이야기 즐기기

한주가 공룡 그림책을 본다.
공룡의 그림을 보다가 자리에서 일어선다.
"크으크~" (공룡을 흉내 내는 듯 몸을 크게 벌려서 걷다가 다시 자리로 온다) "공룡, 공룡 크아~ 무서워."
다시 책을 본다. 일어서서 쌓기 영역으로 가서 공룡 모형을 가지고 온다. 허공에서 공룡 모형을 좌우로 움직이다가 그림책 위에 올린다.
교사: 공룡이 움직이네.
한주: 무서운 공룡.
교사: 아주 커다란 공룡이구나. 정말 무섭게 날아가네.
한주: (일어나서 몸을 크게 만들어서) 아주 커다란 공룡이 크~
교사: 무서운 공룡이 크~ 소리를 내고 있어요. 아휴! 무서워요.
한주: 날아서, 날아서 크~ 날아서 크~ 무섭죠?

연경: 치카치카 치카치카
교사: 치카치카 양치 하는 소리
연경: 멍멍멍멍 멍멍멍멍 멍멍이 소리
교사: 강아지 소리를 냈어? 재밌는 소리를 잘 만들었네.
서은: 야옹야옹이는 고양이 소리
교사: 야옹이가 재밌는 소리를 내요
서은: 흥~ 흥~ 호랑이

2세 영아는 그림책의 이야기를 상상하여 몸으로 표현하기도 하고 놀잇감으로 자신의 상상적 이야기를 표현하기도 한다. 또한 두 번째 사례와 같이 반복되는 소리의 재미를 발견하기도 한다. 2세 영아의 책과 이야기 즐기기의 내용은 '책에 관심을 가지고 상상한다.', '말놀이와 이야기에 재미를 느낀다.' 이다.

표 3-8 2세 표준보육과정 의사소통 영역의 책과 이야기 즐기기 내용

구분	0~1세
책과 이야기 즐기기	책에 관심을 가지고 상상한다.
	말놀이와 이야기에 재미를 느낀다.

교사는 2세 영아의 발달과 흥미를 고려하여 다양한 그림책을 제시한다. 2세 영아가 그림책을 보고 있을 때 교사가 "이게 뭐야?", "누구야?"와 같은 질문을 하는 경우가 있는데 이는 영아의 그림책에 대한 집중과 상상적 사고를 방해할 수 있다. 그러므로 영아가 그림책을 볼 때마다 개입하여 상호작용을 시도하기보다는 영아가 혼자서 그림책을 보면서 마음껏 상상하고 생각하는 시간을 허용하는 것이 바람직하다.

2세 영아들은 짧은 동시와 전래동요, 노랫말에 관심을 가진다. 짧은 동시의 반복되는 단어를 접하는 것은 영아가 말의 반복 및 의성어와 의태어의 재미를 느낄 수 있는 기회가 된다. 그러므로 놀이 또는 산책 시간, 활동 간 전이 시간에 짧은 동시나 전래동요를 영아와 함께 부르는 경험은 매우 유익하다.

2. 유아 언어 교육의 목표와 내용

유아기 언어 능력은 말과 글을 통해 타인과 의사소통하면서 관계를 형성하고 주변 세상에 대한 정보를 습득하여 지식을 구성한다는 점에서 매우 중요하다(박찬옥, 서동미, 곽현주, 2014). Nilsen(2008)은 읽기, 쓰기를 포함하는 의사소통 능력이 세상을 인식하는 중요한 도구가 된다고 주장하여 언어 발달의 중요성을 강조하였으며, Morrison(2012)은 21세기 미래 사회에 효과적으로 적응하기 위한 핵심 역량으로 언어 능력을 제시하였다. 언어 능력은 또한 이후 학교생활 적응과 성공적인 삶을 위해서도 중요하다. 유아기는 음성 언어 사용 능력이 급

격히 확장되고, 문자 언어 사용에 대한 흥미와 언어의 기초 능력이 발달하는 시기이다.

유아기에는 영아기까지 주로 사용했던 몸짓, 표정 등의 비언어적 표현이 줄어들면서 주변 생활에서 경험한 다양한 사물이나 사건들에 대한 이야기를 이해하고 또 이를 적합한 어휘로 표현할 수 있게 된다. 유아는 문장 내에 숨겨진 상대방의 의도를 해석할 수 있게 되며, 자신의 생각이나 느낌, 의도를 상대방에게 적절히 전달할 수 있게 된다. 또한 그림책이나 인쇄물처럼 철자로 이루어진 다양한 내용들에 관심을 가지고 그 속에 담겨진 의미를 파악할 수 있게 된다(교육과학기술부, 보건복지부, 2013). 따라서 교사는 일상생활에서 유아가 자신감을 가지고 자유롭게 언어를 사용할 수 있는 수용적인 분위기와 다양한 기회를 제공하고, 상황에 따라 자신의 생각과 느낌을 적합하게 표현할 수 있도록 지원할 수 있어야 한다(서동미, 엄은나, 이혜경, 박성희, 2013).

1) 언어 교육의 목표

유아 언어 교육의 목표는 구어와 문어를 활용하여 나와 다른 사람의 느낌, 생각, 경험을 상황과 상대방에 알맞게 소통할 수 있는 능력을 기르는 것이다. 또한 말과 글의 관계를 알고 읽기와 쓰기에 흥미를 가져 언어 사용을 즐기도록 하는 것이다. 2019 개정 누리과정에서 유아의 언어 발달과 관련되는 의사소통 영역의 교육 목표는 '일상생활에 필요한 의사소통 능력과 상상력을 기른다(교육부, 2019).'이며 이에 따른 세부 목표는 다음과 같다.

누리과정
3~5세 유아를 위한 국가수준의 보편적 교육 과정

일상생활에 필요한 의사소통 능력과 상상력을 기른다.
• 일상생활에서 듣고 말하기를 즐긴다. • 읽기와 쓰기에 관심을 가진다. • 책이나 이야기를 통해 상상하기를 즐긴다.

2) 언어 교육의 내용

유아 언어 교육의 내용은 듣기, 말하기, 읽기, 쓰기로 구분할 수 있으나 다른 사람의 말을 주의 깊게 듣고 이해하여 자신의 의견을 표현하는 것과 같이 듣기와 말하기 경험을 뚜렷하게 구분하기는 어렵다. 유아기는 읽기와 쓰기에 대한 관심이 시작되는 시기이며, 자연스러운 일상경험과 놀이를 통해 통합적으로 읽기와 쓰기에 대한 경험을 한다. 또한 유아는 좋아하는 이야기를 듣거나 읽으면서, 자신의 느낌, 경험, 상상을 말하기도 하고 그림과 기호를 포함하는 자신만의 창안된 글자 쓰기를 시도하는 등의 통합적 경험을 한다. 2019 개정 누리과정 의사소통 영역의 내용 범주는 '듣기와 말하기', '읽기와 쓰기에 관심 가지기', '책과 이야기 즐기기'로 유아의 발달 특성과 생활경험이 반영되어 있다. 내용범주와 범주별 내용은 다음과 같다(교육부, 2019).

책
유아의 일상 경험 또는 상상력 이야기를 그림과 글로 나타낸 도서

이야기
특정 사물이나 사건, 유아의 일상 경험에 대해 일정한 내용을 가지고 하는 말

표 3-9 3~5세 연령별 누리과정 의사소통 영역의 교육 내용

내용 범주	내 용
듣기와 말하기	• 말이나 이야기를 관심 있게 듣는다. • 자신의 경험, 느낌, 생각을 말한다. • 상황에 적절한 단어를 사용하여 말한다. • 상대방이 하는 이야기를 듣고 관련해서 말한다. • 바른 태도로 듣고 말한다. • 고운 말을 사용한다.
읽기와 쓰기에 관심 가지기	• 말과 글의 관계에 관심을 가진다. • 주변의 상징, 글자 등의 읽기에 관심을 가진다. • 자신의 생각을 글자와 비슷한 형태로 표현한다.
책과 이야기 즐기기	• 책에 관심을 가지고 상상하기를 즐긴다. • 동화, 동시에서 말의 재미를 느낀다. • 말놀이와 이야기 짓기를 즐긴다.

(1) 듣기와 말하기

듣기와 말하기의 교육 내용은 '다른 사람의 말이나 이야기를 관심 있게 듣는다.', '자신의 경험, 느낌, 생각을 말한다.', '상황에 적합한 단어를 사용하여

말한다.', '상대방이 하는 이야기를 듣고 관련해서 말한다.', '바른 태도로 듣고 말한다.', '고운말을 사용한다.'이다(교육부, 2019).

유아들은 자신의 생각과 경험을 말하고 다른 사람의 이야기에 귀 기울이는 다양한 경험을 한다. 성인 또는 또래 유아와의 대화를 통해 유아들은 자신의 일상생활이나 놀이 경험을 단어와 문장으로 말하고, 다른 사람의 이야기를 듣고 질문하는 경험을 한다.

정현이가 종이 위에 그림을 그린다. 수민이는 정현이의 그림을 보고 있다. 경영이와 하영이는 정현이와 수민이의 맞은편에 앉아 있다.

정현: 자전거 탈 수 있는 사람? 난 탈 수 있어. 이젠 한 번도 넘어지지 않고 끝까지 탈 수 있어.

수민: 그럼, 물론 타지. 난 자전거를 빨리도 탈 수 있어.

정현: 빨리 타면 위험하지. 가다가 넘어지고, 넘어지면 다치고, 다치면 병원에 가고, 큰일 났다. 병원에 가면 아프고, 놀지도 못하고 큰일이네. 넘어지지 않고 자전거 타고 멀리 갈 수 있어. 넌 갈 수 있어?

경영: 난 넘어지지도 않고 안전하게 우주까지 날아 갈 수 있지.

수민: 그건 정말 쉽지. 구름보다 더 높게 우주까지 가야만 갈 수 있지.

하영: 우주까지 갈려면 엄청 빨리 달려야 해.

정현: 자전거를 타고 우주에 가려면 날아가는 자전거라야 해. 날개가 있어야지. 이건 정말, 변신 자전거라야 해.

수민: 계속 해봐.

정현: 자전거가 완전 변신을 해야겠네. 날개가 큰 자전거가 있어야 해. 엔진에 힘이 있어야 해.

하영: 그럼, 비행기 자전거라고 해야겠네.

경영: 그런 자전거가 있어? 그런 자전거는 없지.

정현: 만드는 건 쉬워. 우리가 만들자. 우린 발명가니까.

위 사례에서 수민이는 정현이의 이야기에 관심을 가지고 들으며 "계속 해봐."와 같이 상대방이 이야기를 계속하도록 독려하기도 한다. 유아들은 '우주', '날개', '엔진' 등의 다양한 어휘를 사용하여 자신의 생각을 말하기도 한다.

듣기와 말하기의 '말이나 이야기를 관심 있게 듣는다'는 유아가 다른 사람이 하는 말과 흥미로운 주제, 익숙한 경험이 담긴 이야기에 관심을 가지며 듣는 내용이다. 상대방의 말이나 이야기에 주의를 집중하여 듣는 것으로 유아의 일상경험이나 놀이 또는 활동을 통해서 경험할 수 있다.

교육내용	유아의 경험
말이나 이야기를 관심 있게 듣는다.	• 친구의 주말 경험을 관심 있게 듣기 • 흥미로운 주제의 이야기에 귀 기울이기 • 사물의 이름을 듣고 주변에서 찾아보기 • 하나 또는 두 가지 이상의 지시를 듣고 수행하기

'자신의 경험, 느낌, 생각을 말한다.'는 유아가 자신의 경험과 생각을 자유롭게 표현하고 상대방을 고려해서 말하는 경험을 하는 것이다.

교육내용	유아의 경험
자신의 경험, 느낌, 생각을 말한다.	• 주말 동안의 생활경험, 놀이경험 말하기 • 음악을 듣고 또는 미술 작품을 본 느낌을 적절하게 말하기 • 비언어적 장치(몸짓, 표정, 쉼, 억양)를 적절하게 사용하여 말하기 • 설명하는 말하기, 생각한 것을 말하고 왜 그런 생각을 했는지 이야기 해 보기 • 말하는 목적이 무엇인지 알고 말하기

사진 보고 자신의 경험, 생각 말하기

'상황에 적절한 단어를 사용해서 말한다.'는 유아가 때와 장소, 듣는 사람을 고려하여 적합한 단어와 문장으로 표현하는 것을 의미한다.

교육내용	유아의 경험
상황에 적절한 단어를 사용해서 말한다.'	• 상대방의 감정을 고려하여 말하기 • 감정이나 상황을 나타내는 적합한 단어 표현하기

'상대방이 하는 이야기를 듣고 관련해서 말한다.'는 상대방의 이야기를 주의 깊게 듣고 말하는 사람의 생각, 의도, 감정을 고려하여 자신의 생각이나 경험에 대해서 말하는 것을 의미한다.

교육내용	유아의 경험
상대방이 하는 이야기를 듣고 관련해서 말한다.	• 주제에서 벗어나지 않고 대화에 참여하기 • 이야기를 듣고 적절하게 반응하기 • 이야기 듣고 자신의 경험과 연결지어 이야기하기

'바른 태도로 듣고 말한다.'는 유아가 말하는 사람에게 주의를 기울이며 말을 끝까지 듣고, 자신의 의견을 말하는 내용이다. 다른 사람이 말할 때 상대방을 바라보며 끝까지 듣기, 말할 때 상대방을 쳐다보기, 말하기의 순서 지키기 등 듣기의 바른 태도를 경험하는 것을 의미한다. 바른 듣기 태도는 모방을 통해 발달하므로 교사는 평소 유아의 말을 주의 깊게 듣는 태도를 먼저 보여주어야 한다.

교육내용	유아의 경험
바른 태도로 듣고 말한다.	• 말할 차례 지키기 • 상대방을 보고 말하기 • 친구와 즐겁게 말하기 • 다른 사람의 말을 다 듣고 나서 말하기

'고운 말을 사용한다.'는 유아가 일상생활에서 자주 쓰는 유행어, 속어, 신조어, 상대방을 비난하는 말을 사용하지 않고, 우리말을 바르게 사용하는 내용이다(교육부 · 보건복지부, 2019). '바른 태도로 듣고 말하기'와 마찬가지로 주변 성인의 모델링이 중요하므로 교사는 유아와 대화할 때 상대방을 존중하는 언어를 사용하여 말하는 모습을 보여준다.

교육내용	유아의 경험
고운 말을 사용한다.	• 상대방을 존중하는 말 사용하기 • 존댓말 사용하기 • 다른 사람의 감정을 생각하여 말하기

(2) 읽기와 쓰기에 관심 가지기

유아들이 병원놀이를 하고 있다.
가영: 어디가 아파서 왔어요?
나현: 감기에 걸렸어요. 주사 놔주세요.
가영: (생각하다가) 잠깐만... 적어야 해. (색연필과 종이를 가져와서 '감기, 주사'라고 적는다.)
나현: 뭐라고 썼어? 아, 나 감기 걸렸다고 썼구나. 약 주세요.
가영: 선생님, '감기약은 3알씩 먹으세요.'라고 써주세요. (교사가 가영이가 말한 대로 적어주자 나현이에게 건넨다.) 약국에 가세요.
나현: 감기약은 약국에서 사야지. 약국은 어디야?

위 사례에서 볼 수 있는 것처럼 유아는 성인처럼 형식적인 수준의 읽기와 쓰기를 할 수 없지만 자신의 생각을 전달하기 위해서 그림이나 기호 또는 글자와 비슷한 형태로 쓰기를 시도한다. 또한 다른 사람의 생각이나 정보를 알기 위해 노력하는 가운데 읽기 경험을 하기도 한다. 즉 교사 주도의 형식적인 읽기, 쓰기 지도가 아니어도 일상과 놀이 경험에서 유아가 읽기와 쓰기에 관심을 갖는 경험은 자연스럽게 일어난다.

'말과 글의 관계에 관심 가진다.'는 유아가 일상생활에서 자신의 말이 글로 옮겨질 수 있다는 것과 글자를 읽는 순간 말로 바뀌는 것에 관심을 갖는 내용이다.

교육내용	유아의 경험
말과 글의 관계에 관심 가진다.	• 유아가 그린 그림에 대한 이야기를 교사가 적어주기 • 자신이 적은 상징(글자와 그림)을 읽으려고 시도하기

'주변의 상징, 글자 등의 읽기에 관심을 가진다.'는 유아가 가정이나 유아교육기관에서 자주 접하는 표지판, 안내글 등에 있는 그림과 기호, 글자에 흥미를 가지고 읽기를 시도하는 것을 의미한다. 또한 주변의 다양한 상징이나 그림, 글자에는 중요한 정보와 사람들의 생각, 또는 감정이 담겨 있다는 것을 이해하는 내용이다.

교육내용	유아의 경험
주변의 상징, 글자 등의 읽기에 관심을 가진다.	• 사물장(신발장)의 내 이름과 친구의 이름 읽기 시도하기 • 오늘의 하루 일과표 보고 읽기 시도하기 • 요리순서, 종이접기 순서 등을 보고 읽기 시도하기 • 교사 또는 또래가 읽어주는 이야기 듣기에 흥미 보이기 • 모르는 글자를 보고 무슨 글자인지 묻기 • 아는 글자를 읽으려고 시도하기 • 글자카드 놀이 즐기기

'자신의 생각을 글자와 비슷한 형태로 표현한다.'는 유아가 자신의 생각이나 말을 다른 사람에게 전달하기 위하여 그림이나 기호로 끄적거리거나 글자와 비슷한 형태로 표현하는 내용이다.

교육내용	유아의 경험
자신의 생각을 글자와 비슷한 형태로 표현한다.	• 자신의 생각을 간단한 그림과 글자, 기호로 표현하기 • 놀이방법(약속)을 다른 사람들에게 알리기 위해 쓰기 • 유아의 이름을 쓰기 • 친구(동생반)에게 초대장 쓰기 • 감사의 마음을 편지로 전하기

그림과 글자 혼용해서 쓰기

관심 있는 글자 쓰기

(3) 책과 이야기 즐기기

> 민수와 영민이가 그림책을 보고 있다.
> 영민: 커다란 무가 있었어요. 무를 할아버지가 뽑으려고 했지만 절대 뽑히지 않았지요.
> 민수: 그래서 할머니를 부르잖아, "누가 무 뽑는 것을 도와주구려."라고 말했어.
> 영민: 할머니는 "내가 도와줄게요."라고 말했어.
> 혜영이가 민수와 영민이가 앉아있는 곳으로 다가온다.
> 혜영: 나한테도 책 읽어줘.
> 영민: 그렇다면, "누가 나를 도와주구려."
> 민수: 그러자 엄청, 엄청 큰 무가 쑥 뽑혔어요. 그 무는 하늘을 나는 무라고 하자.
> 혜영: 그럼, 할아버지와 할머니, 강아지도 모두 그 무를 타고 하늘을 날아다니면 정말 재밌겠다.
> 민수: 그냥 무를 뽑아서 축제를 하면 더 좋겠다, 그치?

위 사례에서 볼 수 있는 바와 같이 유아는 그림책의 이야기를 읽거나 들으면서 이야기 상황을 자신의 경험과 관련지어 생각하기도 하고 등장인물의 감정과 생각에 공감하기도 한다. 또한 유아들은 이야기를 들으면서 자신만의 상상적 이야기를 만들기도 한다. 책의 글자를 정확하게 읽는 것보다 더 중요한 것은 책에는 흥미로운 이야기가 있다는 것을 알고 유아 자신도 동화와 동시

등 이야기를 상상하여 지어보는 경험을 즐겁게 해보도록 하는 것이다.

'책에 관심을 가지고 상상하기를 즐긴다.'는 유아가 책에 흥미를 가지며 책 보는 것을 즐기고 상상하는 즐거움을 경험하는 것이다.

교육내용	유아의 경험
책에 관심을 가지고 상상하기를 즐긴다.	• 유아가 좋아하는 책에 흥미를 갖고 그림을 단서로 내용을 추측하기 • 궁금한 것을 책에서 찾아보기 • 책보기를 좋아하고 다양한 종류의 책 읽기를 시도하기 • 다음 이야기를 예측해서 말하기

'동화, 동시에서 말의 재미를 느낀다.'는 유아가 동화, 동시, 동요를 자주 접하여 우리말의 재미와 아름다움을 느끼는 내용이다.

교육내용	유아의 경험
동화, 동시에서 말의 재미를 느낀다.	• 동화, 동시, 동요 듣고 즐기기 • 동화, 동시, 동요에서 재밌는 단어와 표현 찾아보기 • 동화, 동시, 동요의 이야기를 상상하기 • 동화, 동시, 동요를 리듬 있게 표현하기

'말놀이와 이야기 짓기를 즐긴다.'는 유아가 끝말잇기, 수수께끼, 스무고개, 말꼬리 잇기 등의 다양한 말놀이를 즐기는 내용이다. 즉, 유아가 자신의 경험, 생각, 상상을 기초로 새로운 이야기기를 만드는 과정을 즐기는 내용이다.

교육내용	유아의 경험
말놀이와 이야기 짓기를 즐긴다.	• 전래동요(예: 꼬부랑)의 반복되는 단어를 넣어서 이야기 짓기 • 한 유아의 말을 이어서 다른 유아가 이야기 이어가기 • 그림을 보고 이야기 짓기

3. 초등 1학년 국어 교육의 목표와 내용

2019 개정 누리과정은 만 3~5세 유아에게 제공되는 국가 수준의 공통 교육과정으로 0~2세 표준보육과정 및 초등 교육 과정과의 연계를 고려하여 운영할 것을 구성 방향에서 제시하였다. 따라서 만 3~5세 학급의 교사는 표준보육과정 및 초등학교 1학년 국어과 교육 과정에 대한 이해를 바탕으로 유아 언어 교육의 목표와 내용을 선정할 수 있어야 한다. 또한 교육 과정들 간의 연계성을 고려하여 유아가 의미 있는 언어 경험을 할 수 있도록 필요한 지원을 제공해 주어야 한다.

1) 초등 국어 교육 과정의 성격

초등학교 국어 교육 과정의 성격은 미래 사회에서 필요한 핵심적인 능력 요소인 '비판적 · 창의적 사고역량', '자료 · 정보 활용 역량', '의사소통 역량', '공동체 · 대인 관계 역량', '문화 향유 역량', '자기 성찰 · 계발 역량'을 신장하기 위한 과목이다(조혜원, 2019). 6개의 역량은 미래사회에서 학습자들에게 필요한 핵심적인 능력 요소로 국어과의 목표, 성취기준, 효과적인 교수 · 학습과 평가가 추구하고자 하는 방향이다(이승현, 2015). 이와 관련하여 국어과의 핵심 역량들은 2015 개정 교육과정에서 추구하는 '창의융합형 인재양성'을 위한 역량이라 할 수 있다(이승현, 2015).

2) 초등 1학년 국어 교육 과정의 목표와 내용

2015 개정 초등 국어 교육 과정의 목표는 '국어로 이루어지는 이해 · 표현 활동 및 문법과 문학의 본질을 이해하고 의사소통이 이루어지는 맥락의 다양한 요소를 고려하여 품위 있고 개성 있는 국어를 사용하며, 국어 문화를 향유

하면서 국어의 발전과 국어 문화 창조에 이바지하는 능력과 태도를 기른다.' 이다. 이에 따른 세부 목표는 다음과 같다(교육부, 2015).

가. 다양한 유형의 담화 글 작품을 정확하고 비판적으로 이해하고 효과적이고 창의적으로 표현하며 소통하는 데 필요한 기능을 익힌다.

나. 듣기 · 말하기, 읽기, 쓰기 활동 및 문법 탐구와 문학 향유에 도움이 되는 기본 지식을 갖춘다.

다. 국어의 가치와 국어 능력의 중요성을 인식하고 주체적으로 국어생활을 하는 태도를 기른다.

구분	2019 개정 누리과정	2015 개정 초등 국어 교육 과정
목표	일상생활에 필요한 의사소통 능력과 상상력을 기른다.	국어로 이루어지는 이해 · 표현 활동 및 문법과 문학의 본질을 이해하고 의사소통이 이루어지는 맥락의 다양한 요소를 고려하여 품위 있고 개성 있는 국어를 사용하며, 국어문화를 향유하면서 국어의 발전과 국어 문화 창조에 이바지하는 능력과 태도를 기른다.
내용	• 듣기와 말하기 • 읽기와 쓰기에 관심 가지기 • 책과 이야기 즐기기	• 듣기 · 말하기 • 읽기 • 쓰기 • 문법 • 문학

3) 초등 1학년 국어과 내용 및 성취 기준

2015 초등 교육 과정 국어과 교육 과정은 듣기 · 말하기, 읽기, 쓰기, 문법, 문학의 다섯 가지 영역과 내용 및 성취 기준으로 이루어져 있다.

영역	내용 및 성취 기준
듣기 · 말하기	• 상황에 어울리는 인사말을 주고받는다. • 일이 일어난 순서를 고려하며 듣고 말한다. • 자신의 감정을 표현하며 대화를 나눈다. • 듣는 이를 바라보며 바른 자세로 자신 있게 말한다. • 말하는 이와 말의 내용에 집중하며 듣는다. • 바르고 고운 말을 사용하여 말하는 태도를 지닌다.
읽기	• 글자, 낱말, 문장을 소리 내어 읽는다. • 문장과 글을 알맞게 띄어 읽는다. • 글을 읽고 주요 내용을 확인한다. • 글을 읽고 인물의 처지와 마음을 짐작한다. • 읽기에 흥미를 가지고 즐겨 읽는 태도를 지닌다.
쓰기	• 글자를 바르게 쓴다. • 주변의 사람이나 사물에 대해 짧은 글을 쓴다. • 자신의 생각을 문장으로 표현한다. • 인상 깊었던 일이나 겪은 일에 대한 생각이나 느낌을 쓴다. • 쓰기에 흥미를 가지고 즐겨 쓰는 태도를 지닌다.
문법	• 한글 자모의 이름과 소리 값을 알고 정확하게 발음하고 쓴다. • 소리와 표기가 다를 수 있음을 알고 낱말을 바르게 읽고 쓴다. • 문장에 따라 알맞은 문장부호를 사용한다. • 글자, 낱말, 문장을 관심 있게 살펴보고 흥미를 가진다.
문학	• 느낌과 분위기를 살려 그림책, 시나 노래, 짧은 이야기를 들려주거나 듣는다. • 인물의 모습, 행동, 마음을 상상하며 그림책, 시나 노래, 이야기를 감상한다. • 여러 가지 말놀이를 통해 말의 재미를 느낀다. • 자신의 생각이나 겪은 일을 시나 노래, 이야기 등으로 표현한다. • 시나 노래, 이야기에 흥미를 가진다.

초등 1학년 국어 교육과정의 '듣기 말하기' 내용 및 성취기준은 2019 개정 누리과정 의사소통 영역의 내용과 연계되어 있다. 문법은 유아기 언어 발달 특성을 고려하여 의사소통에 제시되지 않았으나 듣기, 말하기의 통합적 경험과 책을 읽으면서 자연스럽게 경험할 수 있다. 초등 1학년 국어 교육과정의 읽기와 쓰기의 일부 내용은 의사소통 영역의 읽기와 쓰기의 관심 가지기의 내용과 연계된다. 또한 문학은 의사소통 영역의 책과 이야기 즐기기와 연계되고 있다.

함께 생각해보기

1. 다음의 유아 경험과 관련성이 높은 누리과정 영역과 내용을 기록해 보세요.

<table>
<tr><th>유아의 경험</th><th>누리과정 관련 요소</th></tr>
<tr><td>세영: 모래에서 성을 쌓았는데 아주~ 큰 성이었거든.
정민: 그 성에는 아주 커다란 상어가 살고 있었어. 그 상어는 큰 이빨을 가지고 성에 숨어서 살고 있었어.
세영: 백상어는 물고기를 잡아먹지? 그래서 물고기들이 피해야 해.
정민: 그래, 그때 고래 가족이 이 성을 찾아와.
세영: 흰 수염 고래가족이야?
정민: 그냥 고래야.
세영: (자리에서 일어서서 노래 부르며 춤춘다.) 아기 상어, 귀여운 아기 상어... 아기 상어, 커다란 아기 상어.....
정민: (자리에서 일어서서 함께 노래 부르며 춤춘다). 아기 고래, 귀여운 아기 고래...</td><td>• 의사소통<table><tr><th>내용 범주</th><th>내용</th></tr><tr><td></td><td></td></tr><tr><td></td><td></td></tr></table>• 자연탐구<table><tr><th>내용 범주</th><th>내용</th></tr><tr><td></td><td></td></tr></table>• 예술경험<table><tr><th>내용 범주</th><th>내용</th></tr><tr><td></td><td></td></tr></table></td></tr>
</table>

확인해 보세요

2. 위 사례 속 유아들의 경험에 기초하여 유아들이 보다 즐거운 언어 경험을 하는 가운데 의미있는 배움이 이루어질 수 있도록 돕는 지원 방안을 제안해 보세요.

놀이공간	놀이자료	언어 놀이지원 방법
언어	상어, 고래 이야기책과 사진	• 유아들의 책에 대한 관심 관찰하기 • 유아가 고래(상어)에 대해 자유롭게 말하도록 격려하기, 인정하기
모래놀이	모래, 모래놀이 도구	• 놀이에 대한 유아들의 경험을 주의 깊게 듣기 • 모래로 성을 쌓을 수 있는 방법에 대한 유아들이 의견을 나누도록 격려하기 • 상상적인 이야기 짓기를 격려하기

확인해 보세요

3. 다음의 놀이와 관련이 있는 표준보육과정 의사소통 영역의 내용과 세부 내용을 기록해 보세요.

활동명 동물들아 나와라!

목표	표준보육과정 관련 요소
• 짧은 이야기를 듣고 반복되는 단어를 따라 말한다. • 그림책에 있는 글씨와 그림에 관심을 가진다.	• 의사소통 : ( ) – ( ) ( ) – ( )

가. 자료: 까꿍 책

나. 놀이방법

1) 까꿍 책을 탐색한다.
2) 까꿍 책을 보여주며 까꿍 놀이를 한다.
3) 까꿍 책을 보며 반복되는 말과 동작을 따라한다.
4) 까꿍 책에 나오는 등장 인물들과 까꿍 놀이를 한다.

영유아 언어 지도를 위한 교수–학습 방법은 언어 발달에 대한 관점과 유아 언어 교육에 대한 사회적 요구가 달라짐에 따라 서로 다른 특성과 강조점을 반영한 실제로 변화되어 왔다. 이 장에서는 언어 교육에 대한 세 가지 접근–부호 중심 접근법과 총체적 언어 접근법, 그리고 이 둘 사이의 균형 잡힌 적용을 강조하는 균형적 접근법–의 특성 및 지도 방법에 대해서 살펴볼 것이다. 또한 각 언어 영역별 교수 방법과 교사의 역할 및 영유아 교실 언어 영역의 환경 구성 실제에 대해서 알아보고자 한다.

<table>
<tr><td>학습 목표</td><td colspan="3">• 부호 중심 접근법, 총체적 언어 접근법, 균형적 언어 접근법의 특성 및 지도 방법의 차이점을 비교하여 설명할 수 있다.
• 듣기, 말하기, 읽기, 쓰기 지도를 위한 다양한 방법을 알고 교육 계획 및 수업 실제에 적용한다.
• 영유아 언어 교육 환경 구성 시 고려할 점 및 교사의 역할을 알고 교육 실제에 적용한다.</td></tr>
<tr><td rowspan="2">학습 내용</td><td>지식</td><td>기술</td><td>태도</td></tr>
<tr><td>• 부호 중심 접근법, 총체적 언어 접근법, 균형적 언어 접근법의 특성 및 지도 방법
• 듣기, 말하기, 읽기 지도 원리 및 지도 방법
• 언어 교육 환경 구성 시 고려할 점 및 교사 역할</td><td>• 각 언어 교육 접근법의 특징 구분, 비교하기
• 듣기, 말하기, 읽기, 쓰기 지도 원리와 지도 방법의 핵심 내용을 요약하여 설명하기
• 영유아 교실의 언어 영역 구성 시 고려할 점 설명하기</td><td>• 언어 교육을 위한 세 가지 접근법의 강점 수용하기
• 영유아 언어 교육 접근법 및 지도 방안을 선택함에 있어 신중한 태도 갖기
• 언어 교육의 실제에서 영유아의 발달 및 흥미를 존중하는 태도 가지기</td></tr>
<tr><td>핵심 용어</td><td colspan="3">부호 중심 접근법, 총체적 언어 접근법, 균형적 언어 접근법, 듣기 · 말하기 · 읽기 · 쓰기 교육, 언어 영역 환경, 교사의 역할</td></tr>
</table>

Chapter

4

영유아 언어 교수-학습 방법

4 영유아 언어 교수-학습 방법

1. 언어 교육 접근법

언어 교육을 위한 접근법은 문식성을 해독의 과정으로 볼 것인지, 의미 이해의 과정으로 볼 것인지에 따라 부호 중심 접근법과 총체적 접근법, 그리고 균형적 접근법으로 구분할 수 있다(곽경화, 김영실, 2012; 김영실, 김진영, 김소양, 2006). 부호 중심 접근법(code emphasis approach)은 문자의 해독(ecode)에 중점을 두는 입장으로 문자 구성의 가장 작은 단위(음소)로부터 음절, 단어, 문장, 이야기로 학습이 진행되는 '상향식 언어 교수법'을 지향한다. 반면 총체적 접근법은 글의 의미를 이해(comprehension)하는 것에 중점을 둔다. 따라서 문장이나 단어와 같은 문자 구성의 큰 단위로부터 시작하여 작은 단위(음절, 음소)의 방향으로 학습이 진행되는 '하향식 언어 교수법'을 지지한다(이지현, 마송희, 김수영, 정정희, 2009).

위에서 설명한 두 접근법은 각각의 장점과 제한점을 가지고 있으므로 각 문화권에서 사용하는 언어가 가지는 고유의 특성 및 유아의 학습자적 특성을 종합적으로 고려함으로써 보다 적합한 접근법을 모색할 필요가 있다. 한글의 특성에 적합한 문해 교육 방법 또한 유아가 의미 있는 맥락에서 자연스럽게 문자를 경험하는 동시에 문해를 위한 하위 기술들을 배울 수 있도록 직접적인 지도를 병행하는 균형적 접근법(balanced approach)이 효과적이라는 주장이 설득력을 얻고 있다.

1) 부호 중심 접근법

부호 중심 접근법은 1960년대 행동주의 이론에 기초한 접근법으로 언어 발달에 미치는 환경의 영향력을 강조한다. 언어 학습을 습관화의 과정으로 보고 반복적 모방과 연습을 최선의 언어 학습 방법으로 간주하고 있다.

부호 중심 접근법의 주요 특징을 요약하면 다음과 같다(김남희, 2013; 이지현 외, 2009).

첫째, 언어 교육의 가장 중요한 목표를 문자 해독(decoding: 읽기)과 부호화(encoding: 쓰기)에 둔다. 읽기와 쓰기에 대한 동기나 태도보다는 표준적인 읽기, 쓰기를 얼마나 정확하게 하는가에 관심을 둔다(김남희, 2013; 이지현, 마송희, 김수영, 정정희, 2009). 즉 글의 의미에 대한 해석 이전에 반드시 해독(decoding) 능력이 선행되어야 한다고 본다.

문자 해독
각 글자의 음가를 알고 정확한 발음으로 소리 내는 것

둘째, 언어의 작은 단위부터 큰 단위까지(음소 → 음절 → 낱말 → 문장 → 이야기) 위계적인 순서로 문자 언어를 학습하는 상향식 접근(bottom-up approach)을 택한다. 또한 듣기 · 말하기 · 읽기 · 쓰기를 분리하여 지도하는 것이 적합하며, 쓰기 지도는 읽기 지도가 충분히 이루어진 후에 해야 한다고 주장한다.

음소	▶	음절	▶	낱말	▶	문장
ㄴ, ㅏ, ㅂ, ㅣ		나, 비		나비		나비가 날아갑니다.

셋째, 음성 언어 능력은 특별히 가르쳐주지 않아도 자연스럽게 획득될 수 있다고 보는 반면 문자 언어의 습득을 위해서는 반드시 직접적인 가르침과 형

식적인 훈련이 필요하다고 본다(이차숙, 2007; 주영희, 2001). 가령 유창한 읽기를 위해서는 설명과 지시, 반복, 연습을 통해 자 · 모 체계, 글자와 말소리의 대응관계, 음소 구성 및 철자법의 원리 등 읽기에 필요한 기초적인 지식과 기술을 가르쳐야 한다고 본다(김남희, 2013; 이지영, 2009; 전유영, 2011; 이대균, 서윤정, 2005).

읽기 · 쓰기 기본 기술
읽기나 쓰기를 위해 기본적으로 습득해야 하는 기술(공간 지각, 모양이나 크기 변별, 눈과 손의 협응 등)

넷째, 읽기 · 쓰기를 위한 준비도 형성이 중요하며, 읽기 · 쓰기의 기본 기술에 관한 반복적인 연습과 단계적인 지도를 통해 필요한 기초 기능들을 습득하는 것을 강조한다.

부호 중심 접근법의 강점은 다음과 같다(김남희, 2013; 이지현, 2009; 이차숙, 1999; 전유영, 2011; 현정희, 2014; 황은순, 2010; Stahl & Murray, 1994).

첫째, 읽기 · 쓰기에 필요한 하위 기술들을 처음부터 체계적으로 학습할 수 있으며, 논리적인 언어 학습이 가능하다.

둘째, 글자 구성의 규칙과 원리를 학습하고 나면 새로운 읽기 상황에 쉽게 적용할 수 있다. 부호 중심 접근법에 기초한 읽기 학습의 효과는 유아의 음운인식과 읽기 능력 간에 유의미한 상관관계가 있음을 밝힌 연구 결과들을 통해서도 입증된 바 있다.

한글의 문자적 특성
글자와 말소리의 대응관계가 명확하고 예외가 없어 자 · 모음의 결합원리를 깨닫고 나면 정확하고 빠른 읽기로 나아갈 수 있는 것

셋째, 한글의 문자 구조와 특성에 알맞게 글자와 말소리의 대응 규칙을 효과적으로 지도할 수 있다.

넷째, 일상생활이나 환경 속에서 풍부한 문해 경험을 할 수 없는 유아들을 대상으로 한 체계적인 맞춤법 학습 및 바른 문자 지도에 도움이 된다.

반면 부호 중심 접근법은 교육 방법적 측면에서 지나치게 분석적이고 논리적이어서 유아들에게는 자칫 지루하고 어려운 경험으로 여겨질 수 있다. 또한 성인이 미리 수립한 학습 계획 및 유아의 흥미 및 경험과 무관한 자료를 바탕으로 자 · 모음 학습을 시킴으로써 언어 학습에 대한 유아의 흥미와 동기가 저하되고 유아의 자발적인 참여가 제한될 수 있다. 뿐만 아니라 글의 의미에 대한 이해보다는 글자의 해독에 중점을 두기 때문에 낱자와 낱말은 잘 읽으면서도 글의 의미를 파악하지 못하는 경우가 발생될 수 있다는 한계가 있다.

교사 Tip 부호 중심 접근법에 기초한 유아 교실의 모습

- 유아를 수동적 학습자로 봄으로써 교사 주도의 조직적이고 획일적인 지도가 이루어진다.
- 유아의 읽기 · 쓰기 준비도를 앞당겨주기 위해 읽기, 쓰기의 하위 기술들을 직접적이고 체계적으로 가르쳐준다(이지현, 마송희, 김수영, 정정희, 2009; 현정희, 2014).
- 대집단 활동 중심의 읽기, 쓰기 교육을 하며, 긍정적 강화, 즉각적이고 구체적인 보상, 모델링, 반복 학습이 강조된다.
- 읽기, 쓰기 경험이 하루 일과에 통합되기보다는 형식적이고 구조적인 형태의 활동(별도의 읽기 또는 쓰기 활동)으로 이루어진다.
- 교재는 한글의 체계나 음소의 결합 원리를 나타내는 자료들로 주로 출판된 학습지가 사용되며 학습 결과물을 중시한다.
- 교사는 철자법, 언어의 구조, 어원 및 유아 발달 수준에 대한 정확한 이해를 가지고 있으며 유아가 자 · 모음 글자의 이름을 알고 그것을 잘 읽을 수 있도록 체계적으로 지도해줄 수 있다(현정희, 2014).

읽기, 쓰기 하위 기술
낱자의 이름과 음가 가르치기, 글자와 말소리의 대응관계를 알고 글자를 말소리로 바꾸기, 첫 글자가 같은 단어 찾기, 자모음을 결합하여 단어 구성하기

이상에서 살펴본 바와 같이 부호 중심 접근법을 유아 언어 교육의 실제에 알맞게 적용할 경우 유아들이 읽기 · 쓰기를 위한 기초 지식과 기술들을 체계적으로 학습할 수 있도록 도울 수 있다. 그러나 유아의 현재 흥미나 생활 경험을 고려하지 않은 채 무의미한 반복과 연습을 시키는 것은 오히려 유아의 언어 학습에 부정적인 결과를 초래할 수 있으므로 교사의 신중한 검토가 필요하다.

2) 총체적 언어 접근법

총체적 접근법은 부호 중심 접근법이 갖는 제한점에 대한 현장 교사들의 반성과 구성주의 및 상호작용 이론, 듀이(Dewey)의 진보주의 철학 등의 영향을 바탕으로 시작된 교육 개혁 운동이다(이대균, 서윤정, 2005). 부호 중심 접근법이 읽기, 쓰기 능력의 숙련을 위한 형식적인 지도에 관심을 두는 것과 달리 총체적 접근법은 언어를 사용한 의사소통에 중점을 둔다. 즉 문자 해독보다는 의미

해석의 과정을 중시하기 때문에 총체적 언어 접근법은 의미 중심 언어 교육 접근법을 대표하는 교수 방법이라고 할 수 있다.

총체적 언어 접근법은 유아의 흥미, 능동적인 학습, 교사와 또래와의 상호작용을 강조하는 아동 중심 사상에 기초함으로써 유아의 발달적 특성에 적합한 대표적인 언어 교수 방법이라고 할 수 있다(전유영, 2011; 박혜경, 1991). 이러한 접근법을 바탕으로 유아는 자신에게 의미 있는 상황 속에서 비형식적이고 실제적인 언어 활동을 통해 문자의 의미를 이해하고 문자를 통해 자신이 표현하고자 하는 의미를 전달하는 의사소통의 과정을 체험할 수 있다.

'총체적'이란 말 속에는 다음과 같은 의미들이 내포되어 있다(박혜경, 1991).

- 언어의 기본 단위는 '의미'이다.
- 언어의 제 영역(듣기, 말하기, 읽기, 쓰기)을 통합적인 경험 안에서 가르쳐야 한다.
- 언어 교육이 다른 교과와 통합하여 가르치는 것' 등을 뜻한다.

총체적 언어 접근법은 듣기 · 말하기 · 읽기 · 쓰기를 인위적으로 분절시키는 교육에서 벗어나 자연스러운 상황에서 언어의 전체(의미)를 다룬다(김민진, 2005). 따라서 언어를 음소나 낱자 중심으로 가르치는 것이 아니라 의미를 지닌 덩어리로 사용하는 것을 중시하며, 유아 스스로 자신의 사전 지식과 경험에 따라 의미를 구성해보도록 안내한다(황은순, 2010; 이차숙, 2004; 박혜경, 1991). 또한 유아들이 사회적인 의사소통에 참여하고 싶은 동기로부터 듣기, 말하기를 습득한 것처럼 읽기나 쓰기도 자연스럽게 습득할 수 있다고 본다(박혜경, 김영실, 김진영, 김소양, 2006).

총체적 언어 접근법의 주요 특징은 다음과 같다(현정희, 2014).

첫째, 유아 언어 교육의 목표를 읽기 · 쓰기에 대한 긍정적인 정서와 바람직한 성향 및 태도를 형성하는 것에 둔다. 언어가 실제 맥락에서 사용될 때 유아의 내적 학습 동기가 유발되고 가장 잘 배울 수 있으며 무작정 음운 규칙을 가르치는 것은 유아의 발달에 적합하지 않다고 본다. 유아가 자연스럽게 읽기와 쓰기를 하고자 하는 마음을 가지고 편안하게 시도할 수 있도록 권유하고 지지해주는 것에 중점을 둔다. 그러므로 유아들이 실험을 통해 만들어내는 창안적 철자와 같은 결과물을 인정해주고 실수(risk-tasking)에 대해 수용적으로 반응한다.

둘째, 언어의 형태나 기술만을 배우기보다는 '언어를 적절히 사용할 줄 아는 것'을 강조한다. 따라서 언어를 분절하여 가르치기보다는 유아에게 의미 있고 실제적이며 자연스러운 방법으로 가르치되, 유아가 주도하는 활동으로 진행한다. 읽기 · 쓰기도 듣기 · 말하기와 마찬가지로 언어가 사용되는 실제 생활 맥락에서 자연스럽게 배울 수 있음을 강조한다.

셋째, 읽고 쓰는 것을 의미 구성의 과정으로 보고 의미 이해에 중점을 둔다. 따라서 음소나 낱자에서 시작하여 문장, 이야기의 순서로 배우는 것이 아니라 유아가 언어 전체의 의미를 이해하고 싶은 욕구에서 출발하여 작은 단위까지 배우도록 하는 하향식 접근을 지향한다(김남희, 2013; 이대균, 서윤정, 2005).

넷째, 언어 교육의 통합성을 강조한다. 즉 유아의 흥미와 내적 동기를 바탕으로 한 과거와 현재 경험의 연결, 유아교육기관의 모든 영역과 통합된 언어 활동이 이루어지는 자연스러운 교실 상황을 만들어내는 것이 중요하다고 본다. 언어 영역(듣기, 말하기, 읽기, 쓰기) 간의 통합적 경험을 위해 유아에게 의미 있는 문해 자료들이나 문학 작품 등을 활용한 상호작용을 강조하며, 다양한 텍스트(그림책, 신문, 잡지, 지도, 달력, 요리책, 광고지 등)들을 교수 자료로 활용한다. 문학 중심 언어 활동은 언어 학습에 대한 유아의 흥미와 동기를 높여주며 듣기, 말하기, 읽기, 쓰기의 통합적 발달을 효과적으로 지원할 수 있다고 믿는다.

총체적 접근법을 언어 교육 실제에 적용하는 과정에서 교사에게 요구되는 역할은 유아가 의미를 찾고 구성할 수 있도록 적절한 질문을 제공하고 환경을 구성해주는 것이라고 할 수 있으며, 구체적인 교사의 역할은 다음과 같다(노상혜, 2012, 이숙희, 박혜경, 2008 재인용).

- 풍부한 문자 언어 환경을 제공해 준다. 유아들이 교실 환경 곳곳에서 말하기, 듣기, 읽기, 쓰기의 필요성을 느끼고 적극적이고 자발적으로 활용하도록 필요한 지원을 해 준다.
- 문학 작품을 활용하여 유아에게 의미 있는 맥락에서의 지도가 이루어지도록 한다.
- 유아에게 읽기, 쓰기 행동의 바람직한 모델이 되어준다.
- 유아가 표현한 내용의 의미와 목적에 초점을 맞추어 반응하고 질문함으로써 유아가 의미를 찾고 구성할 수 있도록 돕는다.
  - "~에 대해 이야기해주겠니?", "~에 대해 말해보자.", "~에 대해 궁금하구나."
- 유아의 말이나 글의 오류를 고쳐주기보다는 유아의 실수와 발명적 철자를 학습 과정의 일부로 인정하고 긍정적으로 수용해준다.

이와 같이 총체적 언어 접근법은 유아들이 실생활 맥락에서 읽기 · 쓰기에 대해 흥미를 가지고 듣기, 말하기, 읽기, 쓰기가 통합된 전체로 경험하면서 즐겁게 배울 수 있다는 점에서 유아의 발달 특성에 적합한 언어 교수법이라고 할 수 있다. 단 총체적 언어 접근법의 원리와 교수법에 대한 충분한 이해가 없는 교사의 경우, 읽기를 위해 필요한 기초 기능에 대한 지도 없이 상황적 단서나 맥락에 의존하여 글의 의미를 추측하게 함으로써 유아들이 읽기 능력에 필요한 기술들을 배우지 못하게 되고, 그 결과 읽기 능력 및 언어의 정확성이 저하되는 문제로 이어질 수 있다(곽경화, 김영실, 2012; 이문정, 1999; 이옥섭, 1999; Adams, 1990, 임귀자, 김영옥, 2012 재인용). 즉 글의 의미 구성과 해석에 중점을 두는 총체적 접근법만으로는 읽기를 위해 필수적인 글자와 말소리의 대응 관계나 글자 구성의 원칙 등 해독 능력의 발달을 지원하는 데 한계가 있다(이차숙, 2004)는 점을 유의할 필요가 있다.

이상에서 살펴본 내용을 바탕으로 부호 중심 접근법과 총체적 접근법의 특징을 비교하여 정리하면 다음과 같다(이지현 외, 2009).

표 4-1 부호 중심 접근법과 총체적 언어 접근법 비교

구분	부호 중심 접근법	총체적 언어 접근법
기초 이론	행동주의 이론	상호작용주의 이론, 진보주의 이론, 자연주의 이론, 기능주의 언어학
교육 목표	• 글자 기호의 정확한 해독과 부호화 기술 습득 • 언어의 구조 이해	• 글의 의미 파악 및 전달 • 의사소통을 위한 언어 사용 능력
언어 학습 방향	상향식 접근 (음소 → 글자 → 단어 → 문장 → 이야기)	하향식 접근 (이야기 → 문장 → 단어 → 글자 → 음소)
언어 학습 주체	교사 주도적인 계획과 진행	유아 스스로 의미를 구성하는 과정
교수-학습 방법	• 강화와 모방, 반복, 연습, 설명 • 언어 교육을 위한 독립된 시간	• 언어가 사용되는 실제 맥락에서 이루어지는 다양한 상호작용 • 타 교과 영역과의 통합적 활동
언어 영역별 지도에 대한 관점	• 음성 언어(듣기, 말하기)는 자연스럽게 습득할 수 있으나 문자 언어(읽기, 쓰기)는 직접적이고 단계적인 지도가 필요 • 읽기, 쓰기를 분리하여 지도	• 음성 언어(듣기, 말하기)와 문자 언어(읽기, 쓰기)의 통합적 지도 • 읽기와 쓰기를 통합하여 지도
교재	• 한글의 자모 체계와 음소의 결합 원리를 보여주는 자료 • 학습지 형태의 자료 중심	• 유아에게 의미 있는 자료(그림책, 달력, 편지, 브로슈어, 표지판, 사물의 이름 글자 등)
강점	• 정확한 해독 능력의 습득 가능함 • 새로운 글자나 단어의 해독에 적용이 용이함 • 초기 읽기나 문해 경험이 부족한 유아의 언어 학습에 효과적	• 읽기, 쓰기에 대한 유아의 흥미나 동기 유발에 효과적 • 글의 의미 파악과 이해, 의미 전달 능력 발달
제한점	• 글의 의미 파악 및 구성 능력 발달을 돕는 데 제한적임 • 유아들에게 의미 없고 지루한 학습이 될 수 있음	• 해독 능력 발달을 위한 지원이 어려움 • 언어의 정확성을 습득하기에 제한적임

3) 균형적 언어 접근법

총체적 접근을 통한 통합적 언어 교육 방법은 유아들이 자연스럽게 읽기 쓰기에 대한 흥미와 동기를 가질 수 있도록 돕는다는 점에서 효과적이나 그러한 의미 중심 접근만으로는 유아가 단어나 글자의 구성을 충분히 이해하기에는 미흡할 수 있다(이옥섭, 1999). 더욱이 교사의 이해 정도에 따라 총체적 언어 교육의 실제와 효과에 편차가 있을 수 있고, 읽기 · 쓰기 지도 시에 단어의 오류를 수정해주지 않음으로써 유아가 정확한 언어를 배우는 데 제한적일 수 있다(김인순, 박순호, 손영숙, 홍순옥, 2009). 그런가 하면 부호 중심 접근법은 읽기, 쓰기에 관한 기초적인 기술을 배울 수 있으나 지도 과정에서 유아의 학습자적 특성(의미 중심 접근을 통해 더욱 즐겁게 문자학습에 참여하는 성향)을 충분히 반영하지 못한다는 점에서 보완이 필요하다.

유아의 학습자적 성향
의미 중심 접근을 통해 더욱 즐겁게 문자학습에 참여하는 성향

연구자들은 지금까지의 문자 지도 방법이 소리와 의미 어느 한쪽에 지나치게 편중되거나 단순화되어 균형적인 지도를 하지 못했다는 점을 지적하면서(Hammond, 1999, 진유영, 2013 재인용) 언어 교육의 새로운 대안으로 문학 활동을 통해 단어 재인(word recognition)에 필요한 기초적인 읽기 기술들을 병행하여 가르칠 것을 제안하였다(김정화, 2009; Honig, 1996). 그 이유는 읽기 기술을 가지고 있다고 해서 유창한 읽기를 할 수 있는 것은 아니지만 기초적인 읽기 기술을 습득하지 못하면 효과적인 읽기를 할 수 없기 때문이다. 실제로 유창한 읽기를 하는 유아일수록 소리에 기초한 전략과 의미에 기초한 전략을 다양하게 사용하였다(이문정, 2004).

균형적 언어 접근법
부호 중심 접근법과 총체적 접근법의 장점을 취하여 균형 있게 적용하는 방법

균형적 언어 교육 방법(balanced language approach)은 읽기, 쓰기의 체계적이고 의미 있는 지도를 위해 다양한 지도법을 조화롭게 절충한 새로운 언어 교육 접근법이다. 즉 성공적인 읽기를 위해서는 글자 해독에 필요한 읽기 기초 기술을 습득해야 한다는 입장을 바탕으로, 부호 중심 접근법과 총체적 접근법의 장점을 취하여 균형 있게 적용하는 방법이다(김민진, 2005; 현정희, 2014). 따라서 전체 맥락에서 의미를 파악하는 방법과 읽기, 쓰기에 필요한 기초 기술들을 병행하여 가르치는 교수 방법을 지향한다. 또한 총체적 언어 접근법을 유지하

는 가운데 해독과 단어 재인에 필요한 기본 기술들을 가르치는 균형 잡힌 언어 교육을 위한 기본 토대로 유아들에게 풍부한 문학 활동을 제공할 것을 강조한다.

균형적 접근법에서 '균형'이란 말에 내포되어 있는 의미는 다음과 같다(김남희, 2013; 임양금, 2005).

- 총체적 접근법과 부호 중심 접근법의 균형
- 의미 중심의 교수와 음운 중심의 교수 사이의 균형
- 읽기와 쓰기의 균형
- 교사 주도적 활동과 유아 주도적 활동의 균형
- 계획된 활동과 계획되지 않은 활동의 균형
- 개별 활동과 집단 활동의 균형

균형적 접근법의 핵심은 개별 유아의 요구와 발달에 맞게 균형 있는 활동을 제시하는 것에 있다. 즉 총체적 접근법의 신념을 바탕으로 유아에게 문해 환경을 구성해주고 의미 있는 경험을 제공해주며, 개별 유아의 수준과 발달적 요구에 따라 문자 기초 교육을 실시할 때 바람직한 균형적 접근이 될 수 있다(전유영, 2013).

균형적 접근법에 기초한 언어 교육 실제의 특징은 다음과 같다(이지현 외, 2009).

첫째, 문자 언어 교육의 목표는 유아들이 단어를 빠르게 재인하고 유창하게 읽는 것뿐만 아니라 읽기와 쓰기에 대한 긍정적인 태도와 자신감을 기르는 것이다. 문해 경험이 부족하거나 초기 읽기 수준에 있는 유아의 경우 읽기에 필요한 하위 기술들을 직접적인 방법으로 지도하는 것에 초점을 둔다. 반면 읽기의 기본 기술을 잘 알고 있으나 읽기 · 쓰기에 대한 흥미가 부족한 유아는 총체적인 언어 접근법에 기초한 다양한 언어 활동을 풍부하게 경험할 수 있도록 지도한다.

의미 중심 접근법의 교수 방법
소리 내어 읽어주기, 함께 읽기, 혼자서 읽기, 유아에게 써주기, 함께 쓰기, 혼자서 쓰기, 독해 지도 등

둘째, 의미 중심 접근법의 기본 틀을 유지하면서 음운 인식이나 철자와 소리의 대응관계 등 읽기에 필요한 기본 기술들을 가르친다. 이때 의미 중심 접근법에서 사용되는 교수 방법을 거의 다 사용할 수 있다.

셋째, 유아 발달에 적합한 문학 작품을 활용함으로써 균형적 접근법의 효과를 높일 수 있다고 본다. 즉 문학을 중심으로 한 의미 중심 활동과 소리 인식, 자소와 음소의 대응관계 등 읽기의 하위 기술들을 균형 있게 가르치도록 한다.

넷째, 교사 중심의 직접적인 교수와 유아 중심의 자발적인 학습, 교사와 유아가 함께 주도하는 학습을 병행하기를 제안한다. 또한 읽기 · 쓰기 기술과 전략을 조직적이고 명확하게 직접적으로 교수하는 부호 중심 접근법과 구체적이고 상호작용적이며 문학을 통해 자연스럽고 의미 있는 학습으로 안내하는 총체적 언어 접근법을 조화롭게 통합하는 것을 제안한다.

균형적 언어 접근법의 장점은 발생적 문해의 단계를 지나 초기 읽기, 쓰기 발달 단계에 있는 유아들에게 효과적이라는 것과 부호 중심 지도와 총체적 지도 방법이 갖고 있는 장점을 골고루 취할 수 있다는 점이다. 그러나 진정한 의미의 균형적 언어 지도를 위해서 교사는 부호 중심 접근법과 총체적 언어 접근법의 장단점을 충분히 이해하고 유아의 발달 특성이나 흥미와 관심사에 민감해야 한다. 또한 언어 교육을 위한 다양한 교수 방법을 정확히 알고 적용하는 가운데 유아 개인차나 상황에 따라 유연성과 융통성을 발휘할 수 있어야 한다.

균형적 언어 지도는 다음과 같은 과정을 통해 이루어질 수 있다(김은심, 조정숙, 2013).

1단계: 의미 중심

글자의 형태나 소리보다는 단어나 글의 의미에 관심과 주의를 더 많이 기울이도록 한다. 글과 관련된 그림을 이용하거나 일상의 경험으로 연결하면 유아의 흥미와 동기를 불러일으킬 수 있다. 교사는 글자의 형태가 단순한 쉬운 단어나 문장을 먼저 소리 내어 읽고 영유아가 따라 읽게 안내한다. 지도 시 유아가 글자를 정확하게 읽는 것보다는 읽기에 대한 흥미 유발에 더 초점을 둔다.

2단계: 의미 중심 + 부호 중심

의미 중심의 방법을 지속적으로 유지하면서 동시에 글자의 정확한 발음을 강조하는 방법을 추가적으로 도입한다. 이 단계에서 유아는 자음과 모음의 형태나 음가를 변별해보는 경험을 할 수 있고 스스로 자모의 음가를 결합하여 배우지 않은 쉬운 글자를 읽을 수 있다. 이때 유아가 그림을 단서로 읽지 않도록 보조 그림 자료의 제시는 삼가는 것이 좋다.

3단계: 의미 중심

유아가 쉬운 글자를 거의 읽게 되면 분석적 부호 중심 방법을 버리고 다시 의미 중심 방법으로 돌아간다. 간단한 생활 이야기, 동화, 우화를 읽도록 지도하며, 읽은 글의 의미 이해와 활용을 돕는 다양한 활동을 제공한다.

교사 Tip 동화(안돼, 데이빗!)를 활용한 균형적 언어 지도의 예

단계	활동 예	
1단계 의미	표지 그림 보고 제목 알아맞히기	표지 그림을 보고 제목을 추측하여 말하기
	그림 보고 이야기 꾸며서 말하기	그림책 각 장의 그림을 살펴보면서 어떤 이야기일지 꾸며서 말하기
	안 보이는 부분 상상하여 그리고 생각 말하기	그림책에 나타나 있는 부분을 단서로 보이지 않는 부분(데이빗 엄마의 얼굴 표정) 상상하여 말하기
2단계 의미+부호	제목의 글자 수 알아보기	글자 수만큼 손뼉 치기
	노래하듯이 읽어보기	동화 제목(안돼, 데이빗)의 글자 순서대로 강세를 주어 노래하듯이 읽어보기 (예 안돼 데이빗 → 안돼 데이빗 → 안돼 데이빗 → 안돼 데이빗 → 안돼 데이빗 → 안돼 데이빗)
	'안돼'를 찾아라	• 정확한 발음으로 읽기 (예 안돼 vs 악돼, 암돼, 앗돼, 앙돼, 압돼,,) • 자주 틀리는 글자의 정확한 표기법 알아보기 (예 안돼 vs 안되, 안데, 안대, 안뒈..)
	'!'가 궁금해요	'!'의 이름과 쓰임에 대해서 알아보기 다른 동화에서 같은 문장 부호를 찾아보고 쓰임에 대해 살펴보기
3단계 의미	데이빗에게 편지 쓰기	동화를 다 읽고 나서 주인공에게 하고 싶은 말을 그림이나 글자로 표현하기
	다음 이야기 상상하기	동화의 마지막 장면 다음에 이어질 수 있는 장면을 상상해보고 그림이나 글로 표현하기

2. 영역별 교수-학습 방법

효과적인 의사소통을 위해서는 분명한 발음과 어휘 사용, 구문 및 우리말의 자모 구성에 대한 이해, 의미 있는 내용, 상황에 적합한 언어를 사용하는 능력이 필요하다. 뿐만 아니라 상대방의 말을 귀 기울여 잘 듣고 공감하며, 자신의 생각과 느낌을 명확하게 잘 전달하되, 상대방의 마음을 배려하여 인격적으로 말하거나 쓰는 태도를 갖추는 것도 중요하다.

유아기는 듣기와 말하기의 습관 및 태도가 형성되는 시기로써 아직까지는 읽기 · 쓰기보다 듣기와 말하기의 구어 능력이 의사소통에 미치는 영향력이 크다. 또한 이와 같이 듣기, 말하기, 읽기, 쓰기는 상호 유기적으로 연결됨으로써 통합적으로 발달한다(한국교육 과정평가원, 한국유아교육학회, 2007). 즉 문자 언어는 음성 언어의 소리를 글로 표상하는 언어로써 말의 소리는 글과 밀접한 관계를 가지므로 문자 언어가 순조롭게 발달하기 위해서는 우선적으로 음성 언어 기술이 충분히 발달되어야 한다.

그러므로 유아 언어 교육은 듣기 · 말하기 활동을 통해 이해와 표현의 언어 사용 능력을 공고히 하는 가운데 읽기, 쓰기에 대한 흥미를 갖게 하는 방향으로 이루어져야 한다. 이를 위해 교사는 언어의 구성 요소에 대한 이해를 바탕으로 명확한 교육 목표를 설정하고 그에 따른 교육 내용과 교육 방법을 선정하여야 한다(윤진주, 김영실, 2008).

이에 본 장에서는 표준보육과정 및 3-5세 누리과정의 의사소통 영역에서 제시하고 있는 듣기, 말하기, 읽기, 쓰기 영역의 교육 내용에 따른 교수-학습 방법을 다음과 같이 제시하고자 한다.

1) 듣기

유아는 태어날 때부터 듣기에 대한 잠재 능력을 가지고 있으며, 듣기 기술은 효과적인 지도를 통해 크게 향상될 수 있다(이차숙, 2007). 올바른 의사소통을 위해서는 유아가 말소리를 변별하는 것과 함께 그 말의 의미를 해석하고 이해할 수 있어야 한다. 또한 남의 말을 바르게 끝까지 듣거나 듣는 사람을 방해하지 않고 듣는 것과 같은 언어 생활 습관을 익히고, 이야기를 듣는 경험을 통해 우리말 고유의 특성을 이해하고 즐거움을 느끼는 태도를 기르는 것이 중요하다. 따라서 교사는 유아의 의사소통 및 사고력 신장을 돕는 다양한 듣기(hearing+listening+comprehending) 경험을 제공해주어야 한다. 즉 다양한 소리에 대한 감각을 높이는 활동, 듣기 경험을 함에 있어 목적과 상황에 따라 듣는 기능을 조절할 수 있는 활동 등을 계획하여 제공하도록 한다.

듣기 교육의 실제에서 교사가 고려해야 할 원리는 다음과 같다(노영희, 김창복, 전유영, 2014).

① 상대방의 말을 경청하는 모델(주의, 눈 맞춤, 적절한 반응, 끝까지 듣기)을 보인다.
② 내용을 명료하게 전달한다(짧게 지시하기, 설명 후 요약하기, 집중해야 할 부분 안내하기 등).
③ 주변의 다양한 소리에 관심을 가지고 들을 기회(말소리, 자연의 소리, 사물의 소리, 음악, 동화 동시 듣기 등)를 제공한다.
④ 이해와 표현의 통합 경험을 자주 갖도록 한다(예 지시 듣고 행동하기, 들은 내용 표현해보기).
⑤ 말놀이를 통해 유아가 낱말의 발음에 주의를 기울여 듣는 기회를 갖도록 한다(예 끝말잇기, '같은 글자로 끝나는 말 찾기'→ 유아는 잘 들어야 하는 분명한 이유를 가지고 집중하여 듣는 경험을 하게 되며, 상대방의 말을 주의 깊게 듣고 각 낱말 간 발음의 차이를 구분하는 연습을 할 수 있다).
⑥ 유아가 직접 경험해볼 수 있는 상황에서 새로운 낱말을 듣는 경험을 하도록 안내한다(예 송편 만들기 요리활동을 하는 과정에서 '송편', '찌다', '추석' 등의 새로운 낱말 발음을 듣고 의미를 알아보는 것).
⑦ 실제 생활과 관련된 듣기 경험을 제공한다(예 익숙한 낱말 들려주기, 뉴스 듣기, 편지 읽어주기, 듣고 선택하기).
⑧ 말하는 사람을 바라보며 듣도록 격려하며, 유아의 바람직한 듣기 행동(예 들은 내용에 관해 질문하기)에 대한 구체적인 칭찬을 제공한다.
⑨ 유아가 듣기의 뚜렷한 목표를 가지고 들을 수 있는 기회를 제공한다.
⑩ 문학적 · 예술적으로 우수한 그림책을 반복하여 들을 기회를 제공한다.

영유아의 듣기 능력 발달을 돕기 위한 교육의 실제는 다음과 같다(노영희 외, 2014; 심정림, 2014; 이지현 외, 2009; 한유미, 김혜선, 권희경, 양연숙, 2010).

(1) 소리 듣고 구별하기

정확한 듣기를 위해 유아들이 서로 다른 소리에 주의를 기울이고 각각의 특징을 지각하고 구별해보는 기회를 자주 제공한다.

- 여러 가지 소리(예 자연의 소리, 일상생활에서 들을 수 있는 소리, 동물의 울음소리, 사람들의 말소리 등)를 듣고 들리는 대로 소리 흉내 내기
- 여러 가지 소리를 듣고 무슨 소리인지 알아맞히기
- 다양한 소리를 듣고 비슷한 소리 찾기(예 종vs총, 콩vs공, 토끼vs도끼)
- 두 가지 소리를 듣고 다른 점(예 크기, 빠르기, 셈여림, 무게 등) 구별하기

(2) 듣기 놀이

놀이를 하기 위해서 또는 놀이를 하면서 듣는 경험을 통해 유아는 듣기에 대한 흥미와 긍정적인 느낌을 가지고 집중하여 듣는 태도를 기를 수 있다. 놀이로 접근할 수 있는 듣기 활동에는 귓속말 전하기, 수수께끼 알아맞히기, 열고개 놀이, 이야기 잇기(예: 시장에 가면 ○○도 있고, 꼬부랑 할머니 이야기, 원숭이 엉덩이는 빨개), 코코코 가라사대 놀이 등이 있다.

(3) 동시 · 동요 들려주기

영유아가 주변의 말소리를 듣고 구분할 수 있게 되면 짧고 친숙한 문장을 이해하는 능력을 기를 수 있도록 다양한 듣기 경험을 제공해주어야 한다. 동시나 노랫말을 듣는 경험은 이러한 능력을 기르는 데 효과적이다. 운율이 있는 말을 즐겁게 듣는 경험은 영유아에게 다양한 어휘와 문장 구조를 반복적으로 접하는 기회가 되며, 말하는 사람에게 주의를 기울이는 태도를 학습할 수 있기 때문이다.

감자꽃

권태응

자주꽃 핀 건 자주 감자
파보나마나 자주 감자
하얀 꽃 핀 건 하얀 감자
파보나마나 하얀 감자

전래동요는 우리말 고유의 특성과 재미, 반복적인 운율과 리듬감을 포함하고 있으며, 영유아의 일상 경험이나 놀이 상황과 자연스럽게 연결지어 들려줄 수 있는 텍스트라는 점에서 활용 가치가 높다.

숨바꼭질

꼭꼭 숨어라 머리카락 보인다
꼭꼭 숨어라 발꿈치가 보인다
꼭꼭 숨어라 치맛자락 보인다
꼭꼭 숨어라 나무 뒤에 숨어라
꼭꼭 숨어라 장독 뒤에 숨어라
꼭꼭 숨어라 잘 알아 숨어라

(4) 동화 듣기

교사의 목소리로 동화 이야기를 들려주는 동안 유아는 이야기의 각 장면들을 상상하거나 다음에 펼쳐질 이야기를 기대하면서 듣기 활동의 즐거움을 느낄 수 있다. 또한 동화 듣기는 유아가 이야기 속에 담겨진 새로운 어휘들과 문장 표현을 익히고 새로운 개념을 학습하는 동시에 이야기에 관한 다양한 생각과 느낌을 형성하면서 인지적 사고력을 증진시키는 기회가 된다. 유아들에게 동화를 들려줄 때 고려할 점은 다음과 같다.

- 다양한 유형의 동화 자료(그림동화, 막대동화, 테이블동화, 앞치마동화, TV동화, 융판동화, 자석동화, 손인형동화, PPT동화, 티슈동화, 디오라마동화, 그림자동화 등)를 제시하여 유아의 흥미를 자극해준다.
- 동화 자료 없이 교사의 목소리로 동화를 들려주는 것(구연동화) 또한 듣기에 대한 유아의 집중력을 높여줄 수 있다. 이때 교사는 준비 과정에서 목소리의 빠르기, 크기, 억양, 강약 등의 변화를 효과적으로 조절하면서 등장인물의 특징적 차이가 잘 드러나도록 구연 연습을 충분히 하도록 한다. 또한 미리 동화 내용을 충분히 숙지하여 내용이 끊어지지 않도록 매끄럽게 들려주는 것이 중요하다.
- 동화를 들려주는 동안 교사는 유아들과 골고루 시선을 나누고 반응을 살펴봄으로써 유아의 듣기 자세를 점검하고 듣기에 대한 집중을 유지할 수 있도록 격려해준다.

(5) 음운 인식 놀이하기

음운 인식이란 언어의 소리 단위를 지각하고 인식하며 연속되는 말이 여러 단위(음소, 음절, 단어)로 구성되어 있음을 이해하는 능력이다. 소리에 주의를 기울이는 것은 단어 재인(word recognition)이나 성공적인 읽기를 위해서도 필수적이므로 체계적인 지도가 필요하다. 끝말 이어가기나 '리 리 리자로 끝나는 말은'과 같은 노래 등은 소리에 대한 유아의 관심을 높여줄 수 있는 대표적인 활동들이다. 우리나라 유아의 경우 대부분 음운 인식의 발달이 단어-음절-음소의 방향으로 진행되므로 음운 인식 과제에서도 이러한 순서로 제시하는 것이 바람직하다(이지현 외, 2009).

표 4-2 음운 인식 과제에 따른 음운 인식 활동

구분	음운 인식 과제	음운 인식 활동
단어 수준	단어 인식	단어 카드를 올바른 순서로 나열하기 단어 수 세기
음절 수준	음절 분절	음절 수 세기
	같은 음절 인식 같은 음절 찾기	같은 음절이 포함된 단어에서 같은 음절 인식하기(예: 의성어, 의태어), 같은 음절로 시작하는 · 끝나는 단어 찾기(예: 음운 인식 게임), 끝말 이어가기
음소 수준	음소 분절	/강/을 /ㄱ/, /ㅏ/, /ㅇ/으로 나눈다.
	음소 결합	음소들을 갖고 글자를 구성한다.
	같은 음소 인식 같은 음소 찾기	같은 음소가 포함된 단어에서 같은 음소 인식하기(예: 잘잘잘), 같은 음소가 초성, 중성, 종성에 포함된 단어 찾기
	음소 대치	/알록/과 /달록/의 공통점, 차이점 찾기 /ㅇ/과 /ㄷ/ 대신에 다른 자음 넣어 발음하기(예: 틀린 말 찾기 게임)
	음소 탈락	주어진 단어에서 받침을 빼고 새로운 낱말 만들기(바지와 반지)
	음소 첨가	빠진 받침을 첨가하여 완전한 단어 만들기

출처: 이지현 외(2009). 영유아를 위한 언어 교육. 공동체.

(6) 일상생활 속에서 영유아의 말을 즐겨 듣고 반응해주기

영유아의 행동이나 발화에 대해 성인이 그 의도를 읽어 적극적으로 반응해주거나 말을 걸어주는 것은 영유아의 의사소통 능력 발달을 돕는 효과적인 전략이다. 이러한 경험을 자주 반복하면서 영유아는 의사소통에 대한 흥미와 동기를 느끼며, 자신의 메시지에 민감하게 반응해주는 성인의 역할을 통해 성취감과 자신감을 가지게 된다. 또한 대화를 주고받는 패턴을 배우는 동시에 성인의 언어 속에 있는 새로운 어휘와 문장 구조를 익힐 수 있게 되므로 일상적인 상황 속에서의 대화 경험을 풍부하게 해주는 것이 중요하다. 영유아와 함께 대화할 때 성인이 고려할 점은 다음과 같다.

- 영유아와 상호작용을 하는 동안 눈을 맞춘다.
- 울음이나 옹알이로 초보적인 소통을 하는 단계의 영유아라 할지라도 마치 유능한 대화자를 대하는 것처럼 대화를 시도한다.

  예 우리 수민이, 잠이 오는가 보구나.
  수민아, 뚜껑을 열고 싶은데 잘 안돼서 속상하니?

- 영유아가 특별히 발화를 하지 않거나 알아들을 수 없는 발화를 시도할 때에도 성인이 잘 듣고 있다는 신호를 보낸다.

  예 영유아를 보면서 미소 짓기, 흥미로운 표정으로 고개를 끄덕이기,
  간단한 음성 반응: 그렇구나, 그랬어, 음~

- 영유아가 보내는 메시지가 정확히 무슨 의미인지를 해석할 수 없을 때에는 현재의 맥락을 주의 깊게 살펴본 후 영유아의 요구에 가장 가깝게 반응한다.

  예 잠에서 깼는데, 수영이 옆에 아무도 없어서 슬펐구나.
  수영이가 나비(모빌)를 잡고 싶은 거야?

- 영유아에게 말을 걸거나 반응할 때에는 성인의 표정이나 말투에서 기분 좋은 느낌이 묻어나도록 즐거운 상호작용 분위기를 조성한다.

  예 수영아, 맛있는 맘마 먹자.
  우리 수영이, 깨끗하게 씻으니까 기분 좋지?

(7) 뚜렷한 목표를 가지고 듣도록 안내하기

듣기에 대한 흥미와 동기는 수수께끼 활동처럼 영유아가 듣기의 목표를 가지고 적극적으로 듣는 경험을 통해 더욱 향상될 수 있다. 즉 가만히 앉아서 수동적으로 듣는 것이 아니라 주어진 과제를 해결하기 위해 집중해서 들어야 하는 상황을 만들어줌으로써 듣기의 집중력을 높일 수 있다. 따라서 교사는 듣기 활동을 진행할 때 유아들이 특히 어떤 점에 집중하여 들어야 할지 구체적인 목표를 제시해줄 수 있으며, 이를 위한 교사의 발문 예는 다음과 같다.

표 4-3 듣기 활동 유형별 교사 발문 예

활동 유형	교사의 발문 예
동화	• 잘 듣고 동화 속에 누가 나왔는지 말해보자. • 이야기를 잘 듣고 짹짹이의 가장 좋은 신랑감이 누구인지 말해보자.
동시	• 잘 듣고 이 동시의 제목을 알아맞혀 보자. • 동시를 들은 후에 가장 많이 나온 말(여러 번 반복되는 말)이 무엇인지 말해보자.
음악	• 어떤 악기 소리가 들리는지 음악을 잘 들어보자. • 음악을 들으면서 생각나는 것을 말해보자.
교사의 설명	• 선생님의 이야기를 잘 듣고 내일 동물원 견학을 가기 위해 무엇을 준비해와야 하는지 기억해서 말해보자. • 설명을 잘 듣고 생각난 것을 말해보자(수수께끼).
이야기 나누기	• 친구의 이야기를 잘 듣고 궁금한 것을 질문해보자. • 친구의 이야기를 잘 듣고 칭찬해주고 싶은 점을 말해보자.

(8) 듣고 표현하기

유아에게 들어야 할 이유가 분명히 있을 때, 즉 듣기의 목적과 기능이 명확할 때 더욱 효과적인 듣기가 이루어질 수 있다. 듣기와 다른 활동을 연계함으로써 보다 의미 있는 듣기가 이루어질 수 있으며 활동의 예는 다음과 같다.

표 4-4 듣기와 다른 활동의 연계

활동 유형	활동 내용
듣고 다시 말하기	그림책 이야기 또는 짧은 이야기 등을 기억하고 회상하여 이야기하기, 가정-기관 언어 전달하기
듣고 그리기	들은 내용 기억해서 그리기, 듣고 생각나는 것 그리기, 소리를 듣고 느낌을 기호나 그림으로 표현하기, 설명을 들으면서 지시에 따라 그리기
듣고 동작 표현하기	동시나 노랫말의 특정 부분을 듣고 동작으로 표현하기(빙글빙글, 둥글게 둥글게, 둥실둥실, 죽죽, 톡톡 등), 음악을 들으면서 느낌대로 지휘하기, 전래동요('어깨동무')를 부르며 친구와 어깨동무를 한 상태로 걸어가다가 '미나리 밭에 앉았다'라는 노랫말과 함께 그 자리에 앉는 놀이, 여우야 여우야 노랫말에 맞추어 동작하기
듣기 게임	'코코코' 게임, 원숭이 엉덩이는 빨개, 수수께끼, ○○○ 가라사대 게임

2) 말하기

말하기는 발음, 어휘, 문법을 바탕으로 자신의 생각과 느낌을 상황과 목적에 맞게 음성 언어로 표현하는 행위로써(노영희 외, 2014) 모든 학습을 매개하는 수단이며 유아의 학습을 좌우하는 중요한 능력이다. 따라서 유아가 자신의 아이디어를 조직하여 표현하고 말하고자 하는 의도와 지식을 분명하게 제시하되, 상대방의 마음을 배려하는 태도를 기를 수 있도록 지도해주는 일이 중요하다. 영유아의 말하기 능력은 일상생활 속에서의 자연스러운 대화와 토의, 발표, 요구하기, 지시하기, 설명하기, 묘사하기 등 다양한 말하기 경험을 통해 신장될 수 있다.

말하기 교육의 실제에서 교사가 고려해야 할 원리는 다음과 같다(노영희 외, 2014, 한유미 외, 2010; 이지현 외, 2009).

① 일상생활 경험이나 특별한 사건에 대한 유아 자신의 느낌, 생각, 경험을 편안하고 자유롭게 표현할 수 있도록 다양한 기회와 허용적인 분위기를 마련해 준다(예 주말 지낸 이야기 나누기, 견학 경험 이야기하기, 자유선택활동 후 회상하기, 하루 생활 형가하기).

② 생각과 정보를 조직하여 표현할 수 있도록 유아의 말에 구체적인 반응과 질문을 통해 언어 표현을 격려한다.

③ 바람직한 말하기 모델링을 제공하여 유아가 말하기의 기본 기술(어조, 강세, 속도, 음질, 발음 등) 및 정확하고 바른 언어 사용 및 표준적 말하기 방식을 습득할 수 있도록 격려한다. 유아의 발음이 틀린 경우, 지적하기보다는 정확한 발음으로 말하는 모델을 보여주어 자연스럽게 정확한 발음을 산출하도록 돕는다. 또한 평소 유아의 말하기 행동을 관찰하여 문제가 되는 발음을 찾고, 청각적 지각 능력의 발달을 돕는 활동을 마련하여 제공해주도록 한다.

④ 친숙한 낱말을 발음해보거나 새로운 낱말에 관심을 가질 수 있는 기회를 제공한다. 새로 습득한 낱말을 상황에 맞게 사용하여 말해보는 다양한 기회를 갖도록 격려한다. 수수께끼, 끝말잇기, 같은 글자로 시작하는(끝나는) 말 찾기, 말꼬리 따기(예 원숭이 엉덩이는 빨개 빨간 것은 사과 사과는 맛있어..) 등의 말놀이를 통해 유아는 우리말의 재미를 느낄 수 있으며, 다양한 어휘의 발음을 연습할 수 있다. 또한 새로운 어휘를 접하고 다양한 맥락에서 활용해보는 연습이 될 수 있어 어휘 학습에 효과적이다.

⑤ 상황에 따른 다양한 형태의 말하기(설명하기, 질문하기, 설득하기, 제안하기, 토의하기)를 경험하도록 한다. 문제의 해결이나 계획을 세우기 위한 소집단 토의하기, 협상이나 타협이 필요한 교수 활동을 고안하여 실행하는 것이 효과적이다.
⑥ 주제 관련 이야기 나누기를 통해 자신의 생각을 말하고 궁금한 것을 질문하며, 상대방의 생각을 수용하고 의견을 조정하는 경험을 자주 갖도록 안내한다.
⑦ 가상적인 이야기를 듣거나 읽고 이야기를 지어 말할 수 있는 기회를 자주 제공한다.
⑧ 이유가 있는 진정한 말하기를 경험하도록 한다. 유아 스스로 동기 유발된 상황에서 말하도록 계획한다(예 활동 규칙 만들기, 갈등해결을 위한 이야기 나누기 학급 구성원으로 결정해야 할 일에 대해서 이야기 나누기).

영유아의 말하기 능력 발달을 돕기 위한 교육의 실제는 다음과 같다.

(1) 영유아와 즐겁게 대화하기

생애 초기의 양육 환경은 영유아가 성취하는 어휘 수준을 결정하는 매우 중요한 요인이 된다. 특히 일상생활 속에서 영유아가 부모나 교사와 얼마나 많은 대화를 하는지, 그러한 대화를 통해서 얼마나 다양한 어휘를 경험하게 되는지가 결정적인 영향을 미칠 수 있다. 교사 및 또래들과의 교류가 활발하게 이루어지는 교실 상황에서 유아는 효과적인 의사소통에 필요한 언어 규칙과 감정 표현 어휘들을 배울 수 있다. 즉 유아는 단어의 의미와 문장 구성에 대한 지식뿐 아니라 사회적 상호작용의 효과를 높일 수 있는 억양이나 어조, 음색, 말의 속도 등을 익힐 수 있게 된다. 그러므로 일과 속에서 교사는 개별 영유아와의 대화 시간을 충분히 마련하여 즐겁게 대화하는 경험을 실천해야 할 것이다.

일상에서 빈번하게 이루어지는 교사-유아의 대화는 유아가 자연스럽게 언어 사용의 기본 규칙을 익히고 바른 언어생활을 연습하며 좋은 언어 모델을 보여주는 기회가 될 수 있다. 그러므로 교사는 영유아와 대화할 때 다양한 이야기 소재를 바탕으로 대화의 즐거움과 효과를 배가시켜줄 수 있어야 할 것이다(EBS 언어 발달의 수수께끼팀, 2014).

표 4-5 영유아와의 즐거운 대화를 위한 대화 내용 및 상호작용 예

대화 소재	대화 내용	상호작용 예
일상생활	• 일상의 매순간 말 건네기 • 육아 행위를 의성어, 의태어, 숫자 등의 말로 표현하기	• 냠냠 맛있게 먹자. • 쭉쭉 다리를 뻗었네. • 쿨쿨 잘 잤지?
장난감 · 놀이	• 장난감(색깔, 모양, 수량 등)에 대해 말하기 • 놀이의 내용이나 행동에 대해 말하기	• 애앵애앵 구급차가 달려가요 • 이 파란색 성에는 누가 살고 있을까?
그림책이나 사진	• 주인공의 이름, 사물이나 동물의 이름, 울음소리 등에 대해서 영유아와 함께 말하기	• 까마귀가 집에 돌아가는 길에 누구를 만났니? • 아기 양은 시계 뒤에 꼭꼭 숨어 있구나.
다양한 체험	• 영유아의 체험에 대해서 말하기 • 예: 인형극 관람, 여행, 산책, 음식 만들기 등	• 손바닥으로 꾹꾹 눌러보자. • 부릉부릉 자동차를 타고 할머니 집에 가요.
자연에서의 경험	• 날씨, 풍경, 나무와 꽃, 동물소리 등	• 노란 개나리꽃이 활짝 피었네. • 윙윙 벌들이 꽃을 찾아서 이리저리로 날아다니네. • 바람이 살랑살랑 불어오니까 시원하지.
이야기, 노래	• 잠자리에 누워 자장가와 옛날이야기(전래동화) 들려주기	• 자장자장 우리 아기... • 옛날 옛날에.....

유아가 교사나 다른 또래들과 자연스럽게 이야기를 나누고 질문하고 토론할 수 있는 분위기를 만들어주며, 유아들 간의 대화를 격려해주어야 한다. 또한 대화(이야기)에 참여하고자 하는 유아의 동기를 높여줄 수 있도록 다음과 같은 역할을 수행하도록 한다.

- 자유롭고 편하게 질문하고 대화할 수 있도록 수용적인 분위기를 만들어 준다.
- 유아의 생각과 감정을 존중하며 이해하고 공감하는 태도를 가진다.

- 유아가 대화를 시도할 때는 유아를 바라보고 진지하게 이야기를 들어준다.
- 유아의 이해 수준에 맞추어 말하고 필요할 경우에는 한 번 더 반복하여 말해준다.
- 대화를 할 때에는 온화한 표정을 지으며 대화하는 내내 유아에 대한 애정과 관심을 표현한다.
- 유아가 장황하게 두서없이 이야기할 때에는 유아의 생각과 의도를 잘 정리하여 말해준다.
- 유아에게 지시할 때에는 분명한 태도로 말하여 모호한 인상을 주지 않는다.
- 제한적 언어(restrictive language)보다는 반응적 언어(responsive language)를 사용한다.
- 하루 일과 중 교사가 주도적으로 말하는 시간과 유아들이 주도적으로 이야기하는 상황이 적절히 안배될 수 있도록 일과 계획을 한다.

(2) 영아를 위한 특별한 대화 기법 활용하기

① 부모처럼 말하기

'부모처럼 말하기'란 영유아의 언어 발달 수준에 맞추어 표현하는 성인의 언어를 뜻하는 용어(Trawick-Smith, 2012)로 영아들이 우리말에 대한 기본적인 감각을 키우는데 특별히 유용한 전략이 될 수 있다. 이 전략의 특징은 다음과 같다.

부모처럼 말하기
영유아의 언어 발달 수준에 맞추어 표현하는 성인의 언어

표 4-6 부모처럼 말하기의 특징

음운론적 특징	구문론적 특징	의미론적 특징
• 분명한 발음 • 과장된 억양(활기찬, 명랑한) • 약간 높은 음성 • 천천히 말하기 • 단어 간 좀 더 긴 휴지(休止) • 단어나 음절을 늘려서 더 길게 말하기	• 짧은 문장 • 덜 복잡한 구문 • 유아의 언어 수준보다 약간 높은 수준의 언어	• 쉬운 단어 • 일상에서 자주 사용되는 단어

이러한 형태의 말을 일상에서 자주 접함으로써 영아는 우리말의 언어적 규칙을 보다 쉽게 발견하고 다른 상황에 자연스럽게 적용해볼 수 있다.

② 베이비 사인 활용하기

베이비 사인
영아가 발화한 어휘나 문장 내용의 부족한 부분을 채워주는 기능의 몸짓

베이비 사인(baby sign)이란 '영아가 발화한 어휘나 문장 내용의 부족한 부분을 채워주는 기능의 몸짓'을 의미한다. 연구 결과, 발달상 표현 언어가 충분하지 않은 영아기에 몸짓과 말하기를 연결하여 표현하는 베이비 사인의 사용 경험이 구어 능력의 발달을 촉진시켜주는 역할을 하는 것으로 확인되었다.

영아와의 대화에서 베이비 사인을 활용한 상호작용의 예는 다음과 같다.

- 손짓놀이(짝짜꿍, 도리도리, 곤지곤지, 잼잼 등)
- 영아가 스스로의 힘으로 과제에 성공했을 때 '만세'라고 외치며 양팔을 위로 쭉 뻗는 동작을 하는 것
- 사람들과 헤어지는 장면에서 '안녕'이라는 말을 하면서 손을 흔드는 것

(3) 경험에 대해 이야기하기

유아 자신의 경험을 발표하고 토의하는 시간을 충분히 가진다. 가능한 한 유아들이 정기적으로 무엇인가에 대해 발표할 수 있도록 기회를 제공한다. 아래 제시된 내용을 참고하여 특별한 경험이나 사건에 관해 이야기하기를 격려한다. 유아들이 자신의 개인적 경험을 이야기하거나 꾸며 말할 때 단순히 특정 상황을 언급하거나 사건들을 나열하는 것에 그치지 않고 정점이나 문제가 되는 핵심적 요소를 말하고 그것의 결과가 어떻게 나타났는지도 제시하도록 지도한다(이지현 외, 2009).

이야기의 핵심 요소
인물, 장소, 시간, 사건의 본질, 문제, 결과, 감정 등

경험 말하기 활동의 예

주말 지낸 이야기, 자유선택활동 후 평가하기, 귀가 전 하루 생활에 대한 회상 및 이야기나누기, 견학 경험에 관한 이야기, 일과 중 특별한 사건에 대한 이야기 나누기, 집에서 있었던 특별한 사건에 관해 이야기하기 등

(4) 보여주며 이야기하기(show and tell)

보여주며 이야기하기는 유아교육기관의 이야기 나누기에 널리 활용되는 방법으로 유아가 자신에게 의미 있는 물건을 또래나 교사 등 다른 사람에게 보여주면서 이야기를 하는 활동을 의미한다. 유아 자신의 생각이나 느낌, 경험 등을 말로 표현하고 집단 구성원들과 함께 소개하는 물건에 대해 궁금한 점을 묻고 답하는 과정을 통해서 의사소통 및 문제 해결 능력이 향상되고 긍정적인 정서 함양에 도움이 될 수 있다(허미애, 2007, 이지현, 2014 재인용).

보여주며 이야기하기
유아가 자신에게 의미 있는 물건을 또래나 교사 등 다른 사람에게 보여주면서 이야기를 하는 활동

보여주며 이야기하기 활동은 물건을 가지고 온 유아가 교사의 의자에 앉아 그 물건에 대한 여러 가지 사실들을 소개한 후 다른 유아들이 궁금한 점을 질문하고 발표하는 유아가 답을 하는 방식으로 이루어진다(성미영, 2013; 허미애, 2007). 이는 유아교육기관의 일과 중 수시로 진행할 수 있는 말하기 활동으로 주말 지낸 이야기 나누기 시간을 통해서도 이루어질 수 있다. 유아는 전시나 공연 관람 티켓, 활동 사진, 다양한 장소에서 수집한 물건 등 가족과 함께 방문했던 장소에 대한 소개 자료를 보여주면서 생각나는 것들이나 감정에 대해서 이야기를 한다.

유아는 이야기의 주요 내용을 요약하여 이해하고, 들은 내용에 대해 궁금한 점은 질문으로 바꾸어 말하거나 질문의 요지에 적합한 대답을 하는 경험을 통해 주의 깊은 듣기와 논리적 말하기를 연습할 수 있다. 유아가 가져온 물건들은 자유선택활동 영역으로 제공하여 경험에 대한 보다 확장된 이야기를 나누거나 새로운 주제의 제안으로 이어지도록 도울 수 있다(허미애, 2007).

(5) 이야기 다시 말하기(retelling stories)

이야기 다시 말하기 활동은 유아가 이전에 읽었거나 들은 이야기의 내용을 기억하여 현재에 다시 말하는 것으로 말하기 능력 및 말하기 태도와 이야기 구조 개념 및 내용 이해, 어휘력 등 언어 능력 향상에 효과적으로 기여한다(박형신, 김금주, 2011; 구봉경, 2006; 이미향, 2002). 이를 위해서는 주의 깊게 듣는 과정 및 이야기의 핵심 구조에 대한 이해와 주요 내용을 기억하는 능력이 요구된다.

이야기 다시 말하기
유아가 이전에 읽었거나 들은 이야기의 내용을 기억하여 현재에 다시 말하는 것

또한 탈맥락적인 상황에서 청자가 이야기 내용을 이해할 수 있도록 적합한 어휘와 문장을 사용할 줄 알아야 한다.

> **이야기 다시 말하기 활동 예**
>
> 교사가 들려준 이야기를 유아가 다시 이야기해보거나 유아 자신이 읽거나 들은 이야기를 친구에게 다시 이야기하기, 이야기를 듣고 동극으로 꾸미기, 꾸민 이야기를 써서 그림과 함께 책으로 꾸미기 등

(6) 이야기 꾸미기

이야기 꾸미기
유아가 생각하고 느낀 것을 혼자, 또는 다른 또래들과 함께 말과 글로 표현하여 이야기를 꾸며보는 활동

이야기 꾸미기 활동은 유아가 생각하고 느낀 것을 혼자, 또는 다른 또래들과 함께 말과 글로 표현하여 이야기를 꾸며보는 활동이다(김경철, 채미영, 2003). 명화나 그림 자료, 동화 이야기 등을 활용한 이야기 꾸미기 활동은 유아의 언어 표현력 및 이야기 이해력, 창의성에 긍정적으로 기여한다(이정은, 김경숙, 2016; 이원미, 김호, 2012). 그러므로 교사는 간식(급식) 시간이나 자유선택활동 시간 등 일과 안에서 유아들이 가상적인 이야기를 꾸밀 수 있는 다양한 기회를 제공해주어야 한다. 소집단 활동으로 운영하는 것이 효과적이며, 유아들의 이야기 꾸미기 활동을 촉진해주기 위하여 융판 자료, 막대인형, 봉제인형, 자석동화 자료 등 다양한 놀이 자료를 제공해줄 수 있다.

다음은 명화를 활용한 이야기 꾸미기 활동의 운영 실제 예이다.

	1차시		2차시
활동 목표	명화 속 인물과 상황에 대해서 본 것을 말한다.	▶	그림을 보고 떠오른 생각이나 느낌을 바탕으로 이야기를 꾸며 말한다.
활동 자료	명화 「봄의 가족도」, 필기도구, 종이		
	활동 절차		
도입	• 그림을 보면서 어울리는 제목을 상상하여 말한다.		• 그림 속 인물이나 상황에 대해 회상하여 말한다.
전개	• 그림 속 등장 인물을 살펴보고 말한다. – 그림 속에 누가 있니? – 어떤 행동을 하고 있니? – 이들은 어떤 사이일까? 왜 그렇게 생각했니? – 기분은 어떤 것 같니? • 그림 속 상황에 대해서 살펴보고 추론하여 말한다. – 이곳은 어디인 것 같니? – 가족들이 왜 이곳에 모여 있는 걸까? – 무엇을 하려고 하는 것 같니?	▶	• 그림 속 상황을 상상하여 이야기를 꾸민다(교사는 유아들이 이야기하는 것을 종이에 기록한다.). – 이야기의 주인공을 누구라고 하면 좋을까? – 주인공(등장 인물)이 지금 어디에 있니? 하루 중 언제인 것 같니? – 주인공이 ○○에서 무엇을 하고 있는 걸까? 왜 그 일을 하고 있는 것일까? – 지금 주인공의 기분은 어떨까? – 주인공(등장 인물)이 어떤 말을 하고 있다고 할까? – 그 다음에는 어떤 일이 일어날 것 같니? • 함께 꾸민 이야기를 읽어보면서 수정하거나 보완하여 완성한다. – 바꾸고 싶은 부분이 있니?
마무리	• 활동에 대해서 평가한다. • 다음 활동을 예고한다.		• 완성된 이야기를 소개한다.

그림 4-1 명화를 활용한 이야기 꾸미기 활동의 실제

(7) 토의 또는 협상하기

토의를 통한 말하기는 유아로 하여금 이유가 있는 진정한 말하기를 경험하도록 하는 가장 대표적인 활동이라고 할 수 있다. 교사는 유아의 일상생활과 밀접하게 관련된 토의 주제가 선정될 수 있도록 하되 유아 스스로 동기 유발된 상황에서 자신의 생각과 의견을 말할 수 있도록 활동을 계획해야 한다. 당면한 문제의 해결이나 계획을 세우기 위한 소집단 토의, 협상이나 타협이 필요한 상황에 대한 교수 활동을 고안하여 실행하는 것이 효과적이다.

(8) 말놀이

말놀이
우리말이 지닌 언어의 속성을 바탕으로 흥미롭게 말을 주고받거나 말을 이어가는 놀이

'말놀이'란 우리말이 지닌 언어의 속성을 바탕으로 흥미롭게 말을 주고받거나 말을 이어가는 놀이를 의미한다(박배식, 1992). 즉 규칙에 맞게 언어를 생각해내고 표현하는 일련의 과정을 통해 창의력과 사고력이 증진될 수 있는 총체적 언어 교육 방법으로써(김나연, 2002), 유아기부터 초등 시기의 모든 아동에게 적용될 수 있다(지청숙, 1999).

말놀이는 다음과 같은 점에서 언어 교육적 가치가 있다(지청숙, 1999; 임효정, 1997; 박배식, 1992).

- 유아가 어휘의 의미를 정확히 이해하고 자신이 익힌 어휘의 개념을 재확인하면서 효과적으로 언어를 사용해볼 수 있도록 돕는다.
- 정확한 언어 묘사, 발음, 비유적으로 표현하는 능력을 기를 수 있다.
- 다양한 놀이 규칙을 바탕으로 적절한 어휘를 선택하고 제시하는 경험을 통해 언어의 형태적인 면, 통사적인 면, 의미적인 면을 자연스럽게 학습할 수 있다.

말놀이의 유형으로는 낱말 연상하기, 낱말 잇기(말꼬리 따기, 끝말 잇기), 같은 소리로 시작하는(끝나는) 말 찾기, 말 풀이하기(예 숫자풀이, 성씨풀이, 나무타령 등), 수수께끼 스무고개, 귓속말 전하기 등이 있다.

3) 읽기

읽기는 모든 학습의 기초로써 문자를 해독하고 그 의미를 정확하게 아는 것을 의미한다. 또한 유아가 문자 상징에 관심을 보이고 성인의 읽는 모습을 유심히 관찰하며, 흥미를 가지고 읽는 흉내를 내는 행동을 모두 포함하는 개념이다. 따라서 유아를 위한 읽기 교육은 유아 스스로 읽어야 할 필요를 느끼고

읽기에 관심을 갖게 되는 생활 맥락이나 그림책을 통한 상호작용을 시작으로 점차 글의 소리나 모양에 관심을 가질 수 있는 방향으로 이루어지는 것이 바람직하다(노영희 외, 2014). 또한 성인과 함께 즐겁게 책을 읽는 경험을 통해 읽기에 대한 흥미와 바른 태도 및 습관을 형성하는 것이 우선되어야 한다.

읽기 능력은 다양한 음성 언어 활동을 통해 어휘나 개념 발달이 충분히 이루어졌을 때 더욱 발달될 수 있다. 유아 혼자 읽기, 함께 읽기, 들으면서 읽기, 반복해서 읽기, 자신이 쓴 것을 읽기 등과 같은 다양한 읽기 활동은 유아가 문자 언어에 친숙해지고, 읽기의 기초 기능과 전략들을 익히도록 돕는다.

읽기 교육의 실제에서 교사가 고려해야 할 원리는 다음과 같다(한유미 외, 2010; 노영희 외, 2014).

① 읽기가 즐거운 활동이라는 것을 느낄 수 있도록 일상생활 속에서 영유아가 좋아하는 내용을 충분히 읽어준다.
② 영유아의 읽기 흉내 행동에 긍정적인 반응을 보여주고 격려한다.
③ 주변 환경에서 글자와 글이 사용되고 있음을 볼 수 있도록 한다. 교실에 그림이 있는 인쇄물, 편지, 간식 메뉴 등 다양한 읽기 자료를 비치하여 읽기 가능한 환경을 제공한다.
④ 다양하고 흥미로운 읽기 자료(동화, 동시, 노랫말, 유아들이 쓴 글, 아침 소식란 등)를 제시한다.
- 그림책: 그림을 단서로 내용을 추측해보도록 격려한다.
- 음운적 패턴이 있는 노래, 손유희 등을 통해 음운 지각력을 길러준다.

⑤ 읽은 자료에 대한 의미 이해가 충분히 이루어지도록 한다.
⑥ 일과 중에 궁금한 점이 생기면 책에서 찾아보기를 통해 문제 해결을 해봄으로써 책의 유익함을 알도록 한다.
⑦ 읽기 기술이 개별적으로 균형 있게 습득되도록 한다.
- 해독을 위한 기술: 음운 인식, 낱자 지식, 단어 재인, 자소와 음소 대응
- 독해를 위한 기술: 추론하기, 요약하기, 관련 짓기 등

⑧ 학습지나 낱말 또는 문장 카드 중심 읽기 지도는 유아의 현재 관심이나 흥미, 생활 맥락과 관련성이 없는 경험으로 유아에게 무의미한 반복과 연습 중심 읽기 경험이 반복될 경우, 오히려 유아가 글자의 기능을 이해하기 어렵고 읽기에 대한 동기나 흥미를 저하시킬 수 있으므로 주의한다.
⑨ 통합적인 읽기 경험이 되도록 한다.

단어 재인 (word recognition)
어떤 단어를 듣거나 보고 그것이 어떤 단어임을 아는 것

영유아의 읽기 능력 발달을 돕기 위한 교육의 실제는 다음과 같다.

(1) 영아와 함께 책 읽기

영아 그림책 읽기

영아들에게 매일 그림책을 읽어준다. 1세 미만의 영아들에게는 매일 하루에 5~10분 정도, 12~18개월의 영아들에게는 20분 정도, 18개월 이후의 영아들에게는 매일 적어도 30분의 그림책을 읽어주는 것이 좋다(Albrecht & Miller, 2001). 영아에게 책을 읽어줄 때에는 영아를 교사의 무릎에 앉히거나 같은 방향으로 앉아 천천히 또박또박 읽어준다(서동미, 이옥임, 박지선, 조재은, 2009). 0~2세 영아를 위한 그림책을 선정할 때 다음에 유의하도록 한다.

표 4-7 영아 발달에 적합한 그림책 선정 요건

연령	적합한 그림책
0세	큰 그림이나 대조되는 색 패턴이 그려진 책, 책을 물거나 빠는 영아들의 특성을 고려하여 세탁이 가능한 헝겊책, 부드러운 비닐책, 영아의 소근육 발달 특성을 고려한 두께가 있는 책
1세	동물, 자동차 등 사물의 이름을 명명할 수 있으면서 영아가 좋아하는 사물의 그림이 있는 책, 오감을 사용하여 탐색할 수 있는 책
2세	그림을 보고 이야기를 예측할 수 있는 책, 단어가 반복되는 책, 의성어와 의태어가 풍부하게 표현된 책

(2) 유아와 함께 책 읽기

유아는 자신에게 의미 있는 인쇄물을 자주 접하고 놀이 속에서 경험함으로써 읽기와 쓰기에 대한 흥미와 동기를 갖게 된다. 책은 유아들이 자연스럽게 접하는 문해 환경으로써 그림책 읽기는 새로운 단어를 우연히 접하는 기회일

뿐 아니라 그림책의 맥락을 통해 새로운 단어를 이해하고 어휘 습득을 하는 데 도움이 된다(Mcgee & Schickedanz, 2007).

거의 모든 유아교실에서는 대집단의 유아들을 대상으로 책을 읽어주는 시간을 하루 일과의 중요한 부분으로 포함시켜 왔다. 그러나 보다 의미 있고 효과적인 읽기 경험은 개별 유아 또는 두세 명의 유아와 함께 책을 읽는 시간을 통해서 이루어질 수 있다. 특히 교사의 무릎에 유아를 앉혀서 함께 책을 읽어보는 경험은 다음과 같은 점에서 유아의 언어 발달에 긍정적인 영향을 미치게 된다.

- 교사와의 따뜻한 신체적 접촉과 개별적인 교류를 통해서 책과 읽기에 대한 긍정적인 정서를 갖게 된다.
- 책을 읽으면서 유아가 자신의 생각을 표현하거나 관련된 경험을 말하고 질문하는 등의 풍부한 언어적 상호작용이 자연스럽게 일어날 수 있다.
- 교사가 읽어주는 이야기를 들으면서 유아는 전체적인 스토리의 흐름을 쉽게 이해하여 다음 이야기를 예측하는 능력을 기를 수 있다.
- 유아가 책을 다루는 경험을 통해 책에 대한 지식과 사용 기술을 익힐 수 있는 기회가 된다(예: 책장 넘기기, 책의 앞과 뒤를 찾아보고 구분하기, 그림과 글자를 구분하기, 그림과 이야기 내용을 연결시키기 등).

유아와 함께 책 읽기의 효과를 높이기 위해 교사는 다음과 같은 전략들을 활용할 수 있다(Trawick-Smith, 2012).

① 유아가 읽을 것을 선택하도록 하기

유아 스스로 자신에게 의미 있는 책을 선택하도록 격려함으로써 읽기에 대한 자발적인 동기를 더욱 높여줄 수 있다. 이를 위해 교사는 도서 영역에 유아의 현재 흥미와 관련된 양질의 도서를 다양하게 비치해놓고 유아의 선택 범위를 넓혀주어야 한다.

② 유아가 책을 다루어볼 수 있도록 격려하기

교사는 유아와 함께 책을 읽는 과정에서 유아가 책에 대한 기본 개념을 형성해갈 수 있도록 돕는다.

- "이야기가 어디에서부터 시작하는 걸까."
- "한꺼번에 두 장이 넘어갔네. 책장은 이렇게 한 장씩 차례대로 넘기는 거야."
- "이 책의 제목이 어디에 쓰여져 있는지 찾아보자."
- "(글자를 따라 손가락으로 가리키며) 여기에 '팥죽 할머니와 호랑이'라고 쓰여져 있구나."

③ 유아와 함께 책에 대해 토론하기

한두 명의 유아와 함께 책을 읽을 때에는 교사가 이야기를 다 읽어줄 때까지 조용히 듣게 하는 것보다는 유아가 책 속의 이야기와 관련된 자신의 경험을 말하고 상상하고 질문하는 등 자유롭게 의견을 말할 수 있도록 대화를 허용해주는 것이 좋다.

④ 유아가 좋아하는 책을 반복적으로 읽어주기

유아가 같은 책을 반복적으로 읽어달라고 요청할 때 교사는 흔쾌히 유아의 부탁을 들어주는 것이 좋다. 반복해서 책을 읽는 경험은 유아가 책 속에 자주 등장하는 단어나 문장의 패턴을 익히는 데 도움이 된다. 또한 그림과 글의 내용을 능숙하게 연결지을 수 있게 되어 읽기에 대한 유능감을 가지고 읽기에 대한 흥미를 유지하는 데에도 긍정적인 영향을 줄 수 있다.

⑤ 유아 스스로 읽어보도록 격려해주기

유아 스스로 책 읽기

교사는 유아와 함께 책을 읽어야 할 때와 유아 혼자 책을 보도록 할 때를 잘 구분하여야 한다. 도서 영역에 교사가 줄곧 상주해 있거나 자주 방문할 경우 책 읽기에 대한 유아들의 관심을 유도하기에 효과적일 수 있는 반면, 유아 스스로의 의지로 책과 상호작용하는 기회는 줄어들 수도 있다는 것을 유의할 필요가 있다. 유아가 특별히 선호하거나 교사와 함께 반복적으로 읽어서 익숙해진 책이라면 도서 영역에서 유아 혼자 그 책을 탐색할 수 있는 기회를 갖도록 하는 것이 좋다. 이때 교사는 유아에게 익숙한 낱말이나 문장을 소리 내서 읽어보도록 격려해준다. 유아가 놀이 상황에서 다른 또래나 교사, 인형에게 읽어주도록 권유할 수도 있다.

⑥ 어휘 지도하기

새로운 어휘에 대한 습득은 유아가 그림책을 읽는 과정에서 자연스럽게 이루어지기도 하지만, 교사의 교육적 의도를 바탕으로 한 직접적이고 명시적인 방법을 통해서도 효과적인 학습이 일어날 수 있다(이지현, 김유정, 2005). 유아와 함께 그림책을 읽는 과정에서 명시적 어휘 지도 방법을 적용한 예는 다음과 같다.

단계	활동 내용	상호작용 · 활동 실제
활동 전	• 목표 어휘 선정하기 • 사전에서 목표 어휘의 뜻 찾아보기	• 목표 어휘: '소원' • 뜻: 바라고 원함
도입	• 유아들에게 목표 어휘 소개하기 • 어휘의 의미에 대해 생각해보고 말하기	• '소원'이란 말을 들어본 적 있니? 무슨 뜻일까?
전개	• 그림책 읽기 • 그림책을 읽은 뒤 목표 어휘가 어떤 의미로 사용되었는지 이야기 나누기 • 목표 어휘의 사전적 의미를 설명해주기 • 책에서 목표 어휘 부분을 다시 펼쳐서 사전적 의미와 같게 사용되었는지를 확인하기	• 책을 읽어보니까 '소원'이란 말의 뜻이 무엇인 것 같니? • '소원'은 어떤 것을 간절히 바라고 원한다는 뜻이야. • 책에서도 소원이 그런 뜻으로 사용된 것 같니?
종결	• 목표 어휘에 관한 표상활동 • 다른 상황에서 목표 어휘를 사용해보기	• 소원 나무, 소원 그리기 • 오늘 나의 소원 말해보기
사후 활동	• '소원' 어휘 확장 활동	• '소원'하면 생각나는 말 • '소원'이 들어가는 짧은 이야기 꾸미기

그림 4-2 그림책을 활용한 어휘 지도의 예

⑦ 구문 지도하기

문장 구성 능력
일정한 원칙을 가지고 단어를 순서대로 배열하여 의미를 구성하는 것

유아의 문장 구성 능력은 유창한 읽기의 중요한 지표로써 만 5세에서 7세 사이에 급격히 발달한다(신귀련, 2002). 구문 지도는 같은 구문이 반복적으로 나오는 문학 작품을 읽어주는 것에서부터 시작된다. 동요나 동시는 영유아를 위한 구문 지도에 적절한 매체이며 그 이유는 다음과 같다.

- 같은 구문이 반복되며 문장의 길이가 짧아서 쉽게 기억할 수 있다.
- 읽으면서 리듬감을 느낄 수 있다.
- 음의 고저, 억양, 강세, 속도, 적절한 연결과 같은 운율적인 특징을 익힐 수 있다.
- 유아들의 흥미를 불러일으킬 만한 내용들로 구성되어 있다.

(3) 주변 환경에 있는 글자에 대해 관심가지고 읽어보기

유아는 일상생활에 필요한 문자의 의미에 궁금함을 느끼고 자연스럽게 그 내용을 해석하고자 하는 의지를 가지게 된다. 유아가 자주 접하는 교실 환경의 다양한 문자들, 사물함의 이름표, 각종 간판, 이정표, 안내판, 인쇄물, 상품 설명서 등에 쓰여져 있는 다양한 단어들은 유아에게 충분히 의미 있는 문해 환경이자 문해 자료가 될 수 있다.

그러므로 교사는 유아의 주변 환경에 의미 있는 문자들을 풍부하게 배치하고 제공함으로써 유아의 읽기 · 쓰기를 촉진할 수 있다. 영유아가 의미를 가지고 적극적으로 탐색할 수 있도록 교사는 다음에 유의하여 교실 환경을 구성하도록 한다.

표 4-8 영유아의 읽기 발달을 돕는 환경 구성 시 교사가 고려할 점

구분	유아의 읽기를 촉진하는 환경 구성 내용
유치원(어린이집) 또는 교실의 출입구, 출입문	기관 이름표, 유아에 대한 환영의 메시지(문자 포함)
사물함, 신발장	유아의 이름 글자(사진)
교실 출입문 안쪽 코너	일과 순서표, 날짜판, 날씨판, 안내문 게시 코너(주간 교육계획안, 행사 안내문, 기타 안내 사항), 급식(간식) 도우미 유아의 이름표
자유선택활동 흥미 영역	영역 이름판, 놀잇감 또는 활동 재료의 이름표, 놀이 방법 또는 자료 사용 설명서, 놀이 규칙판, 놀이 계획 및 평가표, 영역별 참여 유아 수 및 놀이 영역에 들어가는 순서표

이 밖에도 장난감이나 음식, 영상 및 인쇄물, 간판 및 안내문 등과 같은 환경 인쇄물을 활용한 언어 활동 경험은 유아의 음운 인식 및 읽기 · 쓰기에 대한 흥미와 어휘력 발달을 효과적으로 도울 수 있다(김민진, 송연경, 2016).

(4) 음절 및 음소 인식 능력을 높이는 활동하기

음소가 모여 음절이 되고 음절이 모여 낱말이 만들어지는 원리에 유아가 관심을 가지고 음절과 음소의 모양 및 음가(소리)에 대한 감각을 키워갈 수 있도록 다음 내용을 참고하여 활동을 제공할 수 있다(노영희 외, 2014).

표 4-9 음절 · 음소 인식 능력을 높이는 활동의 실제

구분	교육 내용	활동 실제 예
음절 인식	낱말을 음절 단위로 분리하기	토끼 → 토 끼
	음절을 조합하여 새로운 낱말 만들기	여우 사자 → 여자
	첫 음절이 같은 낱말 찾아보기	가방, 가루약, 가지, 가수, 가마, 가면...
	끝 음절이 같은 낱말 찾아보기	꼬부랑, 사랑, 부메랑, 자랑, 고랑...

구분	교육 내용	활동 실제 예
음소 인식	음절을 낱자로 분리하기	손 → ㅅ ㅗ ㄴ
	낱자 이름 알아보고 발음해보기	ㄱ → 기역, ㄴ→ 니은, ㄷ → 디귿
	초성이 같은 낱말 분류하기	다람쥐, 도토리, 두부, 동그라미, 딩동댕..
	낱말의 초성(종성) 삭제하고 새로운 음소로 대치하여 읽기	곰 → 공, 토끼 → 도끼, 문 → 물
	자음자와 모음자의 결합으로 만든 낱말 소리내어 읽기	ㅏ, ㅗ, ㅇ, ㄱ, ㅇ, ㅣ → 아기 오이

4) 쓰기

쓰기는 누구나 쉽게 알아보고 의미를 이해할 수 있는 표준적 쓰기와 함께 쓰기의 목적과 기능에 대한 이해를 바탕으로 문자 상징을 활용하여 쓰는 사람 나름의 의미를 표상하는 것을 포함하는 개념이다. 또한 쓰기는 기억하고 생각을 조직하고 정보를 나누고 의사소통하고 상상하고 느낌을 표현하는 등의 지적 기능들이 통합적으로 작용하는 과정이다(이차숙, 2004). 따라서 유아를 위한 쓰기 교육 활동은 이런 지적 작용이 활발하게 이루어질 수 있도록 계획되고 실행되어야 한다.

진정한 의미의 쓰기 능력은 형식적 · 반복적 가르침을 통해서가 아니라 실제적 상황에서 이루어지는 경험적인 쓰기 행위를 통해서 길러질 수 있다. 또한 쓰기가 생활 속에서 어떠한 기능을 하는지 직접 경험해봄으로써 쓰기의 필요성과 가치를 인식하고 능동적인 태도를 갖게 될 수 있다. 글씨나 철자와 같은 결과보다는 쓰기의 동기와 과정 및 쓴 내용에 초점을 맞춤으로써 유아가 '쓰기가 말하기처럼 재미있고 쉬우며 쓰고 싶다'는 생각을 가지도록 격려해주는 것이 바람직하다.

쓰기 교육의 실제에서 교사가 고려해야 할 원리는 다음과 같다(노영희 외, 2014; 이지현 외, 2009; 한유미 외, 2005).

① 유아 자신에게만 의미 있는 선이나 모양으로 자신의 느낌이나 생각을 표현할 때 이를 격려하고 그 과정을 존중한다.
② 유의미한 쓰기 과정을 경험하도록 한다. 쓰기가 생활 속에서 어떠한 기능을 하는지 직접 경험할 때 쓰기의 필요성과 가치를 인식하고 능동적인 태도를 갖게 된다.
③ 유아가 누군가에게 전하기 위해 끄적거린 내용이나 선으로 쓴 내용에 대해 어떤 글자를 썼냐고 묻기보다는 쓴 내용에 대해 이야기해 달라고 부탁한다.
④ 유아가 기록하기를 원하는 내용에 관해 유아가 불러준 내용을 교사가 받아 써주는 것은 유아로 하여금 쓰기의 목적과 기능이 무엇인지를 인식하도록 돕는 기회가 된다. 또한 글자로 적어놓은 내용을 다시 소리 내어 읽어보는 것은 유아가 말과 글의 관계(말이 글로 바뀌고 글이 다시 말로 전환되는 관계)를 이해할 수 있도록 돕는다.
⑤ 유아에게 가장 친숙한 이름 글자를 반복적으로 써보는 경험은 글자 쓰기에 대한 유아의 관심을 높일 수 있다.
⑥ 경험과 관련된 흥미로운 쓰기 주제를 제시해주고 유아가 자발적으로 쓰기에 참여하도록 환경을 제공한다.
⑦ 통합적인 쓰기 활동을 경험하도록 한다(이야기 짓고 극놀이하기, 역할놀이에 필요한 소품의 글자 쓰기, 필요한 물건 적어 장보기, 요리책 만들고 요리하기).
⑧ 일상생활에서 성인이 쓰는 과정을 관찰하거나 또래와의 활동에서 쓰기 도구 사용법을 경험할 수 있도록 환경을 제공한다.
⑨ 관습적 쓰기 규칙은 유아가 관심을 보일 때 개별 수준에 따라 지도한다. 글자 자체에 대한 공부를 강요하는 것(정자법으로 쓰기, 줄쳐진 노트에 베껴쓰기, 자모음 이름 알고 반복적으로 쓰기)은 유아의 현재 관심이나 흥미, 경험에서 벗어난 경험으로, 유아로 하여금 틀리면 안 된다는 부담감을 갖게 하여 글쓰기에 대한 거부감으로 이어질 수 있으므로 주의한다.

쓰기 교육의 목표는 일상에서의 의미 있는 쓰기 경험을 통해 유아가 말과 글의 관계를 이해하도록 돕는 것에 있다. 쓰기의 목적과 기능에 대한 이해와 함께 쓰기에 대한 긍정적 태도 형성을 돕기 위한 교육의 실제는 다음과 같다.

끼적이기하는 영아

(1) 자유롭게 끼적이기

영유아가 종이에 무언가를 끼적이거나 문자 또는 문자 비슷한 상징들을 쓰는 행동은 유아교육기관의 일과에서 빈번히 관찰되는 모습이다. 커다란 종이에 마음껏 끼적이는 경험은 영아가 쓰기에 대한 긍정적인 느낌과 흥미를 갖게 되는 기회가 된다. 그러므로 교사는 영아가 끼적이기를 통해 자신의 의사를 마음껏 표현하는 것에 흥미를 느낄 수 있도록 큰 종이와 다양한 쓰기 도구(색연필, 사인펜, 연필, 크레파스 등)를 마련하여 제공해준다.

(2) 낱말 쓰기

유아는 자신의 생활 맥락에서 의미 있는 낱말들을 써보는 활동에 흥미를 느낀다. 즉 자신의 이름, 가족이나 친구의 이름, 주변 사물의 이름, 그림책에서 흥미를 느낀 낱말, 새로 접하여 궁금한 낱말 등은 쓰기에 대한 유아의 동기를 불러일으킨다. 또한 자연스럽게 유아의 생활 맥락에서 친근한 낱말들을 사용하고 써보는 기회로 이어질 수도 있다. 특히 유아 자신의 이름 글자를 알고 써보는 것은 유아에게 가장 의미 있는 쓰기 경험이라고 할 수 있다. 낱말 쓰기 활동을 진행할 때 교사는 다음에서처럼 유아의 개별적인 발달 정도를 고려하여 적합한 수준의 지원을 제공해주어야 한다.

표 4-10 유아의 쓰기 능력 발달에 따른 지도 방법

활동 유형	활동 방법
아직 쓰기에 관심이 없고 거의 시도하지 않는 경우	쓰기의 시범을 보여준다. 즉 일상에서 교사나 다른 친구들이 낱말을 쓰고 소리 내서 읽는 행위를 자주 보여준다.
쓰기에 관심이 있으나 경험이 충분하지 않아 자신감이 부족한 경우	유아와 함께 써보거나 유아가 쓰고 싶어 하는 낱말을 교사가 써주고, 쓰인 글자를 보고 따라서 쓸 수 있도록 돕는다.
쓰기를 즐기고 활발히 참여하는 경우	상호작용적 쓰기를 활성화한다. 즉 유아가 궁금해 하고 쓰고 싶어 하는 낱말에 관한 이야기를 함께 나누어줌으로써 쓰기의 내용이 풍부해지고 생각이 확장되도록 돕는다.

유아교육기관에서의 낱말 쓰기 활동은 다음과 같은 형태로 이루어질 수 있다.

표 4-11 유아교육기관에서의 낱말 쓰기 지도 방법

활동 유형	활동 방법
낱말책 만들기	유아가 새로 알게 된 낱말이나 재미있는 낱말, 진행주제와 관련된 궁금한 낱말 등을 쓰고 모아서 작은 책 형태로 만들기
낱말 연상하기	특정 주제나 낱말에 관하여 떠오르는 낱말들을 모두 기록하면서 연상되는 모든 낱말을 모으기
부분 바꾸기	동시나 동요, 동화의 일부 내용을 어울리는 다른 낱말로 바꾸어 기록하기
낱말 모으기	특정 음절이나 음소가 들어가는(시작되는) 낱말들을 구분하여 모아 기록하기 ('낱말 벽', '낱말 주머니'라는 이름으로 진행할 수 있음)

(3) 편지 쓰기

유아기는 또래들과의 관계 형성 및 친밀한 교류에 대한 관심과 요구가 더욱 증가되는 시기로써 편지 쓰기는 유아들이 쓰기의 필요성을 가장 절실하게 느끼며 참여하는 활동 중 하나이다. 편지 쓰기는 문자 언어를 통한 의사소통의 대표적인 방식을 유아가 경험할 수 있다는 점에서도 교육적 가치가 높다. 따라서 유아의 쓰기 발달 수준에 따라서 전하고 싶은 메시지를 표현해볼 수 있도록 글자로, 또는 그림으로 편지를 써보는 활동의 기회를 자주 갖는 것이 좋다. 교사는 교사와 유아, 유아와 유아 간 편지 쓰기 활동이 활발히 이루어질 수 있도록 분위기를 만들어주어야 하며, 유아가 어떤 내용의 메시지를 편지에 담고 싶은 것인지를 충분히 생각한 후에 쓰기를 시작하도록 안내한다.

유아가 쓴 편지

(4) 경험을 글로 쓰기

유아가 일상에서 경험한 구체적 사건이나 상황에 대해 글쓰기를 하는 방법이다. 일이 일어난 순서대로 기록하고 그러한 경험에 대한 유아 자신의 생각이나 느낌, 감정 등에 대해서 써보는 활동으로 모든 경험은 글로 표현할 수 있다는 것을 이해할 수 있다. 또한 유아의 경험을 기록해놓은 결과를 읽기 자료로 활용함으로써 말과 글의 관계를 이해하는 데에도 도움이 된다. 경험을 글로 써보는 활동은 주말 지낸 경험, 자유선택활동 시간의 경험, 유아교육기관에서의 하루 생활 중 가장 인상적인 경험, 실외 활동(예: 견학, 실외놀이) 경험 등의 자원을 바탕으로 한다. 이러한 활동을 진행할 때 교사는 다음의 역할을 수행한다.

- 유아가 자연스럽게 쓰고 싶은 동기를 가질 수 있도록 다양하고 흥미 있는 경험을 충분히 할 수 있도록 일과를 구성한다.
- 유아가 자신의 경험을 글로 표현하는 활동에 흥미를 가지도록 매력적인 쓰기 주제를 제시한다.
- 쓰기가 원활하지 않은 유아의 경우 유아가 말한 내용을 받아 적어준다. 이때 문법적으로 완벽하지 않은 유아의 말도 수정하지 않고 그대로 적어주는 것이 적합하다.
- 유아들의 쓰기 결과물을 다른 유아들 앞에서 교사 또는 유아가 읽어주고 이야기 나누는 자료로 활용하여 읽기와 쓰기의 연계 경험으로 안내한다.

(5) 이야기 꾸며서 쓰기

이야기를 듣거나 읽고 나서 이야기를 다시 써보거나 새롭게 구성해 보도록 하는 방법으로 구체적인 방법은 다음과 같다(한유미 외, 2010).

표 4-12 유아교육기관에서의 이야기 꾸미기 활동의 지도 방법

활동 유형	활동 방법
이야기 다시 써보기	듣거나 읽은 이야기를 기억하여 다시 써본다. 예 이야기 지도 만들기

활동 유형	활동 방법
이야기 만들기	글자 없는 그림책이나 명화(그림)를 주의 깊게 살펴보면서 이야기를 상상하여 만든다.
이야기 개작하기	주인공은 같지만 다른 이야기로 바꾸기, 이야기의 결말을 바꾸기, 뒷이야기 상상하여 지어보기 등 이야기의 원래 줄거리를 부분적으로 또는 전체적으로 바꾸어 지어본다.

(6) 상호작용하면서 쓰기

주제와 관련하여 유아와 함께 알아보았거나 탐구하여 발견한 사실, 놀이 또는 활동에 대해서 합의된 규칙과 약속 등의 내용을 유아들이 볼 수 있도록 칠판이나 큰 종이에 쓴다. 함께 이야기 나눈 내용을 교사가 쓰는 모습을 관찰하면서 유아들은 주어진 공간을 활용하여 적당한 크기로 글자를 쓰는 것, 쓰기를 시작하는 위치, 글자를 쓰는 방향(위→아래, 왼쪽→오른쪽), 바른 철자법, 문장부호 등에 관한 규칙을 배우게 된다. 또한 기록한 내용을 다시 읽는 행동을 통해 말과 글의 변환 관계를 이해할 수 있다.

3. 언어 교육을 위한 환경 구성

환경이란 그 자체에 교육 메시지(교육 내용)가 포함되어 있어서 영유아가 환경과 상호작용을 하는 가운데 영유아 스스로 언어적 행동의 변화를 이끌 수 있도록 하는 힘을 가지고 있다. 영유아는 주변 환경과의 상호작용을 통해 스스로 학습할 수 있는 잠재력을 가지고 있으며, 의사소통의 의도를 가진 영유아는 스스로 사람, 사물과의 상호작용을 통해 바른 언어 사용 습관과 새로운 언어적 표현을 배울 수 있다.

이런 관점에서 영유아 주변의 환경은 영유아의 언어 발달과 학습에 중요한 역할을 하며, 유아에게 많은 언어적 자극과 경험을 제공한다고 볼 수 있다. 이와 같이 환경은 언어 학습에 결정적인 역할을 하기 때문에 영유아를 위한 물리적 · 사회적 환경을 제공하는 일은 매우 중요하다. 물리적 환경은 유아 교실 환경의 물리적인 질을 의미하며 사회적인 환경은 영유아가 매일 접하는 부모와 교사, 또래 등의 인적인 환경을 포함한다. 이 장에서는 영유아 교실의 물리적 환경 측면을 중심으로 바람직한 언어 환경 제공을 위해 교사가 고려할 점을 살펴보고자 한다.

1) 언어 영역의 구성 원리

영유아의 언어 발달을 위한 물리적 환경은 유아교육기관의 교실 환경 전체를 의미한다. 즉 영유아가 주의 깊게 듣고 이해할 수 있는 물리적 환경과 읽고 쓰기에 흥미를 가질 수 있는 환경을 구성하는 것이 중요하다. 교실의 흥미 영역 중 언어 영역은 듣기, 말하기, 읽기, 쓰기와 관련된 자료들을 비치하여 영유아가 다양한 언어 활동을 경험하도록 하는 장소이다.

언어 영역을 구성할 때 고려해야 할 사항은 다음과 같다.

(1) 풍부한 언어적 상호작용을 촉진하는 환경 마련해주기

교사와 영유아의 언어적 상호작용이 빈번하고 교사가 영유아의 언어적 요구에 민감하게 반응할수록 최적의 언어 발달과 인지 발달이 이루어질 수 있다(이영, 김온기, 조미혜, 1991). 신은희(2009)는 영유아의 언어 발달에 대한 신념과 언어적 상호작용을 위한 교사의 노력이 영유아 언어 발달에 긍정적인 영향을 미친다고 하였으며, 영유아에게 대화 시도를 많이 하는 교사와 함께 생활한 영유아가 그렇지 않은 영유아에 비해 언어 발달이 잘 이루어졌다고 하였다. 또한 영유아의 발표와 말하기, 읽기를 촉진하는 환경을 제공하고 영유아의 언어적 표현에 대한 적절한 피드백을 제공하며, 영유아에게 책 읽어주기를 자주 시도하고, 언어적 상호작용의 모델링을 제공하는 교사에게 지도받은 유아들의 언어 발달이 더 효과적으로 이루어졌다는 연구 결과들도 있다(이지연, 이근영, 장유경, 2004; Morrow, 1986).

(2) 제시된 자료들과 언어 교육 활동 연계하기

영유아가 생활하는 교실의 물리적 환경과 자료의 질은 교사와 영유아의 언어적 상호작용의 질과 영유아의 참여 수준에 중요한 영향을 미친다(이경옥, 이근영, 2001). 다시 말해 교실의 문해 환경을 포함하는 언어 환경 수준은 유아의 언어 발달을 예언할 수 있는 기준이 될 수 있다(Bryant, Burchinal, Lau, & Sparling, 1994).

언어적 자극을 주는 자료		언어 활동
영유아 사진, 거울, 영유아가 좋아하는 동물 또는 식물 그림 카드	▶▶	영유아 자신의 경험과 관심을 말하기 또는 쓰기로 표현하기, 동물 울음소리 듣고 흉내 내기, 좋아하는 동물이나 식물 관련 읽기 또는 읽어주는 내용 듣고 말하기 등
녹음 자료	▶▶	자신이나 친구의 말소리 녹음하기, 주변 사람들의 목소리를 녹음하여 듣기, 동화 자료 듣기 등
사물함이나 유아의 소지품에 적힌 이름, 교실 사물들의 이름 카드, 하루 일과표	▶▶	읽기에 대한 흥미와 동기 가지기, 읽어야 할 필요와 이유가 분명한 읽기 등
다양한 종류의 쓰기 도구, 모양 종이	▶▶	끼적이기 또는 글자 쓰기에 관심 가지기, 쓰기로 마음 표현하기

그림 4-3 언어 자료와 교육 활동의 연계

(3) 조용하고 안정적이며 자연 조명으로 밝은 공간에 언어 영역 배치하기

영유아가 교사가 읽어주는 이야기에 집중하고 또래와의 언어적 상호작용에 관심을 기울일 수 있도록 언어 영역은 교실에서 가장 조용한 곳에 배치하는 것이 좋다. 또한 자연 조명이 밝게 비춰지는 공간으로 다른 영역의 소음에 방해받지 않는 곳이어야 하며, 앉아서 쓰기 활동을 할 수 있는 낮은 책상 및 교구 활동을 할 수 있는 책상과 의자, 편안하게 등을 기대어 책을 읽을 수 있는 쿠션과 소파를 준비한다.

(4) 듣기, 말하기, 읽기, 쓰기의 균형 잡힌 경험이 이루어지도록 주제나 유아의 흥미에 알맞은 다양한 자료 비치하기

영유아들은 벽면에 게시된 사진 또는 그림 자료를 보고 자신만의 생각과 경험을 자유롭게 표현한다. 교사는 활동 주제와 관련이 있는 사진, 그림을 벽면에 부착하여 영유아가 주제에 대해 알고 있는 바를 언어적으로 표현하고, 주제에 대한 호기심을 갖도록 장려한다. 녹음된 동시를 들려주어 유아들이 흥미를 가지고 듣기에 참여하도록 하며 동시 자료를 벽면에 제시하여 읽기에 관심을 갖도록 할 수도 있다. 동물 모형, 가족 인형, 과일 모형들을 제시함으로써 상상적 말하기를 촉진할 수 있다. 그런가하면 다양한 모양(자동차, 과일, 동물, 나무, 꽃 등)의 종이는 영유아가 쓰기에 대한 관심을 가지고 참여하도록 촉진해줄 수 있다.

2) 연령별 언어 영역 구성

(1) 영아를 위한 언어 영역 구성

영아들을 위한 언어 영역은 듣기, 말하기, 읽기, 쓰기의 언어 경험을 고려하여 구성하되 너무 많은 자료에 의존하거나 치우치지 않도록 한다(이대균, 김주영, 임자영, 박지선, 2009). 영아들은 보육실의 모든 공간에서 교사와의 개별적인 관계를 통하여 언어적 상호작용을 시도한다. 영아를 위한 언어 영역은 교사와 안정감 있는 언어적 상호작용이 가능하도록 교실 내 조용한 공간에 배치하며 자세한 사항은 다음을 참고하도록 한다.

- 영아가 편안하게 기대어 언어 활동에 참여할 수 있도록 카펫과 쿠션을 준비한다.
- 2세 영아의 경우는 의자에 앉아서 언어 활동에 참여할 수 있도록 푹신한

의자를 제공한다.

- 영아들의 의사소통 시도를 촉진하기 위하여 영아 가족의 사진, 영아 활동 사진을 게시한다.
- 영아가 흥미를 보이는 동물이나 과일 등의 사진 자료를 제시한다.
- 거울은 영아들이 흥미를 보이는 사물로 거울을 보고 신체의 부분 찾아가기, 신체 부분의 이름 말하기 등의 경험을 제공한다.
- 녹음 자료를 제공하거나 소리 듣기 경험을 제공하면 영아들도 듣기에 대한 관심을 가지고 소리 구분하기 경험을 할 수 있다.
- 영아들을 위한 도서는 영아들의 감각 경험을 제공하는 여러 가지 재질의 헝겊책, 비닐책, 소리 나는 책을 제공한다.
- 영아의 인지 발달 특성 상 까꿍 놀이 책과 입체 책을 제시한다.
- 부드러운 소재의 인형을 제시하면 영아들은 인형을 이용하여 상상 놀이를 할 수 있다.
- 2세 영아들에게는 또래 친구들의 사진과 이름 카드를 제시하여 읽기에 흥미를 갖도록 할 수 있다.
- 영아들이 끼적거리기와 쓰기 도구에 관심을 가질 수 있도록 커다란 종이와 안전한 필기 도구를 제공한다.

영아반 언어 환경

영아들은 모든 영역에서 언어적 의사소통을 시도한다는 점에서 언어 영역 외에도 역할 놀이 영역과 쌓기 놀이 영역, 감각 · 탐색 놀이 영역의 환경 또한 세심하게 구성하도록 한다. 인형과 의상, 가정용품, 과일 모형, 블록 등의 소품을 제공하면 영아들은 놀잇감에 대한 탐색 과정에서 언어적 상호작용을 시도하며 상상 놀이를 통해 다양한 언어적 표현을 듣고 말하게 된다.

영아의 책 읽기

(2) 유아를 위한 언어 영역 구성

영아와 마찬가지로 유아들의 하루 일과에서 모든 시간대 모든 공간에서 언어적 경험이 주어지지만 의미 있는 언어 활동은 자유놀이 시간의 언어 영역에서 가장 풍부하고 집중적으로 일어난다고 볼 수 있다. 따라서 교사는 유아들이 풍부한 언어적 자극을 받고 발달을 이루어갈 수 있도록 교실 흥미 영역 구성 시 다음을 고려하도록 한다.

- 언어 영역에 누리과정 의사소통 영역의 듣기 · 말하기 · 읽기 · 쓰기 교육과 관련된 학습 자료와 교구를 제공하도록 한다.
- 유아의 듣기 경험을 위해 다양한 종류의 도서, 동시, 유아들의 일상적인 이야기를 들을 수 있는 CD 플레이어, 헤드폰을 제공한다.
- 말하기 경험을 위해 이야기 꾸미기 자료와 융판, 그림 카드, 다양한 종류의 인형과 인형극 틀, 가면, 녹음기와 마이크 등의 자료들은 유아의 말하기를 촉진한다.
- 유아들이 읽기에 관심 가질 수 있도록 종류별 도서와 그림책, 그림과 글자가 적혀 있는 다양한 종류의 카드를 제공한다.

- 그림책의 표지가 잘 보이도록 게시하고 유아가 편안하게 앉아서 읽을 수 있도록 커다란 쿠션과 소파 등의 비품을 제공한다.
- 유아가 쓰기에 관심을 갖고 쓰기 도구를 바르게 사용할 수 있는 경험을 제공하기 위하여 다양한 크기의 모양 종이와 매력적인 쓰기 도구, 화이트 보드와 보드 마카, 글자판과 글자 도장 등을 제시한다.

유아반 언어 환경

4. 언어 교육을 위한 교사의 역할

영유아의 언어 발달 과정에서 성인의 영향력은 매우 중요하므로 교사는 영유아의 의사소통 시도와 언어적 표현에 대한 민감성을 가지고 반응할 수 있어야 한다. 또한 영유아의 언어 행동을 세심하게 관찰하고 이에 대한 정보를 수집하며, 영유아의 언어 능력을 평가하는 관찰자이자 평가자, 언어 사용의 모델 제공자, 상호작용자로서의 역할을 수행할 수 있어야 한다. 영유아의 언어 능력 발달을 돕기 위한 교사의 역할은 다음과 같다.

1) 관찰자로서의 교사

교사는 영유아의 시선과 행동을 주의 깊게 살펴보고 요구하는 바가 무엇인지를 파악할 수 있어야 한다. 또한 영유아의 관심과 개별적인 요구 사항, 발달 수준에 맞춰서 개입의 순간을 판단할 수 있어야 한다.

첫째, 영유아가 보내는 각종 신호와 단서를 식별하고 영아의 요구에 신속하고 민첩하게 대처한다(이은해, 2006).

"우리 수민이, 기분이 안 좋은가 보구나. 기저귀가 젖었는지 볼까?"

둘째, 영유아의 표정과 몸짓을 관찰하면서 영유아가 보고 있는 것 또는 표현하고자 하는 바를 언어로 들려준다.

"큰 소리가 났네. 깜짝 놀랐지? 아이쿠! 깜짝 놀랐어요."

셋째, 영유아는 맥락을 참조하여 상호작용하는 특성이 있으므로 교사는 영유아가 보고 있는 사물이나 상황을 함께 바라보고, 손가락으로 가리키면서 대화 내용을 참조하고 공유한다.

"무엇을 보고 있는 거니? 이 그림책에 누가 있는지 찾아볼까?"
"이 아이는 기분이 어떤 것 같아?"

2) 모델 제공자로서의 교사

영유아는 교사의 언어적 표현과 언어 사용 습관을 모방하면서 의사소통 능력을 학습하게 된다. 그러므로 교사는 자신의 평소 언어 습관을 점검하고 영유아들에게 정확한 발음과 문장으로 말할 수 있어야 한다. 또한 교사 자신이 영유아의 말을 귀 기울여 듣는 모범을 보여야 하며, 읽기와 쓰기를 즐기는 모델을 제시할 수 있어야 한다(한유미, 김혜선, 권희경, 양연숙, 박수진, 2005). 아울러 교사는 상황에 적합한 언어적 표현과 예의바른 언어 표현을 할 수 있어야 한다.

(1) 말하기 모델 제공자로서의 교사의 역할

- 적절한 속도와 어조로 영유아가 이해하기 쉽게 말한다.
- 상황에 적합한 표정을 지으며 말한다.
- 정확한 발음으로 말한다.
- 예의바른 태도로 말한다.
- 바른 인사말을 한다.

(2) 듣기 모델 제공자로서의 교사의 역할

- 영유아가 말할 때 눈을 마주치며 듣는다.
- '아!', '그래?' 등의 언어적 반응을 한다.
- 고개를 끄덕이며 영유아의 말을 듣는다.
- 영유아의 말에 긍정적인 반응을 한다.
- 영유아의 말을 듣고 관련된 질문을 한다.

(3) 읽고 쓰는 모델 제공자로서 교사의 역할

- 교사 자신이 책 읽기를 즐기는 모습을 보여준다.
- 영유아에게 책을 읽어줄 때 읽는 부분을 손으로 가리키면서 읽어 준다. 영유아는 이를 보고 글을 읽는 방향을 인식하고 말소리와 단어를 연결할 수 있다.
- 영유아에게 글자를 써줄 때 정자체로 쓴다.

• 유아가 자신이 그린 그림에 대해 말할 때 적어준다. 유아는 자신의 생각이 글로 옮겨질 수 있다는 것을 이해할 수 있다.

3) 반응적 상호작용자로서의 교사

영유아는 언어 이전 시기부터 울음과 옹알이, 몸짓으로 의사소통을 시도한다. 교사는 영아와의 1:1 상호작용을 통해 영아의 의사소통 시도를 파악하고 존중해주어야 한다. 또한 사물과 상황을 나타내는 어휘를 제시해주고 영유아가 현재 사용하는 어휘와 관련된 다양한 어휘들을 사용하여 상호작용하도록 도울 수 있다. 아울러 영유아의 언어적 표현과 의사소통 시도에 피드백을 제공하고 질문을 통하여 영유아가 관심을 보이는 주제에 대한 사고를 확장시켜준다. 영유아의 언어 능력 발달을 돕기 위해서 교사는 다음과 같은 상호작용 전략을 활용할 수 있다.

(1) 영유아의 행동, 사물, 현상을 언어로 정교하게 묘사해주기

유아와의 대화 속에서 유아가 흥미 있어 하는 사물의 이름(새로운 어휘)을 교사가 자연스럽게 반복적으로 언급하면 유아는 그 단어를 보다 쉽게 배울 수 있게 된다. 따라서 교사는 유아가 어떤 대상에 대한 흥미와 관심을 나타낼 때 그 순간을 포착하여 상호작용하되, 가르쳐주고자 하는 새로운 어휘가 포함된 문장으로 들려주고 말하기의 모델링을 제공해주도록 한다.

유아의 신체적 행동을 언어로 묘사해주는 것은 유아의 현재 경험을 말로 해석해줌으로써 유아가 의미 있게 문법 및 단어의 의미를 배우는 기회가 된다. 따라서 교사는 유아들과 함께 신체 활동을 하는 가운데 유아의 행동을 관찰하고 정교한 언어로 표현하여 들려준다. 또한 영유아가 또래들과 원만한 사회적 교류를 하기 위해 필요한 언어의 바람직한 모델을 제시해주어야 한다. 영유아들은 실제로 효과적인 의사소통이 필요한 상황에서 적합한 언어를 보다 잘 배울 수 있기 때문이다.

다음은 주변 사물이나 현상, 유아의 신체적 행동, 사회적 교류에 관한 언어 모델링의 예이다.

표 4-13 영유아의 행동, 사물 · 현상 교류에 관한 언어적 묘사의 예

내용	상호작용 예
주변 사물이나 현상을 언어로 묘사해주기	• 빗방울이 나뭇가지에 떨어질 때 '통통통' 소리가 나는구나. • 파란 하늘에 하얀 뭉게구름이 둥실둥실 떠가네.
영유아의 신체적 행동을 언어로 묘사해주기	• 두 팔을 머리 위로 쭉 뻗었구나. • 몸을 뒤쪽으로 젖히고 있네. 몸을 작게 만드니까 줄에 닿지 않고 지나갈 수 있구나. • 두 발을 모아서 깡충깡충 토끼처럼 뛰었네.
사회적 교류를 위해 필요한 언어를 묘사해주기	• ○○와 함께 블록 쌓기를 하고 싶니? ○○가 네 마음을 몰라주어서 속상했던 거구나. 그런데 ○○는 네가 큰 소리로 말하니까 깜짝 놀랐고, 귀도 아파서 기분이 좋지 않대. 소리 지르지 말고 "○○야, 나랑 블록 쌓기 같이 하자."라고 말해보자.

(2) 유아의 말을 경청하고 반응해주기

유아의 말을 들어주면서 성인이 따뜻한 관심과 신체적 접촉을 동반한 반응을 해줄 때 유아는 자신이 하는 말이 중요하다고 느끼며 계속 말하고 싶은 마음을 가지게 된다. 또한 성인의 반응 속에 들어있는 언어적 규칙을 발견하며 차례를 지켜 교대로 말하는 것과 주제를 유지하며 말하는 등 대화의 기본 규칙을 배우게 된다. 유아의 이야기와 관련된 교사 자신의 경험을 함께 나누거나 정서를 표현하기, 유아의 감정을 언어화하여 읽어주기, 대화 내용에 첨가를 하거나 질문하기 등 상황에 적절한 반응을 제공해주도록 한다. 이때 성인은 유아의 말 실수(문법적 오류, 단어의 잘못된 사용)를 지적하기보다는 유아가 말하는 내용에 집중하여 듣고 적절히 반응해주도록 한다.

유아의 이야기	어제요 내 생일이었어요... 그래서 케익도 먹고... 친구들이 선물도 줬어요.	
교사의 반응	감정 읽어주기	정말 즐겁고 신났겠구나. 행복했겠구나. 기분이 좋았겠네.
	정서 표현하기	수영이가 즐거워하면서 이야기하는 모습을 보니 선생님도 기분이 참 좋다.
	질문하기	친구들이 축하해주었을 때 어떤 기분이 들었니? 특별히 마음에 드는 선물이 있니? 그것이 왜 마음에 드니?
	이야기 내용 첨가하기	수영이의 생일 축하파티에 친구들도 초대를 했구나. 친구들과 함께 즐거운 시간을 보냈겠구나.
	관련 경험 나누기	선생님도 어렸을 적 친구들이 준 생일 축하 편지를 지금까지 소중하게 간직하고 있단다.

그림 4-4 유아의 이야기에 대한 적절한 반응 예

유아의 말에 효과적으로 반응해주기 위해 교사가 고려할 점은 다음과 같다.

- 자유선택활동 시간을 최대한 활용한다. 즉 교사는 유아가 활동하는 곳 가까이에 머무르면서 유아가 질문을 하거나 결과물에 대한 이야기 나누기 등 반응을 제공해주기에 적절한 상황을 포착하여 언어적 상호작용을 시도한다.
- 대화에서 유아가 주도적인 역할을 할 수 있도록 허용하고 격려한다. 교사는 유아의 이야기를 집중하여 잘 듣고 생각을 정리하여 요약하여 들려주거나 대화 주제가 유지될 수 있도록 도와주는 등 지지자로서의 역할을 수행하면서 유아의 이야기 완성도를 높여줄 수 있다.
- 유아의 이야기에 즉시 반응해줄 수 없는 상황이라면 유아에게 잠시 기다려줄 것에 대해 양해를 구하는 것이 좋다.

  예 미안하지만 지금은 ○○에게 그림책을 읽어주고 있거든. 책을 다 읽어준 다음에 너의 이야기를 들어줄게. 그러니 조금만 기다려주렴.

- 유아가 말하기를 위해 생각하는 시간을 인내심을 가지고 기다려 준다. 빨리 말할 것을 재촉하거나 큰 목소리로 분명하게, 처음부터 다시 정확하게 말해보라고 요청하는 것, 바른 자세로 말해야 한다고 지적하는 것 등의 반응은 오히려 말하기에 대한 유아의 동기와 자신감을 떨어뜨릴 수 있다.
- 교사의 발문에 대하여 유아가 교사의 의도에 맞지 않은 반응을 할 경우에는 무시하기, 정답 말해주기, 다른 질문으로 넘어가기보다는 질문 내용에 관한 구체적인 내용의 질문을 하거나 질문을 좀 더 명확히 재진술해줌으로써 유아가 다시 반응할 수 있는 기회를 주는 것이 좋다.

(3) 유아가 한 말의 완성도를 높여 다시 들려주기

유아의 말을 주의 깊게 듣고 유아가 말한 내용에 기초하되 유아가 말한 문장보다 약간 더 긴 문장으로 피드백해주는 것이 효과적이다. 이는 유아가 한 말에 기초하여 추가적인 정보나 의미를 첨가하여 다시 들려주는 것을 의미하며, 이를 통해 유아의 어휘력 향상 및 개념 이해를 도울 수 있다. 영유아의 언어 능력 향상을 돕기 위해 확장하기(expanding), 부연하기(extending), 촉진하기(prompting) 등의 전략을 활용할 수 있다.

유아 발화 예	반응 전략		교사의 반응 예
"우와~ 꽃이다."	확장	유아가 표현한 문장의 구조를 성숙한 문형(진보되고 정확하고 완전한 형태)으로 구성해서 다시 들려주는 방법	그래. 울타리 옆에 노란 꽃이 피어 있구나.
	부연	정교한 언어를 사용하여 유아가 표현한 문장의 의미를 확대해서 부연하는 방법, 즉 유아가 말한 내용에 대해 풍부하고 묘사적인 언어로 반응해 줌으로써 유아가 시작한 대화주제를 촉진시키는 반응 전략	따뜻한 봄이 되어 개나리꽃이 활짝 피어났구나.
	질문	질문을 통하여 영유아의 사고와 언어 표현을 유도하는 것	이 꽃을 또 어디에서 본 적이 있니?

그림 4-5 교사-유아 상호작용 예

(4) 지시어가 가리키는 대상을 구체적으로 지칭하도록 안내하기

참조적 의사소통 능력
자신이 아는 것을 상대방이 이해할 수 있도록 메시지를 구성하는 능력

유아는 참조적 의사소통 능력이 부족하여 유아 자신이 경험한 대상이나 상황을 공유하지 않은 다른 사람들에게 말할 때에도 지시어를 사용하는 경우가 많이 있다. 이는 전하고자 하는 메시지를 혼란스럽게 하여 분명한 의사소통을 방해하는 요인이 될 수 있으므로 교사는 유아로 하여금 지시어가 가리키는 대상을 구체적으로 지칭하도록 유도해주어야 하며, 지도의 실제는 다음과 같다.

> 유아: 이거를 이렇게 반을 접어요.
> 교사: 색종이를 세모 모양으로 반을 접어서 긴 면이 아래쪽으로 가도록 한다는 말이지?

(5) 질문하기

질문하기는 유아의 인지 발달뿐 아니라 언어 발달을 촉진하는 강력한 도구가 될 수 있다. 즉 성인의 질문과 유아의 의사소통 능력은 밀접한 관련성을 지닌다. 연구 결과, 실제로 유아는 명령보다는 질문하기를 통해 언어적 규칙을 더 빨리 배운다고 하였다(송혜린 외, 2010). 질문하기는 다음과 같은 측면에서 언어 발달에 도움이 된다.

- 질문 형태의 문장에는 더 많은 언어 규칙이 포함되어 있어 더욱 정교하고 복합적인 특성을 지니며 이는 유아에게 도전감을 줄 수 있다.
- 개방적이고 인지적으로 도전을 주는 질문은 유아가 자신의 이야기를 보다 풍부하게 이어갈 수 있는 좋은 자극이 될 수 있으며, 이를 통해 유아는 의사소통의 실제를 연습할 수 있다.
- 교육적 의도가 담긴 질문을 통해 유아가 현재의 관심사에 더욱 집중하여 탐구할 수 있으며 이를 통해 보다 의미 있는 대화 맥락이 만들어질 수 있다.

질문에 답하는 과정은 유아가 열심히 생각하고 의사소통하는 것을 실제로 연습하는 기회가 된다. 다음은 유아에게 질문을 할 때 교사가 고려해야 할 점이다.

- '예, 아니오'와 같이 정답이 있거나 간단한 답에 그치는 질문이나 지시가 아니라 유아의 사고를 촉진시켜줄 수 있는 보다 높은 수준의 질문을 한다.

친구의 물건을 그냥 가져가면 되니?	▶	친구의 물건을 말없이 그냥 가져가면 어떻게 될 것 같니?

• 질문 내용이 너무 광범위하면 유아들이 어떤 답을 해야 할지 모르고 뻔한 반응으로 일관하며 대화에 흥미를 잃을 수도 있다. 그러므로 교사는 유아가 구체적인 언어로 반응할 수 있도록 질문한다.

동화 재미있었니?	▶	ㅇㅇ가 구덩이에 빠졌을 때 어떤 생각이 들었니?
오늘 하루 어땠니?	▶	오늘 해본 놀이 중에서 내일도 또 하고 싶은 놀이가 있니?

• 질문에 대한 반응이 느린 유아들의 경우 충분히 기다려준다. 유아의 답을 기다리지 않고 교사 스스로 답을 하거나 다른 질문을 하는 것은 유아가 충분한 생각을 하는 과정을 방해할 수 있으므로 주의한다.

4) 의사소통 촉진자로서의 교사

교사는 일상생활에서 자연스럽게 영유아의 행동을 언어로 표현해 주고 영유아가 관심 보이는 친숙한 사물의 이름을 들려주어 사물과 사물의 이름을 연결 짓도록 도와주어야 한다.

의사소통 촉진자로서의 교사 역할은 다음과 같다.

(1) 일상적인 상황

첫째, 일상적인 상황을 영아에게 말로 설명하거나 질문하고 답하면서 영아에게 풍부한 언어적 자극을 제공한다(이은해, 2006).

"점심시간이 되었어요. 오늘은 무엇을 먹을까? 야~ 야채 죽이네.
냠냠 맛있게 먹자."

둘째, 한 단어 또는 두 단어로 말할 수 있는 영아의 경우에는 원하는 것을 말로 표현해보도록 격려한다.

"고양이가 무엇을 보고 있지?"
"고양이가 지금 어디로 가고 있지?"
"고양이는 누구를 만나러 가는 것 같니?"

(2) 놀이 상황

첫째, 영유아가 새로운 놀잇감에 관심을 보일 때 함께 놀면서 놀잇감의 이름을 들려주기, 사용 방법을 알려주거나 시범 보이기, 영유아가 놀잇감의 이름을 말해보도록 격려하기 등의 상호작용을 통해 새로운 어휘 습득과 의사소통 능력의 발달을 돕는다.

"이것은 무엇일까?"
"자동차구나. 빨간색 자동차야. 빵빵 어디로 갈까?"

둘째, 교실의 놀잇감 또는 영유아 주변에 있는 사물의 이름을 들려주고 말해보도록 하여 어휘력을 확장시켜 준다.

"나무가 있구나. 이것은 나무야. 나무에 예쁜 꽃이 피었네."

셋째, 영유아가 단편적인 어휘와 문장으로 표현할 때 이를 완성된 문장으로 만들어 들려준다. 그리고 영유아가 이를 다시 표현해보도록 격려한다.

"사과. 그렇구나. 책상 위에 빨간 사과가 있네."
"책상 위에 뭐가 있어요?", "그래. 빨간 사과가 책상 위에 있어요."

넷째, 글자에 관심을 보이는 영유아가 있다면 교실에 붙여놓은 게시물에 있는 글자, 친구들의 이름 카드, 유치원이나 어린이집 주변 환경에서 볼 수 있는 간판을 읽어보도록 격려한다.

> "수민이의 이름을 찾아볼까? 여기에 '유수민'이라고 쓰여 있네."
> "쌓기 놀이 영역이 어딘지 찾을 수 있니?"
> "이 놀이 영역의 이름을 읽어보자."

5) 평가자로서의 교사

교사는 언어 교육의 질적 개선과 영유아의 언어 발달 촉진을 도모하기 위해 평가자로서의 역할을 성실히 수행해야 한다. 즉 영유아의 기록물이나 결과물들을 수집하여 다양한 방법으로 평가함으로써 일정 기간 동안 일어난 영유아의 발달 사항을 정확하게 평가하며, 영유아 스스로 자신의 성취를 확인해볼 수 있는 기회를 제공해야 한다. 영유아의 언어 경험과 발달 수준에 대한 평가 내용과 방법은 본 서의 5장에 소개되어 있으므로 이 장에서는 일상생활과 놀이 상황에서의 영유아 언어 능력 평가를 중심으로 교사의 역할을 제시하고자 한다.

(1) 듣기에 대한 평가

교사는 일상이나 자연의 소리 또는 사람의 말소리에 대한 영유아의 반응을 보면서 듣기 태도 및 듣기에 대한 이해 수준을 평가할 수 있다. 다음은 다양한 소리와 말소리, 이야기에 대한 영유아의 이해 수준과 듣기 태도를 평가한 사례이다.

표 4-14 영유아의 듣기 행동에 대한 교사의 평가

영유아의 듣기 행동	평가 내용
• **소리 구분하여 듣기** 교사가 영아에게 동물 인형을 보여주며 동물의 소리를 들려주었을 때 영아는 동물 인형을 달라고 하여 손에 들고 다닌다.	• 영아가 아직은 소리 듣기에 대한 관심이 없으므로 동물 인형 안아주기 놀이로 안내함
• **말소리 구분하여 듣기** 교사가 목소리의 톤과 억양을 변화시키면서 동화를 들려주자, 영아가 교사의 음성 변화에 따라 놀람과 슬픔을 감정 표현을 한다.	• 영아는 아직 단어의 뜻을 이해하지 못하지만 소리의 높낮이를 구분함으로써 말소리에 담긴 감정을 이해하고 있음
• **말의 의미 이해하며 듣기** 놀잇감 정리정돈의 방법을 알려주었을 때 간단한 지시어를 듣고 따라한다.	• 간단한 지시어를 듣고 따라할 수 있으므로 18개월 영아의 발달 수준에 적합함
• **낱말과 문장 듣고 이해하기** 유아는 일상과 관련된 교사의 간단한 지시를 듣고 수행할 수 있다.	• 3세 유아의 발달 수준에 비추어볼 때 낱말과 문장을 듣고 이해하는 적절한 수준에 도달해 있으며, 두 개 이상의 지시어를 말했을 때도 수행할 수 있는지 평가해보고자 함
• **이야기 듣고 이해하기** 교사가 동화를 들려주고 동화에 나온 주인공 또는 내용을 질문했을 때 대답을 하지 못한다.	• 4세 유아의 발달 수준에 비하여 듣고 이해하는 능력의 발달이 늦는 것인지, 주의집중력 부족이 문제의 주요인인지 파악할 필요가 있음
• **바른 태도로 듣기** 이야기 나누기 시간에 교사의 이야기를 끝까지 듣지 않는다.	• 5세 발달 수준에 비추어 듣기 태도가 바르지 않은 부분에 대한 지도가 필요하며, 교사 또는 또래 유아가 이야기할 때 끝까지 바른 태도로 듣기를 지도할 계획임

(2) 말하기에 대한 평가

교사는 영유아의 옹알이와 단어 또는 문장 표현을 듣고 말하기 수준을 평가할 수 있다. 다음은 영유아의 언어적 반응을 보고 교사가 영유아의 말하기 수준을 평가한 사례이다.

표 4-15 영유아의 말하기 행동에 대한 교사 평가의 예

영유아의 말하기 행동	교사 평가의 예
• **발성과 발음으로 소리내기** 15개월 영아가 "맘마", "안 해.", "주세요." 등 단어를 정확하게 발음한다.	• 또래 영아들에 비하여 발음이 정확함
• **사물의 이름 말하기** 29개월 영아에게 영아가 자주 사용하는 사물의 이름을 물어보았을 때 대답하지 않는다.	• 영아의 사물 말하기 능력이 또래에 비해 낮음을 알 수 있으며, 언어 발달이 늦은 것인지, 말하기 행동에 대한 수줍음이나 긴장 때문인지 살펴볼 필요가 있음
• **말소리와 몸짓으로 의사 표현하기** 35개월 영아가 놀이 상황이나 일상적인 상황에서 자신의 요구를 표현하지 않는다.	• 영아의 말하기 능력이 발달 연령에 비추어 낮으므로 영아가 자기의 요구를 말로 표현하도록 안내하고 지도할 필요가 있음
• **자신의 느낌, 생각, 경험 말하기** 30개월 영아가 단편적인 문장이지만 자신의 놀이 경험을 자발적으로 표현한다.	• 영아가 말하기 능력 발달에서 높은 수준의 성취를 보임
• **상황에 맞게 바른 태도로 말하기** 3세 유아가 여러 사람들 앞에서 자신의 의견을 자연스럽게 말한다.	• 상황에 맞게 자신의 의견을 바른 태도로 말하는 능력이 있음

(3) 읽기에 대한 평가

그림책에 대한 흥미는 영유아가 자연스럽게 읽기를 시작하는 동인이 될 수 있다. 교사는 영유아의 그림책이나 글자에 대한 흥미를 기초로 읽기에 대한 영유아의 현재 수준을 평가할 수 있다.

표 4-16 영유아의 읽기 행동에 대한 교사 평가의 예

영유아의 읽기 행동	교사 평가의 예
• **그림책에 흥미 가지기** 25개월 영아에게 그림책을 보여주자, 좋아하는 동물을 손으로 가리킨다.	• 영아가 그림책 속에 있는 친숙한 그림과 사진에 관심을 보이는 것을 보아서 읽기에 대한 흥미가 있음을 알 수 있음

영유아의 읽기 행동	교사 평가의 예
• **글자 모양에 흥미 가지기** 35개월 영아가 가방과 사물함에서 자신의 이름을 찾아서 가리킨다.	• 영아가 글자의 기초가 되는 모양을 구분할 수 있다는 것을 알 수 있음
• **글자 읽기에 흥미 가지기** 5세 유아에게 교실 벽에 붙은 글자를 읽어보자고 했을 때 고개를 돌리고 다른 곳을 본다.	• 현재 글자 읽기에 대한 흥미가 없으며, 유아에게 친숙한 사물의 이름부터 읽어보도록 안내할 필요가 있음
• **책에 관심 가지기** 4세 유아가 자유선택활동 시간 언어 영역에 가서 다양한 책을 읽는 모습을 보인다.	• 책에 대한 관심이 높은 유아이며, 어떤 종류의 책에 대한 흥미가 높은지를 관찰해보기로 함

(4) 쓰기에 대한 평가

교사는 영유아의 끼적이기 시도 및 쓰기에 관심 가지기 수준을 평가할 수 있다.

표 4-17 영유아의 쓰기 행동에 대한 교사 평가의 예

영유아의 쓰기 행동	교사 평가의 예
• **끼적이기 시도하기** 영아가 색연필을 쥐고 큰 종이 위에 끼적이기를 하고 편지라고 말한다.	• 자발적으로 끼적이기를 시도하고 결과물에 관심을 보이고 있으며, 쓰기의 기능이나 목적에 흥미를 가지고 있음
• **끼적이기** 2세 영아가 중얼거리면서 끼적이기를 한다.	• 영아가 쓰기의 의도를 가지고 의미 있는 끼적이기 행동을 보임
• **쓰기에 관심가지기** 3세 유아가 그림을 그리고 알아볼 수 없는 글자를 끼적이면서 중얼거린다.	• 유아가 자기 나름의 의도를 가지고 창안적 글자 쓰기를 시도하고 있음
• **쓰기 도구에 흥미가지기** 교실의 연필과 색연필을 쥐고 끼적이기를 하거나 그림을 그리려는 시도를 한다.	• 영아가 쓰기 도구에 흥미를 가지고 탐색하고 있으며, 도구의 쓰임을 이해하고 있음
• **쓰기 도구를 바르게 사용하기** 5세 유아가 연필을 바르게 쥐고 사용하지 못한다.	• 쓰기 도구의 바른 사용법에 대한 이해가 부족하므로 교사가 연필을 바르게 쥐고 사용하는 모델링을 보여주며 지도하는 실제로 연계함

함께 생각해보기

♣ 유아의 이야기를 경청하고 적합하게 반응해주는 것은 유아의 언어 발달 촉진을 위한 교사의 중요한 역할 중 하나이지요. 다음과 같은 유아의 이야기에 교사가 어떻게 반응해주는 것이 효과적일지 생각해보고, 빈 칸에 상호작용 예를 적어보세요(참고: 교재 pp.178-185).

유아의 이야기	교사의 반응	
만 5세반 주말 지낸 이야기 호연: 우리 뽀미(개)가 새끼를 낳았거든요. 하얀색인데 엄청 조그맣고 귀여워요.	감정 읽어주기	
	정서 표현하기	
	질문하기	
	이야기 내용 첨가하기	
	관련 경험 나누기	

함께 생각해보기

♣ 다음 동시를 활용하여 유아와 함께 할 수 있는 음성 언어 활동의 목록을 모두 적어 보세요.(참고: 교재 pp.140–156)

금붕어

어항속의 금붕어
헤엄을 치네.
빵 돌고 위로
빵 돌고 아래로
다시 돌고 위로
다시 돌고 아래로
어항 속의 금붕어
헤엄을 치네.

듣기	
말하기	

교사는 영유아의 언어 발달 수준을 파악하고 발달에 적합한 언어 교육 활동을 계획하기 위하여 그리고 교육 목표에 대한 성취 수준을 파악하기 위하여 수시로 영유아의 언어적 능력과 언어 경험을 평가해야 한다.

평가는 표준화된 검사 도구를 사용하는 형식적인 평가와 관찰, 포트폴리오 평가에 의한 비형식적 평가로 나뉜다.

표준화된 검사 도구를 사용하는 형식적인 평가는 사용하기에는 간편하지만 검사 문항과 과제가 영유아들에게 친숙하지 않아서 검사의 한계가 있다.

비형식적인 평가는 영유아의 발달 과정과 사고의 질을 파악할 수 있다는 장점이 있다. 비형식적인 평가는 관찰과 포트폴리오 평가의 방법을 사용하는데 관찰에 의한 방법은 일화기록과 체크리스트, 평정 척도를 사용한다.

<table>
<tr><td>학습 목표</td><td colspan="3">• 영유아의 언어 능력을 평가하기 위한 형식적인 평가 방법과 비형식적인 평가 방법의 장단점을 이해한다.
• 형식적인 평가와 비형식적인 평가의 종류와 방법을 안다.</td></tr>
<tr><td rowspan="2">학습 내용</td><td>지식</td><td>기술</td><td>태도</td></tr>
<tr><td>• 형식적 평가 방법을 알고 장단점 이해
• 비형식적 평가 방법을 알고 장단점 이해
• 비형식적 평가 방법과 형식적 평가 방법 비교</td><td>• 영유아의 언어 행동을 관찰하고 기록
• 포트폴리오를 위한 자료 수집과 정리, 분석 방법을 활용
• 표준화된 검사 도구에 의해 평가</td><td>• 영유아 언어 능력의 진보를 파악하기 위한 평가의 중요성 인식
• 영유아의 의사소통 시도에 대한 관심</td></tr>
<tr><td>핵심 용어</td><td colspan="3">• 평가, 형식적 평가, 표준화된 검사 도구, 비형식적 평가, 관찰법, 포트폴리오</td></tr>
</table>

Chapter

5

영유아 언어 교육 평가

5 영유아 언어 교육 평가

영유아 언어 교육에 있어서 평가는 교육 목표를 기준으로 영유아가 얼마나 교육 목표의 성취를 이루었는가에 중점을 두어 왔다. 그러나 영유아의 현재 발달 수준을 파악하고 발달에 적합한 언어적 상호작용을 제공하거나 교육 활동을 계획하기 위해서도 평가는 필요하다.

평가는 형식적인 평가와 비형식적인 평가로 나눌 수 있다. 형식적인 평가로는 표준화된 검사가 가장 일반적인데 사용하기에는 간편하지만 영유아를 대상으로 검사할 때 야기될 수 있는 여러 가지 우려와 부작용(이미화 외, 2012)이 있으므로 영유아의 발달과 능력을 측정하기에 적합하지 않다는 주장(김경철, 채미영, 2001)이 있다. 이러한 이유로 유아교육기관에서는 영유아 관찰과 면담, 활동 결과물 평가, 포트폴리오, 프로젝트 스펙트럼, 활동 표본 평가에 의한 비형식적인 평가를 더 많이 사용하고 있다.

1. 형식적 평가

형식적 평가란 표준화된 검사 도구를 사용하여 평가하는 방식으로 누가 사용하더라도 검사의 실시와 채점, 결과의 해석이 동일하게 만들어 놓은 검사를 말한다. 표준화된 검사 도구는 영유아의 개인차를 측정하고 분류 · 선발하며 프로그램을 평가하는 기능을 가지고 있다(황해익, 2009). 영유아를 위한 표준화된 검사는 영유아의 언어 능력을 평가함에 있어서 신뢰도와 타당도가 검증되고 객관성 보장이 가능하다(Smith, 1990, 송주연 · 황해익, 2010 재인용).

형식적 평가
표준화된 검사 도구를 사용하여 평가하는 방식으로 누가 사용하더라도 검사의 실시와 채점, 결과 해석이 동일함

영유아의 언어 능력을 측정하는 대표적인 표준화 검사는 크게 지능 검사 및 성취도 검사 내의 언어 관련 소검사와 언어 능력을 독립적으로 측정하는 표준화 언어 검사로 나뉜다(송주연 · 황해익, 2010). 지능 검사 및 성취도 검사는 검사 항목 중 언어적 요소를 평가하고 있지만 영유아의 사고와 인지를 측정하기 위해 개발된 측정 도구로 본서에서는 표준화된 언어 검사를 소개하고자 한다.

1) 대상

아래 표에 제시된 표준화된 검사 도구는 영아부터 초등학교 저학년까지의 아동들을 대상으로 한다.

표 5-1 영유아를 위한 표준화된 언어 능력 검사 도구

검사명	개발자(개발연도)	형식	대상연령	언어 관련 평가 영역 및 내용
취학 전 아동의 수용 언어 및 표현 언어 척도 (PRES)	김영태, 성태제, 이윤경(2003)	개인 검사, 보고식	2~6세	수용 언어, 표현 언어
그림 어휘력 검사	김영태, 장혜성, 인선숙, 백현정(1995)	개인 검사	2~8세	수용 어휘력

검사명	개발자(개발연도)	형식	대상연령	언어 관련 평가 영역 및 내용
구문 의미 이해력 검사	배소영, 임선숙, 이지희, 장혜성(1994)	개인 검사	4~9세	수용 구문론
영유아 언어 발달 검사	김영태, 김경희, 윤혜련, 김화수(2003)	개인 검사	5개월 ~36개월	수용 언어, 표현 언어
MCDI-K	대구대학교 특수교육재활연구소 (2006)	보고식	18~36개월	수용 언어, 표현 언어

출처: 송주연, 황해익(2010). 유아언어평가도구 개발을 위한 탐색. 유아교육학논집, 14(1), 159-184.

2) 실시 목적

위 표에 제시된 표준화된 검사 도구들은 영유아의 언어 능력을 평가하여 능력에 따라 영유아를 분류하거나 개인 진단, 성취도를 알아보는 데 궁극적인 목적이 있으며 이를 언어 발달 지체 또는 장애의 유무를 판단하려는 목적으로 주로 시행되는 경우가 많다(김경태, 김경희, 윤혜련, 김화수, 2003; 송주연, 황해익, 2003).

3) 평가 내용

표준화된 검사 도구들 대부분이 언어 이해력, 언어 표현력으로 평가 하위 영역을 설정하고 있으며 문자 언어보다는 음성 언어의 수용 언어와 표현 언어를 중심으로 평가하고 있다.

표 5-2 영유아를 위한 언어 능력 검사 도구의 평가 내용

검사명	평가 내용
취학전 아동의 수용 언어 및 표현 언어 척도(PRES)	수용 언어와 표현 언어 측정 하위 영역: 의미론적, 구문론적, 화용론적 평가(송주연 · 황해익, 2003)
그림 어휘력 검사 (PPVT-R)	수용 언어(수용 어휘, 수영 구문)만 측정(송주연 · 황해익, 2003)
구문 의미 이해력 검사	수용 언어(수용 어휘, 수영 구문)만 측정(송주연 · 황해익, 2003)
영유아 언어 발달 검사 (SELSI)	수용 언어와 이해 언어 측정 하위 영역: 의미, 인지, 음운, 구문, 화용
MCDI-K	표현 낱말 수 평가

4) 평가 방법

대부분의 영유아를 위한 표준화된 검사 도구는 영유아의 수준이나 흥미를 고려하여 질문에 대해 그림이나 사물을 선택하거나 말해보게 하는 검사식의 방법을 사용하고 있다. 검사 도구 중 PRES 검사와 MCDI-K 검사는 부모가 보고하는 형식을 사용하고 있다. 검사식의 도구들은 유아들의 이해 수준과 흥미를 고려한 컬러 그림과 장난감, 사물을 활용하고 있다.

5) 제한점

표준화된 검사 도구는 객관성과 신뢰성을 확보할 수 있다는 장점이 있지만, 검사 문항이 단순한 지식이나 암기 위주의 내용을 다루는 경향이 있고(이미화 외, 2012), 검사 과제와 검사 방법이 영유아에게 친숙하지 않은 것들로 진정한 언어 능력을 평가하기에는 적절하지 않다(Teale, 1990, 김경철, 채미영, 2001 재인용). 교사 또는 부모의 질문에 대해 선택적으로 답하는 표준화된 방식은 영유아의 사고 과정과 유아교육기관의 교실 상황에서 발생하는 다양한 유아들의 언어 능력을 평가하고 이를 교육 활동에 연계하기에도 한계가 있다. 또한 표준화된 검사 도구들이 이해 언어와 수용 언어를 각각 어휘와 문법, 구문의 언어의 구성 요소를 평가할 수 있지만 영유아 언어 교육의 내용인 듣기, 말하기, 읽기, 쓰기에 대한 평가 결과를 제공받기 어렵고, 주로 음성 언어 위주의 평가로 종합적인 언어 능력을 평가하기에는 한계가 있다(송주연, 황해익, 2013; 김경철, 채미영, 2001).

비형식적 평가
영유아 관찰과 포트폴리오에 의한 평가 방법으로 과정중심의 평가임

2. 비형식적 평가

형식적 평가가 지닌 한계점을 보완하기 위한 방법이 비형식적 평가이다. 영유아의 발달 과정과 사고의 질을 평가하기 위해서 관찰, 포트폴리오에 의한 비형식적인 평가 방법을 사용할 수 있다.

관찰법
영유아의 자연스러운 상황을 직접 관찰하고 영유아의 행동과 대사를 기록, 분석하여 영유아 개인 또는 집단의 특성을 이해하는 방법

1) 관찰법

관찰법은 영유아의 자연스러운 상황을 직접 관찰하고 영유아의 행동과 대사를 기록, 분석하여 영유아 개인 또는 집단의 특성을 이해하는 방법이다. 교사는 영유아의 언어적 표현, 교사의 언어적 상호작용에 대한 반응, 언어 활동에 대한 흥미와 이해 정도를 구체적으로 관찰하여 영유아에 대한 정보를 수집하고 이를 영유아 언어 교육 내용 선정과 교수-학습 방법에 적용한다. 관찰법의 대표적인 방법이 일화기록과 체크리스트, 평정 척도법이다. 이를 살펴보면 다음과 같다.

일화기록
사건이나 행동을 사진을 보는 것과 같이 사실적으로 묘사하는 방법

(1) 일화기록

일화기록은 사건이나 행동을 사진을 보는 것과 같이 사실적으로 묘사하는

방법으로 유아교육 현장에서 많이 사용되고 있는 관찰의 한 형태이다. 교사는 영유아들의 언어 발달과 변화를 나타내는 의미 있는 행동과 표현, 사건이 언제, 어디서, 어떻게 일어났는지를 구체적으로 기록한다. 다만 유아들에 비해 영아들은 언어적 표현보다는 손짓과 얼굴표정, 음성 등의 비언어적 표현을 통해 의사소통의 시도를 더 많이 하기 때문에 음성 언어로 표현되지 않았다 하더라도 영아의 비언어적인 의사소통 시도도 관찰할 수 있어야 한다.

표 5-3 영아의 언어 표현 일화기록 사례

관찰 영아	김소영	생년월일	2020. 08. 26.(1년 4개월)	성별	여
관찰자	달님반-박○○	관찰일시	2021. 12. 30.(AM 10:30~10:45)		
관찰장면	달님반 교실(자유놀이 시간-쌓기 영역)				
관찰 내용					
소영이가 들고 있던 스펀지 블록을 재민이가 가져간다. 소영이는 재민를 보면서 소파로 가서 앉는다. 재민이를 보고 얼굴표정을 찡그린다. 소영이는 눈물을 흘리면서 "아~" 소리를 내고 운다. 윤서는 소영이에게 다가가 허리를 숙여 소영이를 보고 말한다. • 윤서 : 울어? (자신이 가지고 있던 전화기를 귀에 대주고) 여버떼여(여보세요.)~ 여버떼. 윤서는 소영이 손에 전화기를 쥐어 준다. • 소영 : (울음을 멈추고 윤서를 보고 전화기를 잡는다.) 엄마아~ 소영이가 울자 윤서가 고개 숙여 소영이 얼굴을 쳐다보고 가까이 다가가서 "엄마?"라고 묻는다. 그리고 교사에게 와서 소영이를 손으로 가리키고 "우더(울어)"라고 말한다.					
관찰자의 해석	• 소영이는 자신의 물건을 빼앗겼을 때 자신의 요구를 말로 표현하기보다는 울음으로 표현한다. • 소영이는 다른 영아의 위로와 놀이 시도를 아직 이해하지 못하여 울음으로 표현했을 수 있다. • 윤서는 다른 영아의 감정을 말로 표현하여 질문한다. 다른 영아의 감정을 위로하기 위한 놀이 시도를 하기도 한다.				
지도 방안	소영이가 자신의 요구를 구체적인 말로 표현할 수 있도록 지도할 필요가 있다. 또래의 놀이 시도에 대해 반응 또는 거부하는 언어적 표현을 지도해야겠다.				

영아에 비해 유아들은 자신의 의도와 사물, 현상에 대해 비언어적 표현보다는 언어적 표현이 더 많아지며 상대방의 음성 언어뿐 아니라 문자 언어를 사용한 의사소통도 관찰이 가능해진다. 다음은 유아의 언어적 표현과 이해에 대한 일화기록의 예이다.

표 5-4 유아의 언어 표현 일화기록 사례

관찰 영아	이지연	생년월일	2017.08.26.(4년 4개월)	성별	여
관찰자	꽃님반-박○○	관찰일시	2021.12.30.(AM 10:30~10:45)		
관찰장면	꽃님반 교실(자유놀이시간 - 언어 영역)				
관찰 내용					
자유놀이 시간 언어 영역에서 지연이가 종이에 아이스크림을 그린다. 교사에게 다가와 "아이스크림이에요."하고 웃는다. 교사가 "아이스크림을 만들었구나. 맛있겠네."말하고 웃자, 지연이는 "딸기 아이스크림이요."라고 말하고 종이에 아이스크림을 하나 더 그리고 숫자 2를 적는다. • 지연: 아이스크림 두 개요. 아이스크림 적어주세요. 교사가 '아이스크림'이란 단어를 적어준다. • 지연: (손가락으로 글자를 가리키며) 아이스크림이지요? • 지연: 애들아, (손가락으로 글자를 가리키며) 여기 아이스크림이야. 두 개지? 지연이는 두 번째 그린 그림에 딸기 그림을 그린다. 교사에게 다가가 "딸기 써 주세요."라고 말한다.					
관찰자의 해석	• 지연이는 그림으로 자신의 생각을 표현할 수 있으며, 글자 쓰기에도 관심을 가지고 있다. • 교사가 써준 글자를 읽으려고 시도하고 자신의 그림을 글자로 나타내고자 한다.				
지도 방안	지연이의 생각을 그림과 기호로 표현할 때 격려해주고 이를 글자로 적어주어 그림과 글자를 연결할 수 있는 기회를 제공하고자 한다.				

체크리스트
교사가 관찰할 영유아의 언어적 표현 또는 언어적 능력의 목록을 사전에 만들어 놓고 관찰하면서 해당되는 언어적 변화가 나타날 때마다 표기하는 방법

(2) 체크리스트

체크리스트는 교사가 관찰할 영유아의 언어적 표현 또는 언어적 능력의 목록을 사전에 만들어 놓고 관찰하면서 해당되는 언어적 변화가 나타날 때마다 표기하는 방법이다. 이 방법은 관찰 시간이 절약되고, 유아의 언어적 표현과 능력을 쉽게 관찰할 수 있으며 그 결과를 학습 계획 및 유아의 행동 평가 등에 간편하게 적용할 수 있다. 하지만 목록에 없는 유아의 행동에 대한 평가는 할

수 없고, 행동의 빈도, 지속 시간, 특성 등에 대한 정보를 주지 못하는 문제점이 있다.

교사는 영유아의 언어 발달 특징을 고려하여 사전에 관찰하고자 하는 체크리스트 목록을 만들 수 있다. 영아들은 옹알이 시기와 한 단어 시기, 두 단어 시기, 언어의 폭발적 팽창기에 따라 체크해야 할 사항이 다르므로 교사는 영아들의 개월별 발달 특성을 파악한 후 영유아 발달 특성에 적합한 체크리스트를 만들 수 있어야 한다.

표 5-5 영아의 언어 능력 체크리스트 양식

<table>
<tr><td>관찰 영아</td><td>김소영</td><td>생년월일</td><td colspan="2">2020.2.26.(10개월)</td><td>성별</td><td>여</td></tr>
<tr><td>관찰자</td><td colspan="6">달님반-박○○</td></tr>
<tr><th>영역</th><th colspan="2">내 용</th><th>1회
(날짜)</th><th>2회
(날짜)</th><th>3회
(날짜)</th><th>4회
(날짜)</th></tr>
<tr><td rowspan="5">듣기</td><td colspan="2">주변의 여러 가지 소리와 말소리에 흥미를 보인다.</td><td></td><td></td><td></td><td></td></tr>
<tr><td colspan="2">친숙한 사람의 목소리를 듣고 반응한다.</td><td></td><td></td><td></td><td></td></tr>
<tr><td colspan="2">영아의 이름을 부르면 반응한다.</td><td></td><td></td><td></td><td></td></tr>
<tr><td colspan="2">말하는 사람의 눈을 바라본다.</td><td></td><td></td><td></td><td></td></tr>
<tr><td colspan="2">리듬 있는 소리와 노래에 관심을 가진다.</td><td></td><td></td><td></td><td></td></tr>
<tr><td rowspan="5">말하기</td><td colspan="2">여러 가지 소리를 내고 옹알이를 한다.</td><td></td><td></td><td></td><td></td></tr>
<tr><td colspan="2">옹알이와 말소리에 반응해주면 모방하여 소리 낸다.</td><td></td><td></td><td></td><td></td></tr>
<tr><td colspan="2">표정, 몸짓, 소리로 의사 표현을 한다.</td><td></td><td></td><td></td><td></td></tr>
<tr><td colspan="2">말할 순서에 따라 표정, 몸짓, 말소리로 반응한다.</td><td></td><td></td><td></td><td></td></tr>
<tr><td colspan="2">한 단어로 자신의 의사를 표현한다.</td><td></td><td></td><td></td><td></td></tr>
<tr><td rowspan="2">읽기</td><td colspan="2">다양한 감각책을 탐색한다.</td><td></td><td></td><td></td><td></td></tr>
<tr><td colspan="2">읽어주는 짧은 그림책에 관심을 가진다.</td><td></td><td></td><td></td><td></td></tr>
<tr><td>쓰기</td><td colspan="2">끼적이기에 관심을 가진다.</td><td></td><td></td><td></td><td></td></tr>
</table>

유아들은 영아들에 비해 수용 언어와 표현 언어가 정교해지며, 상황에 대한 이해를 기초로 듣기와 말하기가 가능해진다. 또한 영아에 비해 읽기와 쓰기에 대한 관심과 기초적인 능력이 발달하는 시기로 교사는 이러한 다양한 언어 능력을 체크할 수 있는 평가표를 만들도록 한다.

표 5-6 영아의 언어 능력 체크리스트 양식

<table>
<tr><td>관찰 영아</td><td>이지연</td><td>생년월일</td><td colspan="3">2017.08.26.(4년 4개월)</td><td>성별</td><td>여</td></tr>
<tr><td>관찰자</td><td colspan="7">꽃님반-박○○</td></tr>
<tr><th>영역</th><th colspan="3">내 용</th><th>1회
(날짜)</th><th>2회
(날짜)</th><th>3회
(날짜)</th><th>4회
(날짜)</th></tr>
<tr><td rowspan="5">듣기</td><td colspan="3">주의 깊게 듣는다.</td><td></td><td></td><td></td><td></td></tr>
<tr><td colspan="3">다른 사람의 이야기를 끝까지 듣는다.</td><td></td><td></td><td></td><td></td></tr>
<tr><td colspan="3">비슷한 발음을 듣고 구별한다.</td><td></td><td></td><td></td><td></td></tr>
<tr><td colspan="3">교사의 신호나 지시를 따른다.</td><td></td><td></td><td></td><td></td></tr>
<tr><td colspan="3">기초적인 낱말과 문장을 듣고 이해한다.</td><td></td><td></td><td></td><td></td></tr>
<tr><td rowspan="9">말하기</td><td colspan="3">분명한 발음으로 말한다.</td><td></td><td></td><td></td><td></td></tr>
<tr><td colspan="3">자신의 의견을 분명하게 말한다.</td><td></td><td></td><td></td><td></td></tr>
<tr><td colspan="3">상황에 따라 알맞게 말할 수 있다.</td><td></td><td></td><td></td><td></td></tr>
<tr><td colspan="3">또래 또는 교사와 대화를 한다.</td><td></td><td></td><td></td><td></td></tr>
<tr><td colspan="3">이야기를 듣고 궁금한 것을 질문한다.</td><td></td><td></td><td></td><td></td></tr>
<tr><td colspan="3">이야기를 듣고 기억해 내어 이야기한다.</td><td></td><td></td><td></td><td></td></tr>
<tr><td colspan="3">읽어준 글을 자기 생각대로 이해하여 순서대로 말한다.</td><td></td><td></td><td></td><td></td></tr>
<tr><td colspan="3">창의적으로 이야기를 꾸며 말할 수 있다.</td><td></td><td></td><td></td><td></td></tr>
<tr><td colspan="3">바르고 고운 말을 사용하여 말한다.</td><td></td><td></td><td></td><td></td></tr>
</table>

영역	내 용	1회 (날짜)	2회 (날짜)	3회 (날짜)	4회 (날짜)
읽기	주변에서 친숙한 글자를 찾아 읽으려고 시도한다.				
	자기 이름과 간단한 글자를 읽는다.				
	어른의 도움 없이 혼자 책을 읽는다.				
	책 읽기를 즐겨한다.				
	새로 내놓은 책에 관심을 갖는다.				
쓰기	쓰기 도구의 바른 사용법을 안다.				
	바르게 앉아서 글자 또는 글자와 비슷한 모양을 그린다.				
	글자의 기초가 되는 모양을 그린다.				
	자기 이름과 간단한 글자를 쓴다.				
	자신의 생각과 경험, 느낌을 그림, 글자와 비슷한 형태로 표현한다.				
	어른의 도움 없이 혼자 문장을 쓴다.				

(3) 평정 척도법

평정 척도법은 행동 발생의 유 · 무만을 표시하는 체크리스트의 한계를 보완하기 위하여 영유아 행동의 질적인 특성을 등급으로 구분해서 평가하는 방법이다. 평정 척도법은 관찰과 동시에 행할 수는 없으며 관찰을 충분히 한 후에 그 결과를 요약하는 수단으로 사용된다.

평정 척도법
영유아 행동의 질적인 특성을 등급으로 구분하여 평가하는 방법

영아의 언어 능력을 평가하기 위한 체크리스트처럼 교사가 보고자 하는 영아의 언어적 능력을 단계별로 기술한다. 아래의 평정 척도는 0~2세의 발달특성을 고려하여 작성한 양식이다.

표 5-7 영아의 언어 평정 척도 관찰 양식 사례

관찰 유아	한수민	생년월일	2019.06.10(26개월)	성별	남
관찰자	정○○				

영역	평가 내용	
듣기	1. 말소리 구분하여 듣고 의미 알기 1) 주변의 소리와 말소리에 관심을 보이지 않는다. 2) 여러 가지 소리와 말소리 듣기에 흥미를 보인다. 3) 친숙한 낱말의 발음에 흥미를 보인다. 4) 친숙한 낱말의 발음에 관심을 가지고 듣는다.	( ) (○) ( ) ( )
	2. 짧은 문장 듣고 알기 1) 눈앞에 보이는 경험 또는 친숙한 사람의 말에 반응을 보이지 않는다. 2) 눈앞에 보이는 경험과 관련된 말에 반응한다. 3) 낱말을 듣고 친숙한 사물과 사람을 찾아본다. 4) 일상생활과 관련된 친숙한 낱말을 듣고 뜻을 이해한다.	( ) (○) ( ) ( )
	3. 짧은 이야기 듣기 1) 운율이 있는 짧은 말소리에 관심을 보이지 않는다. 2) 운율이 있는 짧은 말소리를 관심 있게 듣는다. 3) 짧은 이야기와 노랫말 등을 즐겁게 듣는다.	( ) (○) ( )
	4. 말하는 사람을 주의 깊게 보기 1) 상대방이 말할 때 눈 또는 얼굴을 바라보지 않는다. 2) 말하는 사람의 눈 또는 얼굴을 바라본다. 3) 말하는 사람의 표정, 몸짓을 관심 있게 본다. 4) 말하는 사람의 표정, 몸짓, 억양 등을 주의 깊게 보고 듣는다.	( ) (○) ( ) ( )
말하기	5. 낱말과 간단한 문장으로 말하기 1) 말소리 내는 것에 관심이 없고 교사의 말을 모방하려는 시도가 없다. 2) 여러 가지 말소리를 즐겁게 내며, 교사의 말을 모방하여 발음한다. 3) 눈앞에 보이는 친숙한 사물의 이름을 발음해본다. 4) 일상생활의 반복적인 일이나 친숙한 상황을 한두 낱말이나 간단한 문장으로 말해본다.	( ) ( ) (○) ( )
	6. 자신이 원하는 것을 말하기 1) 표정과 몸짓, 소리로 의사 표현을 하지 않는다. 2) 표정과 몸짓, 말소리로 의사 표현을 한다. 3) 자신이 원하는 것을 한두 낱말로 말해본다. 4) 자신이 원하는 것을 낱말이나, 짧은 문장으로 말해본다.	( ) ( ) (○) ( )

영역	평가 내용	
말하기	7. 상대방을 바라보며 말하기 1) 말차례가 되었을 때 표정, 몸짓, 말소리로 반응하지 않는다. 2) 말할 차례가 되지 않았는데 말소리 또는 말을 한다. 3) 말차례가 되었을 때 표정, 몸짓, 말소리로 반응한다. 4) 말할 순서에 되었을 때 상대방을 바라보며 말을 주고받는다.	 (　) (○) (　) (　)
읽기	8. 그림책과 환경 인쇄물에 흥미 가지기 1) 주변의 감각책에 대해 관심을 보이지 않는다. 2) 다양한 감각책을 탐색한다. 3) 그림책과 환경 인쇄물에 있는 그림과 내용에 관심을 가진다. 4) 친숙한 그림과 환경 인쇄물을 보고 읽는 흉내를 내 본다.	 (○) (　) (　) (　)
쓰기	9. 끼적이기 1) 끼적이기에 관심이 없다. 2) 끼적이기에 관심을 가진다. 3) 의도적으로 끼적인다. 4) 자기 이름 끼적이기에 관심을 가진다.	 (○) (　) (　) (　)

관찰자의 분석
말소리와 짧은 문장에 관심을 보이기는 하지만 26개월 영아의 발달 특성에 기초하여 평가할 때 친숙한 낱말에 대한 관심과 상대방의 이야기에 주의 집중하는 듣기 수준이 낮은 편임. 말하기는 친숙한 낱말을 말할 수 있고 자신의 의견을 낱말과 짧은 문장을 표현할 수 있는 수준이지만 다른 사람의 말이 끝나기를 기다리기보다는 자신이 말하고 싶을 때 함. 그림책과 인쇄물, 끼적이기에는 관심을 보이지 않음.

지도 방향
다른 사람과 의사소통을 할 때 말할 순서를 지킬 수 있도록 지도하며 다른 사람의 이야기를 주의 깊게 듣는 태도를 지도해야 함. 읽기에 관심 가질 수 있도록 영아가 흥미를 느끼는 그림이 있는 책과 자료를 준비해주도록 함.

영아에 비해 유아들은 듣고 이해하기, 자신의 생각과 느낌, 경험을 문장으로 표현하기, 상황에 맞게 적합한 문장으로 말하기, 읽기와 책에 관심 가지기, 쓰기 도구와 쓰기에 관심 가지기의 내용을 고려하여 단계별로 평정 척도를 작성할 수 있다.

표 5-8 유아의 언어 평정 척도 관찰 양식 사례

관찰 유아	정민형	생년월일	2017.03.18.(4년 5개월)	성별	
관찰자	정○○				

영역	평가 내용	
듣기	1. 낱말과 문장 듣고 이해하기	
	1) 한 가지 지시 사항이 포함된 낱말이나 문장의 내용을 잘 구분하지 못한다(예 "제일 위에 붙이자"라고 할 때, 아무 곳에나 붙이기).	(○)
	2) 한 가지 지시 사항이 포함된 내용을 듣고 그대로 수행할 수 있다.	(　)
	3) 두 가지 지시 사항이 포함된 내용을 듣고 수행하지만 틀릴 때도 있다.	(　)
	4) 두 가지 지시 사항이 포함된 내용을 듣고 그대로 수행한다.	(　)
	2. 이야기 듣고 이해하기	
	1) 이야기를 들은 후 관련 내용을 물어보면 대답하지 못한다.	(　)
	2) 이야기를 들은 후 관련 내용을 물어보면 일부 내용만 말한다.	(○)
	3) 이야기를 들은 후 중심 내용을 말한다.	(　)
	4) 이야기를 들은 후 중심 내용을 말하고, 궁금한 것에 대해 질문한다.	(　)
	3. 바른 태도로 듣기	
	1) 주의가 산만하여 다른 사람의 이야기를 잘 듣지 못한다.	(　)
	2) 다른 사람의 이야기를 끝까지 듣지 못한다.	(○)
	3) 다른 사람의 이야기를 주의 깊게 듣는 편이다.	(　)
	4) 다른 사람의 이야기를 주의 깊게 들으면서 반응을 보인다.	(　)
말하기	4. 낱말과 문장으로 말하기	
	1) 간단한 문장으로 말한다.	(　)
	2) 여러 문장으로 말한다.	(○)
	3) 상황에 맞게 다양한 단어를 사용하여 말한다.	(　)
	4) 상황에 맞게 다양한 단어를 사용하여 정확한 발음으로 말한다.	(　)
	5. 느낌, 생각, 경험 말하기	
	1) 자신의 경험이나 생각을 잘 표현하지 않는다.	(　)
	2) 주제에 대해 질문하면, 주제에서 벗어난 대답을 자주 한다.	(○)
	3) 주제에 대해 자신의 느낌, 생각, 경험을 말할 수 있지만, 그 내용이 단순하다.	(　)
	4) 주제에 대해 자신의 느낌, 생각, 경험을 풍부하게 말한다.	(　)
	6. 상황에 맞게 바른 태도로 말하기	
	1) 여러 사람 앞에서 말하려 하지 않는다(예: 대집단 활동 중 앞에 나오지 않기).	(　)
	2) 여러 사람 앞에 나오기는 하나, 말을 잘 이어 나가지 못하고 태도가 부자연스럽다.	(○)
	3) 여러 사람 앞에서 말을 이어 나가는 편이나, 태도가 부자연스럽다.	(　)
	4) 여러 사람 앞에서 자연스러운 태도로 적절하게 말한다.	(　)

영역	평가 내용	
읽기	7. 읽기에 흥미 가지기 1) 주변의 글자에 대하여 관심이 없다. 2) 주변의 익숙한 글자를 읽으려 하나 틀리기도 한다. 3) 주변의 익숙한 글자를 읽는다. 4) 주변의 새로운 글자를 스스로 읽으려 한다.	 (　) (　) (○) (　)
	8. 책 읽기에 관심 가지기 1) 책에 대해 관심이 없다. 2) 교사가 제안하거나 친구가 보는 책(타인에 의해 동기가 유발되면) 에 관심을 가지고 본다. 3) 관심 있는 몇 권의 책만 본다. 4) 다양한 책보기를 즐긴다.	 (　) (　) (○) (　)
쓰기	9. 쓰기에 관심 가지기 1) 글자를 쓰는 것에 관심이 없다. 2) 자신의 이름을 쓴다. 3) 주변의 친숙한 단어를 쓴다. 4) 자신의 느낌, 생각, 경험을 문장으로 쓰려 한다.	 (　) (　) (○) (　)
	10. 쓰기 도구 사용하기 1) 연필(색연필)을 바르게 쥐고 사용하지 못한다. 2) 교사가 본을 보이면 연필(색연필)을 바르게 쥐고 사용하려 한다. 3) 스스로 연필(색연필)을 바르게 쥐고 사용하려 하지만, 바르지 못할 때도 있다. 4) 스스로 연필(색연필)을 바르게 쥐고 사용한다.	 (　) (　) (○) (　)

관찰자의 분석

민형이는 읽기와 쓰기에 대한 관심이 높으며 간단한 단어를 혼자서 읽고 쓸 수 있다. 문자 언어 능력에 비해 음성 언어 능력은 낮은 편인데 다른 사람의 이야기를 이해하고 지시를 수행하는 능력이 낮게 나타난다. 이는 집중해서 듣지 않기 때문일 수도 있을 것이다.

이야기 듣고 말하는 능력도 주의집중에서 듣지 않기 때문에 질문에서 벗어난 대답을 할 때가 있다.

지도 방향

민형이와 대화를 할 때는 눈으로 보고 대화를 하도록 지도하며 다른 사람의 이야기를 끝까지 듣는 태도를 지도할 필요가 있다. 질문에 대해 일부의 내용만 말하는 것이 이야기를 이해하지 못해서인지 잘 듣지 않아서인지 추가적인 관찰이 필요하다.

출처: 유아교육진흥원(2013). 5세 누리과정 관찰척도.

2) 포트폴리오 평가

포트폴리오 평가
영유아 개개인의 변화와 발달 과정에 대한 총체적이고 지속적인 평가

포트폴리오 평가는 영유아 개개인의 변화와 발달 과정에 대한 총체적이고 지속적인 평가이다. 포트폴리오 평가에는 표준화 검사 결과를 포함하여 영유아의 쓰기 결과물, 교사의 관찰 자료, 영유아의 활동 사진 등 모든 자료가 포함된다.

포트폴리오 평가는 영유아 언어 능력의 변화 과정에 대한 포괄적인 자료 수집이 가능하기 때문에 교사는 영유아의 실제 생활에서 언어 행동을 통합적으로 관찰하여 종합적인 평가를 할 수 있다. 포트폴리오 평가 자료는 방대하기 때문에 교사는 포트폴리오 평가에 무엇을 포함할 것이며, 언제 어떤 유아들의 작품을 포함할지에 대한 결정을 내려야 한다.

표 5-9 자료 수집 목록

영역	평가 및 관찰 활동 목록	수집 자료 유형	평가 및 관찰 횟수와 시기
듣기	주제에 대한 이야기 나누기	관찰 기록	4월, 7월, 10월
말하기	주말 지낸 이야기	관찰 기록	6월, 9월, 12월
읽기	내가 좋아하는 동물	활동지	10월
	책 읽기	관찰 기록	3월, 6월, 11월
쓰기	유아의 쓰기 샘플	활동지, 체크리스트	5월, 9월, 12월

표 5-10 관찰 활동별 평정 기준

영역(내용)	평가 및 관찰 활동 목록	평정 기준			
		1	2	3	4
듣기(바른 태도로 듣기)	주제에 대한 이야기 나누기	집중하여 듣지 않는다.	집중하여 들으나 내용을 이해하지 못한다.	집중하여 듣고 내용을 이해한다.	들은 내용을 이해하고 반응을 보이며 주의 깊게 듣는다.
말하기(상황에 맞게 바른 태도로 말하기)	주말 지낸 이야기	자기의 의견을 잘 표현하지 않는다.	자기의 의견을 말하나 적절하지 않을 때가 있다.	자기의 의견을 분명한 발음으로 말한다.	상황에 따라 알맞게 말한다.

표 5-11 듣기 관찰 기록 예시

<table>
<tr><td>관찰 유아</td><td>박수진</td><td>관 찰 일</td><td colspan="2">2022.01.15.</td><td>성별</td><td>여</td></tr>
<tr><td>주 제</td><td>동물</td><td>활동장면</td><td colspan="4">동극을 하기 위한 도입 단계</td></tr>
<tr><td>관찰 기록</td><td colspan="6">어제 들려주었던 동화 '치과의사 드소토 선생님' 내용을 회상하였다.
• 교사: 드소토 선생님은 무엇을 하는 선생님이니?
• 정현: 치과의사 선생님이요.
• 교사: 드소토 선생님이 무서워하는 것은 무엇이었을까?
수진이는 교사와 다른 유아들이 이야기를 할 때 상대방의 얼굴을 쳐다보며 듣는다. 정현이와 교사가 이야기할 때 고개를 끄덕이며 이야기를 듣는다.
• 수진: 여우가 치료 받다가 선생님을 물을까봐서 걱정을 했어요.
• 민석: 사다리 타고 올라가서 치료하면 돼요.
• 수진: 사다리타고 올라가도 여우가 입을 크게 벌려서 생쥐 선생님을 물면 어떻게 해?
• 경현: 그럼, 여우 입에다 테이프를 붙이면 돼.
• 수진: 입에다 테이프를 붙이면 치료를 못하잖아.</td></tr>
<tr><td>관찰 항목</td><td>1. 집중하여 듣지 않는다.</td><td>2. 집중하여 들으나 내용을 이해하지 못한다.</td><td colspan="2">3. 집중하여 듣고 내용을 이해한다.</td><td colspan="2">4. 들은 내용을 이해하고 반응을 보이며 주의 깊게 듣는다.</td></tr>
<tr><td>바른 태도로 듣기</td><td></td><td></td><td colspan="2"></td><td colspan="2">√</td></tr>
<tr><td>관찰 항목</td><td>여러 사람 앞에서 자기의 의견을 잘 표현하지 않는다.</td><td>여러 사람 앞에 나오기는 하나, 말을 이어가는 태도가 부자연스럽다.</td><td colspan="2">여러 사람 앞에서 말을 이어나가는 편이나 태도가 부자연스럽다.</td><td colspan="2">여러 사람 앞에서 자연스러운 태도로 적절하게 말한다.</td></tr>
<tr><td>상황에 맞게 바른 태도로 말하기</td><td></td><td></td><td colspan="2"></td><td colspan="2">√</td></tr>
<tr><td>관찰자의 분석</td><td colspan="6">수진이는 동극을 하기 위한 동화 듣기, 동화 내용 회상하기 등 활동 과정에서 교사의 말을 경청하며 듣는다. 그리고 궁금한 것은 교사의 이야기를 끝까지 다 듣고 나서 질문한다. 상대에게 반응하며 듣는 태도도 좋고 들은 내용을 잘 이해하는 편이다.</td></tr>
</table>

표 5-12 관찰 활동별 평정 기준

영역	평가 및 관찰 활동 목록	평정 기준			
		1	2	3	4
읽기 (책읽기에 관심 가지기)	책읽기	책에 대해 관심이 없다.	교사가 제안하거나 친구가 보는 책에 관심을 가지고 본다.	관심 있는 몇 권의 책만 본다.	다양한 책보기를 즐긴다.
말하기 (느낌, 경험, 생각 말하기)	책의 내용 회상하여 말하기	자신의 경험이나 생각을 잘 표현하지 않는다.	주제에 대해 질문하면, 주제에서 벗어난 대답을 자주 한다.	주제에 대해 자신의 느낌, 생각, 경험을 말할 수 있지만, 그 내용이 단순하다.	주제에 대해 자신의 느낌, 생각, 경험을 풍부하게 말한다.

표 5-13 읽기 관찰 기록 예시

관찰 유아	장경민	관 찰 일	2022.02.15.	성별	남
주 제	동물	활동장면	동극을 하기 위한 도입 단계		
관찰 기록	경민이는 일곱 마리 아기 양과 늑대 동화를 가지고 와서 교사에게 읽어 달라고 한다. 교사가 책을 읽어주자 교사의 옆에 앉아서 듣는다. 동화 듣기가 끝나자. 선생님에게 읽어주겠다고 한다. • 교사: 책 읽을 수 있니? • 경민: 그림 보면 알 수 있어요. • 교사: 책 읽는 것 좋아해? • 경민: 나는 집에서도 잘 때도 책 읽는 것 좋아해요. 엄청 재밌어요. • 교사: 어떤 이야기인지 선생님에게 들려줄 수 있어? • 경민: 아이 양이 한 마리 두 마리...... 일곱 마리 있어요. 엄마 양도 있어요. 엄마 양이 시장에 가요. 늑대가 왔어요......				

관찰 항목	1. 책 보는 것에 관심이 없다.	2. 책보는 것에 관심이 있으나 그림을 단서로 책의 내용을 이해하지 못한다.	3. 책보는 것을 즐기고, 그림을 단서로 책의 내용을 이해한다.	4. 책 보는 것을 즐기고 책의 내용을 이해하며 궁금한 것이 있으면 책에서 찾아본다.
읽기			√	
관찰 항목	1. 간단한 단어 중심으로 말한다.	2. 간단한 문장으로 말한다.	3. 두 개 이상의 문장을 연결하여 말한다.	4. 다양한 문장으로 자신의 생각과 느낌을 말한다.
말하기(문장으로 표현하기)		√		
관찰자의 분석	경민이는 글자를 읽을 수는 없지만 그림을 단서로 책의 내용을 이해하고 있다. 책의 내용에 대해 간단한 문장으로 표현하는 수준이다.			

표 5-14 관찰 활동별 평정 기준

영역	평가 및 관찰 활동 목록	평정 기준			
		1	2	3	4
쓰기	질문 목록 쓰기	1. 자신의 이름과 주변의 친숙한 글자 쓰기에 관심이 없다.	2. 자신의 이름과 주변의 친숙한 글자를 쓴다.	3. 교사의 도움이 있으면 자신의 느낌, 생각, 경험을 글자와 비슷한 형태나 글자로 쓴다.	4. 스스로 자신의 느낌, 생각, 경험을 글자와 비슷한 형태나 글자로 쓴다.

표 5-15 쓰기 체크리스트

<table>
<tr><td>관찰 유아</td><td>이수진</td><td>관찰일</td><td>2022.02.10.</td><td>성별</td><td colspan="2">여</td></tr>
<tr><td colspan="5">관 찰 항 목</td><td>예</td><td>아니오</td></tr>
<tr><td colspan="5">손목과 손가락을 자기가 원하는 대로 움직일 수 있다.</td><td>○</td><td></td></tr>
<tr><td colspan="5">눈과 손의 협응이 가능하다.</td><td>○</td><td></td></tr>
<tr><td colspan="5">쓰기 도구를 바르게 잡고 쓸 수 있다.</td><td>○</td><td></td></tr>
<tr><td colspan="5">글자의 기본적인 획(직선, 곡선, 사선)을 그을 수 있다.</td><td>○</td><td></td></tr>
<tr><td colspan="5">각 철자의 모양을 구별할 수 있다.</td><td>○</td><td></td></tr>
<tr><td colspan="5">글씨를 왜 써야 하는지 그 이유를 이해한다.</td><td>○</td><td></td></tr>
<tr><td>사진</td><td colspan="6"></td></tr>
<tr><td>면담</td><td colspan="6">• 교사 : 무엇을 쓰고 있는 것이니?
• 수진 : 바퀴에 대해 궁금한 것이요.
• 교사 : 궁금한 것을 왜 적어야 할까?
• 수진 : 친구들에게 다 말할 수 없으니까요. 여기다가 적어놓으면 친구들이 와서 보고 알 수 있잖아요.</td></tr>
</table>

확인해 보세요

1. 영유아 언어 교육의 목표에 근거하여 교육 과정 평가와 영유아 평가를 하는가?
2. 영유아 언어 평가 결과를 개별 영유아의 흥미와 관심, 요구 파악과 영유아의 발달을 지원하기 위해 활용하는가?
3. 평가 결과는 교사의 교육 계획과 교수–학습 방법 개발을 위한 자료로 활용하는가?
4. 교사는 영유아의 매일의 활동과 경험을 규칙적으로 관찰하고 기록하여 평가를 위한 자료를 수집하는가?
5. 영유아 평가는 특별한 평가 맥락이 아닌 영유아의 생활 전반에서 이루어지는가?
6. 영유아 언어 평가는 과제 중심이 아닌 수행 평가 중심으로 이루어지는가?
7. 영유아 언어 평가는 영유아와의 면담, 영유아의 활동 결과물, 대화 내용, 관찰 일지 등의 다양한 자료 수집을 통해 이루어지는가?
8. 영유아 평가는 개인적, 문화적, 언어적 다양성과 성의 다양성을 반영하는가?
9. 영유아 언어 평가가 진행되는 동안 긴장하거나 불안해하기보다는 편안함을 보이는가?
10. 영유아 평가 결과는 부모가 영유아가 이해할 수 있는 자료로 활용되는가?
11. 영유아 언어 평가는 영유아의 약점을 파악하기 위한 목표보다는 그들의 강점과 가능성을 파악하기 위한 것인가?
12. 영유아의 언어 평가를 위하여 교사와 부모, 영유아, 지역사회가 협력하는가?
13. 영유아도 자신의 언어적 능력을 평가할 수 있는 기회를 가질 수 있는가?
14. 영유아 언어 평가를 위한 자료 수집과 평가 결과의 활용을 체계적으로 하고 있는가?

토의해 보세요

만 3세 진수는 자신의 의견을 다양한 어휘로 말할 수 있으며, 자신의 생각을 그림과 기호로 나타내면서 다른 사람에게 전달하곤 합니다. 때로는 글자와 비슷한 형태를 그리기도 합니다. 좋아하는 그림책의 그림을 보고 읽기를 흉내 내거나 자신의 이름과 반 이름을 읽으려는 시도를 하기도 합니다.

진수의 부모는 자녀의 읽기, 쓰기 능력에 대한 불안감을 호소하고 있습니다. 만약 당신이 교사라면 어떤 자료를 수집하여 만 3세 진수의 의사소통 능력과 읽기, 쓰기 능력에 대한 부모와 상담을 하시겠습니까?

PART 3

영유아 언어 교육의 실제

발생적 문식성의 개념이 확산되기 이전에는 영아에게 언어를 교육해야 한다는 인식이 일반적이지는 않았다. 실제로 대가족 사회에서 영아는 많은 사람들과 상호작용하며 자연스럽게 일상의 언어 정보들을 받아들이고 스스로 연습할 수 있었다. 그러나 가족의 단위가 축소되고 맞벌이 가정이 많아지면서 영아들이 자발적으로 언어를 학습할 수 있는 공간은 집보다는 영유아교육기관이 되었다. '다수의 양육자 VS 영아의 양육 구조'에서 '양육자 VS 다수의 영아'의 양육 구조로 전환되었다는 것은 그만큼 자연스럽게 환경과 상호작용하는 총체적 언어 학습의 기회가 줄어들었다는 것을 의미한다.

영아의 언어 발달을 지원하기 위해서는 풍부한 언어 환경을 구성하고 교사의 적극적인 상호작용이 가장 중요하다. 또한 교사들이 보다 교육적인 측면에서 계획적으로 영아의 언어 발달을 지원하기 위한 다양한 교육 프로그램을 개발할 필요가 있다.

학습 목표	• 그림책의 교육적 가치와 발달에 적합한 그림책의 유형을 안다. • 몸짓 놀이의 언어 교육적 가치를 안다. • 그림책과 몸짓을 활용하여 영아의 언어 교육 활동을 계획할 수 있다.		
학습 내용	지식	기술	태도
	• 그림책의 가치와 언어 교육 적용 방법 • 몸짓놀이의 가치와 언어 교육 적용 방법	• 그림책을 활용한 언어 교육 활동 계획 • 몸짓을 활용한 언어 교육 활동 계획	• 영아의 발달에 적합한 그림책에 대한 관심 • 영아 몸짓의 의미를 관찰하는 태도
핵심 용어	그림책, 어휘와 경험의 통합, 어휘 확장, 어휘 활용, 몸짓 놀이, 몸짓과 어휘의 통합		

Chapter 6

영아 언어 교육의 실제

영아 언어 교육의 실제

1. 그림책을 활용한 언어 지도

1) 영아와 그림책

영아와 책은 어쩌면 너무 이른 관계 맺기가 아닐까 하는 염려를 할 수도 있다. 하지만 책은 문자가 나열된 것이 아니라 이야기를 담아 놓은 그릇이고, 그림책을 읽는다는 것은 문자를 해독하는 것이 아니라 책 속에 담긴 의미를 이해하는 것이다. 이러한 관점에서 그림책을 통해서 영아는 좋은 이야기들을 들을 수 있고 그림책 속의 이야기들을 통해서 더 넓은 세상과 만날 수도 있을 것이다. 교사는 영아와 책의 관계 맺기가 언제부터가 옳으냐를 생각하는 것이 아니라 어떻게 경험하게 하는 것이 효과적인가를 생각해야 할 것이다.

어떤 학자는 좋은 음식은 아이들의 신체에 영양을 공급하고 좋은 책은 아이들의 뇌가 성장하고 학습하도록 돕는다는 말로 그림책의 가치를 설명했다. 영아들에게 그림책을 읽어주면 마치 아이가 우유를 마시는 것과 같이 본능적으로 열심히 소리, 단어, 그림들을 흡수하는 것을 확인할 수 있다. 영아 언어 지도에 있어서 그림책의 가치는 다음과 같다.

첫째, 교사가 책을 읽어주면 영아는 말에 대한 감각이 생기기 전에 소리와 리듬의 패턴을 익힐 수 있다. 실제로 책을 읽는 과정에서 영아들은 반복되는 소리나 리듬에 집중하고 따라서 소리 내고자 하는 것을 관찰할 수 있다.

둘째, 반복되는 소리와 구체적인 경험을 통합하면서 어휘를 습득할 수 있다. 교사는 영아의 어휘 습득을 지원하기 위해서 그림책을 읽는 과정에서 반복적으로 그림책 속의 사물을 손가락으로 가리키면서 이름을 말해주어야 한다. 영아들은 어느 순간 교사가 가리켰던 사물을 손가락으로 가리키는 행동을 할 것이고 교사가 이름을 말해주면 따라하려는 노력을 할 것이다.

셋째, 영아들이 살고 있는 세상에 대해서 간접적인 경험을 할 수 있다. 그림책을 읽으면서 들은 것, 본 것, 느낀 것, 생각한 것들은 영아들이 세상에 대한 감각을 형성하는 데 도움이 된다. 물론 영아들이 그림책을 통해서 경험한 것들을 일상생활에서 직접 접할 수 있는 기회가 많으면 많을수록 그 효과는 더욱 크다고 할 수 있다.

2) 그림책의 선정

영아들을 위한 그림책은 합지로 제작된 보드북(Board book)이나 당기거나 누르는 등 조작 활동이 포함되어 장난감처럼 가지고 놀 수 있는 토이북(Toy book)이 대부분이다. 보드북은 영아들이 스스로 책장을 넘길 수 있고 쉽게 파손되지 않는다는 장점이 있다. 영아들의 특성상 책을 입에 넣는 상황이 발생할 수 있으므로 책을 구입한 후 즉시 접착 시트지를 붙이면 더 오래 보관할 수 있다. 토이북은 초반에 아이들의 흥미를 끌 수 있으나 너무 작은 물건이 들어있지 않은지, 날카로운 모서리들은 없는지와 같은 안전 상태를 잘 점검하는 것이 중요하다. 영아용 책이라고 해서 무조건 토이북만을 선택할 필요는 없으며 책과 장난감은 다르다는 것을 인식할 수 있도록 책을 다루는 방법을 지도하는 것이 바람직하다.

영아를 위한 그림책을 선정할 때 고려해야 하는 사항은 다음과 같다.

첫째, 반복적이고 리듬감이 있는가?

영아들은 그림책을 읽는다기보다는 성인의 목소리를 통해서 듣는다고 할 수 있다. 영아들은 처음부터 이야기의 의미에 집중하기보다는 말소리에 집중하고 흥미를 보인다. 운율을 가지고 있는 소리는 쉽게 기억되고 기억된 소리를 바탕으로 영아들은 그 의미를 생활 속에서 찾아가면서 어휘를 획득하는 것이다. 재미있는 소리가 나고 규칙적인 리듬을 가지고 있는 책은 영아들이 책에 대한 지속적인 흥미를 가지게 할 것이다.

해당하는 그림책은 다음과 같다.

제목	까꿍놀이	달님 안녕	그건 내 조끼야
작가	최숙희 글/ 그림	하야시 아키고 글/ 그림	나카에 요시오 글/ 우에노 노리코 그림
출판사	보림	한림출판사	비룡소

둘째, 시각적으로 아름다운가?

영아들은 청각적인 자극만큼이나 시각적인 자극에 민감하다. 선과 색이 선명하고 조화롭게 배치된 그림은 아름다움을 느끼게 할 뿐 아니라 선과 색이 만드는 활동성과 생동감으로 인해 영아들의 책에 대한 흥미를 높인다. 등장인물들의 표정이나 동작이 단순하지 않고 다채롭게 표현되어 있다면 그림책을 읽는 동안 영아들과 다양한 몸짓 놀이를 시도해볼 수 있어 지루하지 않게 책을 읽을 수 있다.

해당하는 그림책은 다음과 같다.

제목	비가 오는 날에	무지개 물고기 (시리즈)	코끼리 엘머와 친구들 (시리즈)
작가	여해리 글/ 그림	마르쿠스 피스터 글/ 그림	데이비드 맥키 글/ 그림
출판사	보림	시공주니어	토마토하우스

셋째, 발견하는 형식을 가지고 있는가?

영아들은 주의집중 시간이 길지 않기 때문에 그림책을 읽는 동안 지속적으로 새로운 정보를 발견하고 자극을 받을 수 있는 그림책에 보다 흥미를 느낀다. 물론 좋은 구연만으로도 충분히 주의를 집중시킬 수 있지만 플랩북(flap-book, 펼치거나 들어 올리면 다른 그림이 나오는 그림책)을 활용하면 영아들이 보다 재미있게 그림책을 읽도록 할 수 있다. 명명하기(사물에 이름을 붙이기)를 중심으로 언어생활을 하는 영아들은 숨어있는 대상을 찾고 그것의 이름을 부르는 것에 큰 관심을 보인다.

해당하는 그림책은 다음과 같다.

제목	스팟, 함께 놀자!	그림자 놀이
작가	에릭 힐 글/ 그림	애플비 편집부 지음
출판사	베틀북	애플비

넷째, 일상생활과 관련되어 있는가?

영아들은 동물, 가족, 놀이, 인형, 물, 나무 등 자신이 일상생활에서 경험했던 것을 그림책에서 다시 만날 때 매우 흥미를 보인다. 영아들은 자신의 경험을 그림책에서 확인하고 다시 그림책에서 경험한 것을 일상생활로 확장하면서 다양한 생활주제에 대해 자신의 이야기를 재구성해 나감과 동시에 성인과 같은 주제로 이야기를 나눌 수 있게 된다.

해당하는 그림책은 다음과 같다.

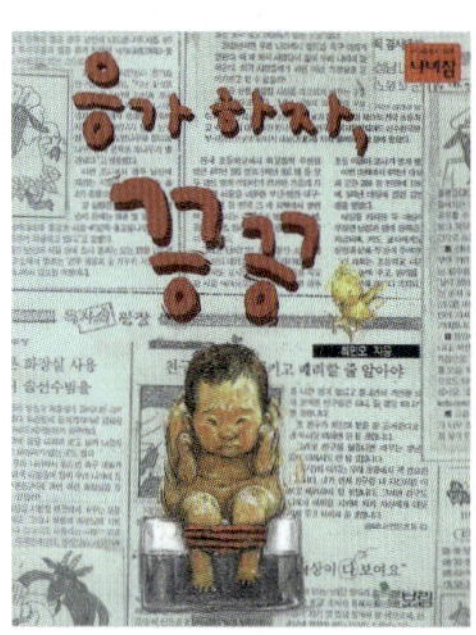

제목	응가하자 끙끙	태워보아요	엄마랑 뽀뽀
작가	최민오 글/ 그림	홍진숙 글/ 그림	김동수 글/ 그림
출판사	보림	사계절	보림

3) 활동의 단계

그림책은 교사와 영아가 즐겁게 함께 읽는 것만으로도 좋은 언어 지도가 되지만 한두 단어를 사용하는 영아들은 어휘를 중심으로 언어를 확장해 나간다는 점을 감안하여 언어 지도를 위한 활동의 단계를 이옥임과 박성희(2015)의 제안을 소개하고자 한다.

그림책 감상

- 활동 전에 교사가 그림책을 읽으면서 핵심 어휘를 정한다.
- 핵심 어휘를 반복하고 강조하면서 그림책을 읽어준다.
- 그림책을 읽는 과정에서 핵심 어휘를 영아들이 따라할 수 있도록 기회를 제공한다.
- 영아들의 이름을 부르면서 선정된 어휘가 포함된 문장을 재구성하여 다시 들려준다.

↓

어휘와 경험의 통합

- 선정된 어휘를 감각적으로 경험할 수 있는 활동을 실행한다.
- 활동을 하는 과정에서 영아들의 감각적 경험을 언어적으로 기술하여 들려준다.

↓

어휘 확장 및 활용

- 영아들이 인식한 어휘를 직접 활용해볼 수 있는 활동을 실행한다.
- 활동을 하는 과정에서 어휘를 다양하게 변형하여 영아들과 대화를 나눈다.

↓

평가

- 다양한 상황에서 영아들과 학습한 어휘를 활용하여 대화를 나눈다.
- 일상생활 속에서 영아들이 어휘를 사용하는지 관찰한다.

그림 6-1 영아기 그림책을 활용한 언어 활동 구성의 단계(이옥임, 박성희, 2015)

4) 활동의 실제

그림책 소개

홍진숙
글, 그림/ 사계절

내용

'태워 보아요'는 아이가 끈 달린 종이상자를 발견하면서부터 시작된다. 아이는 자신이 좋아하는 곰돌이, 돼지, 악어 인형과 깡통 로봇을 상자에 태워서 온 집안을 신나게 돌아다닌다. 아빠가 주무시던 이불 위를 지나, 문턱을 넘어, 식탁 밑을 통과하며 덜컹덜컹, 우당탕 소리도 듣고, 부릉부릉 소리도 내면서 달린다. 문득 뒤돌아본 상자 안에 장난감 친구들이 재미있어 보이는 아이는 "이젠 나도 탈래." 소리 치고, 자상한 엄마는 아이를 상자에 태워 부릉부릉 달린다.

핵심 어휘

태워 보아요. 태워 줄까요? 태워 줘. 탈래. ~도. 부릉부릉

미리보기

그림책 감상

태워 보아요

활동 목표
- 그림책을 감상하면서 반복되는 어휘에 관심을 갖는다.
- '태워보아요'라는 어휘가 나오면 함께 읽는다.

표준보육과정 관련 요소
- 의사소통 〉 듣기 〉 짧은 이야기 듣기
- 의사소통 〉 읽기 〉 그림책과 환경 인쇄물에 흥미 가지기

활동 자료
그림책(태워 보아요)

활동 방법

1. 그림책을 소개한다.
   - 아가는 어디 있어?
   - 엄마는 어디 있어?
   - 아가가 상자에 탔네.
   - 아가랑 상자에 탄 친구들은 어디 있어?
2. 그림책을 감상한다.
   - 그림책 속에서 아가는 상자 타고 어디를 갈까?
   - 상자에는 어떤 친구들이 탔을까?
3. 다시 한 번 그림책을 읽으면서 '태워보아요'라는 어휘가 나올 때마다 영아들과 함께 읽는다.
4. 영아들의 이름을 부르면서 그림책의 내용을 재구성한다.
   - ○○이는 무엇을 타고 싶어?
   - (영아가 말하는 것을 받아서) ○○이를 비행기(기차, 자동차)에 태워 보아요.

   * 영아들이 말하는 탈 것의 모습을 신체로 흉내 낸다.

활동 평가
- 영아들이 교사가 읽어주는 그림책의 내용에 관심을 가지고 듣는가?
- 교사의 말소리를 듣고 비슷한 소리로 따라하는가?

활동의 유의점
- 위에 제시된 발문 중에서 각 반 영아들의 수준과 반응에 따라 적절한 것을 선택해서 상호작용한다.

확장 활동
- '장난감 기차' 동요를 틀고 선생님 친구들과 기차 타기 놀이를 한다.
- 큰 블록으로 자동차를 만들고 영아들을 한 명씩 태워 자동차 타기 놀이를 한다.

어휘와 경험의 통합

내가 태워줄게

활동 목표
- 종이 상자에 자신이 원하는 인형을 태울 수 있다.
- 인형을 태우고 상자를 끄는 경험을 한다.

활동 자료
- 끈이 달린 종이 상자(영아들의 수만큼), 다양한 인형과 동물 모형(바구니에 담아 준비)

표준보육과정 관련 요소
- 의사소통 〉 말하기 〉 자신이 원하는 것을 말하기
- 신체 운동 〉 신체 활동에 참여하기 〉 기구를 이용하여 신체 활동하기

활동 방법

1. 끈이 달린 종이 상자의 사용 방법에 대한 시범을 보인다.
   - 종이 상자가 있네.
   - (종이 상자를 끄는 모습을 보여주며) 종이 상자를 끌어볼까?
   - 너희들도 종이 상자를 끌어보자.

   *영아들이 개별적으로 종이 상자를 끌어볼 수 있는 기회를 제공한다.
2. 바구니에서 인형들을 꺼내며 이름을 소개한다.
   - 종이 상자에 태워줄 친구들이 여기 있네.
   - 무엇이 있을까?
   - (하나하나 꺼내며 이름을 말해준다.)
3. 종이 상자에 태울 인형들을 선택한다.
   - ○○이는 종이 상자에 무엇을 태워 볼 거야?
   - ○○이가 호랑이 인형을 상자 안에 태워 보아요.
4. 영아들이 자신이 원하는 인형을 태워서 자유롭게 움직인다.

활동 평가

- 자신이 원하는 인형을 선택할 수 있는가?
- 교사의 지시를 듣고 적절하게 반응하는가?

활동의 유의점

- 영아들이 친구와 같은 인형을 태우고 싶어 할 수도 있으므로 가능하면 같은 종류의 인형을 많이 준비한다.

확장 활동

- 활동이 진행된 후 영아들이 다른 물건들을 상자에 넣고 싶어 할 수 있으므로 이틀 정도는 교사가 인형 외에 다양한 물건들을 상자에 넣어 끌어볼 수 있는 기회를 제공한다.

어휘 확장 및 활용-1

칙칙폭폭 기차를 타세요

활동 목표

- 의자 하나에 한 명씩 앉아서 기차놀이를 한다.
- 의자 기차를 타고 친구들과 함께 놀이를 즐긴다.

활동 자료

영아용 의자(아이들 수만큼)

표준보육과정 관련 요소

- 의사소통 〉 말하기 〉 자신이 원하는 것을 말하기
- 사회관계 〉 더불어 생활하기 〉 또래와 관계하기

활동 방법

1. '장난감 기차' 노래로 기차놀이를 소개한다.
   - 장난감 기차가 어떤 소리를 내지?
   - (칙칙폭폭) 큰 소리로 칙칙폭폭 해볼까?
   - (한 손을 위로 아래로 움직이며) 더 큰 소리로 칙칙폭폭 해볼까?
   - 선생님과 똑같이 손으로 칙칙폭폭 해볼까?
2. 의자를 영아의 수만큼 한 줄로 놓고 기차를 만든다.
   - 우리도 기차를 만들어보자.
   - (의자를 차례로 놓으며) 의자로 한줄 기차를 만들어보자. 의자 기차가 만들어졌네.
3. 한 명씩 이름을 불러 의자에 태운다.
   - 의자 기차에 어떤 친구를 태워볼까?
   - ○○이를 태워보아요. (영아들의 이름을 불러 한 명씩 의자에 앉도록 한다.)
4. 장난감 기차 노래에 맞추어 영아들이 의자 기차 놀이를 한다.
   - 자, 우리 반 친구들을 모두 태웠으니까 칙칙폭폭 여행을 떠나볼까?

- 너희들이 큰 소리로 '칙칙폭폭' 소리를 내면 기차가 출발할 거야.
- 기차를 타고 어디에 가고 싶어?
- (영아들의 말을 받아서) 놀이동산으로 갑니다, 칙칙폭폭
- 엄마한테 갑니다. 칙칙폭폭

활동 평가

- '칙칙폭폭'이라는 의성어를 따라서 발음할 수 있는가?
- 자신이 가고 싶은 곳을 말할 수 있는가?

활동의 유의점

- 교실에 영아의 수만큼 의자가 없을 경우 스펀지나 종이 블록 등 소프트한 블록을 사용하여 활동을 진행하도록 한다.
- 대집단으로 진행하는 경우 영아들이 기다리는 것을 어려워할 수 있으므로 한두 명의 영아와 놀이를 시작하고 관심을 가지는 영아들이 모여서 참여할 수 있도록 한다.

확장 활동

- 쌓기 영역에서 블록 기차를 만들고 동물 인형들을 태워보며 놀이를 해 볼 수 있도록 한다.

어휘 확장 및 활용 -2

아가를 안전하게 태워요

활동 목표
- 종이 블록으로 만든 다리를 떨어지지 않고 건너본다.
- 유모차에 아기를 태워서 종이 블록으로 만든 다리를 건너본다.

활동 자료
- 유모차 또는 카트, 아기 인형, 종이 블록으로 만든 다리, 파란 천

표준보육과정 관련 요소
- 의사소통 〉 듣기 〉 짧은 문장 듣고 알기
- 신체 운동 〉 신체 조절과 기본운동하기 〉 신체 균형 잡기

활동 방법

1. 파란 천 위에 종이 블록으로 만든 다리를 준비한다.
2. 영아들이 종이 블록으로 만든 다리를 떨어지지 않고 건너본다.
   - 물 위에 다리가 있네.
   - (직접 시범을 보이며) 선생님이 한 번 다리를 건너볼게.
   - 너희들도 떨어지지 않고 다리를 건널 수 있을까?

   *영아들이 한 명씩 다리를 건너도록 한다.
3. 유모차에 아기 인형을 태운다.
   - 아기도 다리를 건너고 싶데. 어떻게 도와주지?
   - 유모차에 아기를 태워 볼까요?
   - (아기를 유모차에 태우며) 아기를 유모차에 태워 보아요.
4. 유모차를 밀면서 종이 블록으로 만든 다리를 건넌다.
   - 너희들이 아기를 안전하게 태워 보자.
   - ○○이가 먼저 아기를 태워서 다리를 건너 보자.

   *영아들이 한 명씩 다리를 건너도록 한다.

활동 평가

- '태워 보아요'라는 말을 일상에서 사용하는가?
- 종이 블록 위를 균형감 있게 걸을 수 있는가?

활동의 유의점

- 본 활동 시에는 종이 상자나 바퀴 달린 바구니와는 다른 종류의 이동 수단을 이용해서 활동을 진행한다.
- 종이 블록으로 다리를 만들 때에는 아기를 태우는 탈 것의 폭과 거의 일치하게 하여 영아들이 긴장감을 가지고 길을 통과할 수 있도록 한다.

확장 활동

- 실외 놀이터나 신체 활동실에서 탈 것에 물건을 담고 이동하는 게임 활동을 반복해서 한다.
- 도화지에 인형이나 동물 스티커를 붙이면서 '○○을 태워 보아요'라는 문장을 반복해서 사용할 수 있도록 한다.

2. 몸짓 놀이를 활용한 언어 지도

1) 영아와 몸짓

영아기는 실로 급격한 신체적 성장이 이루어지는 시기이며 영아들은 자신의 몸을 정확하게 인식하고 그 몸의 움직임을 조절하기까지 수많은 도전에 즐겁게 참여한다. 감각운동기의 영아들은 온몸으로 세상을 받아들일 뿐 아니라 말과 몸짓으로 세상을 배운다고 해도 과언이 아니다. 성인 수준의 언어를 사용하기 전까지 영아들은 발성되는 소리의 강약 그리고 표정, 손짓, 발짓 등 다양한 몸짓을 이용해서 자신의 생각과 느낌을 표현하고 타인과 비언어적으로 의사소통한다. 감각운동기에는 경험과 신체적 움직임을 통해 어휘를 획득한다.

말을 하기 전 영아의 의사소통적인 몸짓은 지시적 몸짓과 표상적 몸짓으로 분류할 수 있다(Iverson & Goldin-Meadow, 1997). 지시적 몸짓은 손가락으로 지시하기, 사물 건네주기, 몸통 돌리기가 포함된다. 표상적 몸짓은 여러 맥락에서 비교적 지속적인 의미와 연관이 있는 손, 몸, 표정, 몸짓으로 물체의 움직임이나 특성에 대한 정보를 전달하는 참조적 몸짓, 몸짓 의미가 전통적으로 고정이 되어 있는 관습적 몸짓으로 구분할 수 있다. 세이다 오즈깔리스칸(Seyda Özçaliskan, 2009)는 말과 몸짓이 함께 쓰일 때의 몸짓을 몸짓이 단어의 의미를 강화시키는 방법에 따라 2가지로 구분하였다. 하나는 말과 같은 정보를 전달해주며 말의 의미를 보충해주는 보완적 몸짓, 다른 하나는 말과 다른 정보를 전달해주는 추가적 몸짓이다(박세진, 2009 재인용).

언어 지도의 측면에서 몸짓과 언어를 통합하는 것은 교육적으로 가치가 있다. 화이트헐스트와 드바리쉬(Whitehurst & DeBaryshe, 1989)는 영아의 몸짓 사용이 초기 의사소통과 후기 구어 능력 측면 모두에 정적인 상관을 미치며 사회적으로 의미 있는 의사소통적 행동이 어휘 습득의 촉진제가 된다고 밝혔다(박세진, 2009 재인용). 10~17개월 미만의 영아들이 의사소통에서 몸짓을 많이 사용하는 것은 음성 언어의 발달을 촉진할 수 있으며(장유경, 2007), 표상적 몸짓을 많이 사용하는 영아는 이해 어휘 수도 많다는 연구 결과도 있다(강은진, 2007). 이러한 연구 결과들을 바탕으로 초기 의사소통적 몸짓이 이후 언어 발달을 촉진한다는 것을 알 수 있다. 영아들의 몸짓을 잘 관찰하면서 교사들은 그들의 생각과 느낌을 읽을 수 있고, 그들의 몸짓을 언어로 자세히 기술하여 들려주면서 그들이 자신의 생각과 느낌을 형식적인 언어로 통합할 수 있는 기회를 제공할 수 있다. 이러한 이론에 기초하여 언어 지도에 있어서 몸짓의 가치를 정리하면 다음과 같다.

첫째, 몸짓은 자기 표현의 한 방법이다.

사람은 어떤 방식으로든 자신의 정서적인 변화에 대해 표현하고자 하며, 솔직하게 자신의 정서를 표현하는 것은 곧 건강한 삶의 출발이다. 형식적인 언어를 사용하지 못하는 영아들은 자신의 기분을 기분 좋음, 기분 나쁨, 즐거움, 화남, 놀람 등의 다양한 감정을 몸짓으로 표현한다. 영아들의 정서적인 몸짓을 민감하게 알아채고 적절하게 반응해주는 것은 영아들에게 자신의 표현이 사회적으로 수용되며 그 결과가 자신을 행복하게 한다는 것을 알게 함으로써 소통하는 즐거움을 가지게 할 것이다.

둘째, 몸짓은 경험의 표상이다.

영아들은 자신이 경험한 것, 알고 있는 것을 몸으로 표현한다. 영아들이 컵을 들고 물을 마시는 흉내를 내거나, 휴지통을 비우고 그 안에 들어앉거나, '멍멍' 소리를 내면서 네 발로 기어 다니는 것은 컵의 용도, 휴지통의 활용, 강아지의 특징을 알고 있다는 것을 의미한다. 이러한 영아들의 몸짓을 기초로 비계를 설정하고 상호작용을 하는 것은 그들의 인지 발달과 동시에 언어 발달을 지원할 수 있다.

셋째, 몸짓 놀이는 어울림의 매개이다.

영아들은 친구들과 함께 뛰고, 소리 지르고, 웃고, 넘어지면서 즐거운 경험을 공유하고 사회적인 관계를 형성해간다. 몸짓 놀이를 통해서 영아들은 나와 친구가 하는 몸짓의 차이를 인식하고 이해할 수 있다. 나와 타인의 차이를 인식하고 수용하는 것은 영아들이 사회적인 의사소통을 위한 좋은 기초를 형성할 수 있다.

2) 몸짓 놀이의 유형

영아는 일정 시기 동안 언어로 표현할 수 없는 사물의 속성, 움직임, 상태 등을 몸짓으로 보완하여 의사소통을 시도한다(Goldin-Meadow, 1999). 따라서 교사들은 영아들의 몸짓이 세상과 소통하는 또 하나의 언어라는 것을 받아들일 필요가 있다. 또한 영아의 의사소통적 몸짓이 그들의 언어와 지식 발달에 기초가 됨을 알고 이를 교육적으로 통합할 수 있어야 할 것이다. 물론 교사는 일상생활의 상호작용을 통해서 실시간으로 영아의 몸짓과 언어를 통합할 수 있다. 하지만 다수의 영아들과 1:1로 질적인 상호작용을 하는 것에 교사들은 많은 어려움을 호소하고 있다. 따라서 보다 구체적으로 몸짓과 언어를 통합하기 위한 교육 방법을 체계화할 필요가 있다. 여기에서는 이를 몸짓 놀이라 정의하고 몸짓 놀이를 통한 영아 언어 지도 방법을 제안하고자 한다.

몸짓 놀이를 조작적으로 정의하면 일상적이고 자연스러운 상호작용을 보다 구조화하여 몸짓과 언어를 통합하기 위한 교육적 놀이를 구성하는 것이다. 영아들은 생활이 곧 몸짓이기 때문에 교육적으로 몸짓 놀이를 명확하게 규명하는 것이 쉬운 일이 아니지만 언어 지도를 위한 측면에서 몸짓 놀이를 크게 '흉내내기'와 '따라하기'로 구분하여 구조화하고자 한다.

'흉내내기'는 영아가 자신이 경험했고 알고 있는 것을 몸짓으로 표현하게 하는 놀이이다. 교사는 영아들이 몸짓으로 표현한 생각과 느낌을 자세히 기술하여 다시 들려줌으로써 경험과 형식적인 언어를 통합할 수 있도록 하고, 동시에 영아들의 제한된 경험을 더욱 풍부하게 할 수 있다. 영아들은 일상생활에서 쉽게 접할 수 있고 그들에게 익숙한 동물, 사람, 물건, 상황 등을 흉내 내고 교사는 이를 놀이로 구성하는 것이다.

'따라하기'는 영아가 일상생활에서 접할 수 있는 다양한 움직임들을 교사의 지시에 따라 언어와 함께 반복해서 경험하는 것이다. 교사는 움직임을 표현하는 의태어나 소리를 표현하는 의성어, '멀다'와 '가깝다'와 같이 공간을 나타내는 어휘들을 영아의 움직임과 통합할 수 있다. 영아들의 자연스러운 일상생활에서 발견되는 움직임들을 교사가 언어화하고 이를 움직임과 통합할 수 있는 놀이를 구성하는 것이다.

흉내내기의 경우 먼저 영아들이 자주 접했던 것 또는 접할 수 있는 것, 주변에서 쉽게 발견할 수 있는 대상 즉, 영아에게 경험적 도식이 형성되어 있는 대상을 선정하는 것이 우선이다. 만약 그렇지 못할 경우에는 영아들이 대상에 대한 탐색과 경험을 풍부하게 한 후 놀이를 진행할 수 있다. 예를 들어 동물 흉내내기의 경우 영아들이 일상이나 애니메이션, 노래, 그림책에서 자주 접할 수 있는 토끼, 물고기, 고양이, 강아지 등이 공룡, 독수리, 뱀과 같은 동물들보다 더 적합하다. 눈에 보이는 꽃이 눈에 보이지 않는 꽃씨보다, 직접 타본 경험이 있는 자전거나 자동차가 배나 기차보다 표현하기 적합한 대상이다.

따라하기의 경우에는 영아들이 일상에서 자주 경험하는 움직임들을 포착하고 그것을 언어화하는 과정이 선행되어야 한다. 그 다음에 언어를 반복경험할 수 있는 장면들을 찾아 놀이로 재구성하는 것이다. 이때에는 영아들과 함께 할 단어를 경험의 다양성에 기초해서 선정하도록 한다. '빙글빙글'이라는 단어를 예로 들어보자. 빙글빙글은 물체가 계속 미끄럽고 크게 도는 모양을 나타내는 말로 일상생활에서 다양하게 경험할 수 있다. 색연필을 빙글빙글 돌리기, 내 몸을 빙글빙글 돌리기, 바람개비 빙글빙글 돌리기, 막대사탕의 줄무늬가 빙글빙글 돌아가는 것 탐색하기, 훌라후프를 하면서도 미끄럼틀을 타면서도 그 의미를 경험할 수 있다. 반면 '으쓱으쓱'이라는 단어는 경험할 수 있는 기회가 앞의 단어보다는 다양하지 않음을 알 수 있다.

움직임과 언어의 통합을 위한 몸짓 놀이를 계획할 때에는 '정글 숲을 지나서 가자, 엉금엉금 기어서 가자~(정글 숲. 이요섭 작사/작곡)', '모두가 훌훌훌 뛰어

라. 모두가 훨훨훨 날아라.(모두 다 뛰놀자. 박경문 작사/김방옥 작곡)'와 같이 움직임을 포함하는 내용의 노래나 간단한 손유희를 활용하는 것도 좋은 방법이다. 또는 반대로 영아들의 움직임을 격려할 수 있는 간단한 지시어에 음을 붙여서 나만의 독특한 챤트(Chant: 단조롭게 되풀이되는 노래)를 만들어 사용할 수도 있다. 챤트를 만들 때는 전래동요의 3/4, 4/4조의 운율을 붙여 부를 수 있고, 영아들에게 또는 교사에게 익숙한 리듬에 맞추어 부르는 방법을 사용할 수 있다.

3) 활동의 단계

몸짓 놀이는 일상생활에서 벌어지는 다양한 상황에서 교사의 선택으로 놀이로 재구성될 수 있다. 감각운동기의 특성상 감각과 움직임을 어휘로 통합하고 이를 반복적으로 경험함으로써 영아들이 어휘를 습득할 수 있다는 점을 감안하여 언어 지도를 위한 활동의 단계를 다음과 같이 제안하고자 한다.

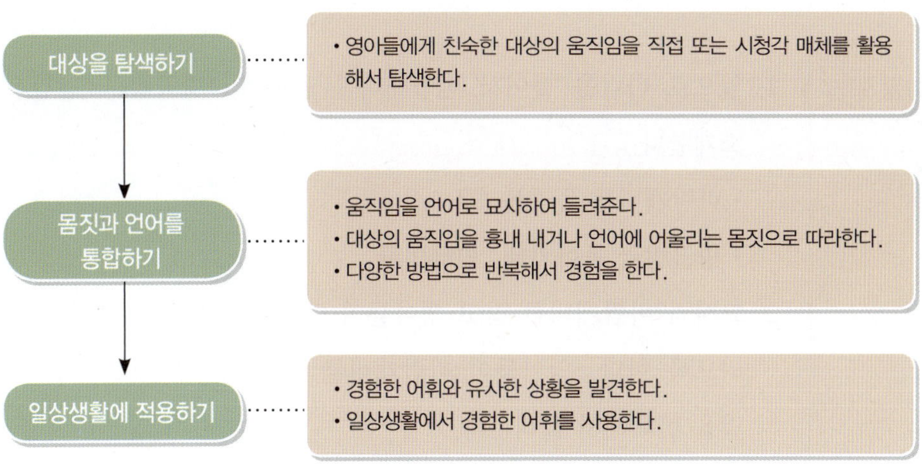

그림 6-2 영아기 몸짓 놀이 언어 활동 구성의 단계

4) 활동의 실제

대상을 탐색하기

바람개비가 '빙글빙글'

활동 목표	• 바람개비가 빙글빙글 도는 모습을 탐색한다. • '빙글빙글'이라는 단어를 말하면서 팔, 목, 허리를 움직인다.
표준보육과정 관련 요소	• 의사소통 〉 듣기 〉 말하는 사람을 주의 깊게 보기 • 신체 운동 〉 감각과 신체 인식하기 〉 신체를 인식하고 움직이기
활동 자료	• 바람개비(영아들 수만큼), 커다란 종이, 그리기 도구
핵심 어휘와 사전적 정의	• 빙글빙글 : 물체가 계속 미끄럽고 크게 도는 모양
활동 방법	1. 입으로 바람을 불어서 바람개비를 돌리며, '빙글빙글' 낱말을 소개한다. • 바람개비를 돌려볼까? • 빙글빙글 돌아가네. 빙글빙글 2. 교사가 바람개비를 잡고 영아들이 입으로 불어 바람개비를 돌리도록 한다. 영아들이 바람개비를 돌릴 때 '빙글빙글'이라는 말을 반복해서 들려준다. • 바람개비를 빙글빙글 돌려볼까? • '세현이도 빙글빙글', '강현이도 빙글빙글' • 빙글빙글 잘 돌아가네. *영아들이 바람개비를 돌릴 만큼 불지 못하면 영아가 바람개비를 잡게 하고 교사가 영아의 손을 잡고 한쪽에서 다른 쪽으로 움직이며 바람개비가 돌아가게 한다.

활동 평가

- 바람개비가 움직이는 모습에 관심을 가지는가?
- 빙글빙글이라는 소리에 맞추어 몸을 움직일 수 있는가?

활동의 유의점

- 바람개비의 막대를 견고하게 만들어 영아들이 잘 다룰 수 있도록 한다.
- 영아들이 바람개비를 돌릴 정도의 속도로 달리지 못하는 경우 부채나 선풍기와 같이 바람을 만들 수 있는 도구를 준비해서 영아들의 흥미가 빨리 떨어지지 않도록 한다.

확장 활동

- 실외놀이에서 바람개비를 돌리면서 빠르게 걷거나 달려본다.
- 전이 시간이나 낮잠 시간이 끝나고 몸을 깨워야 할 때 교사의 지시에 따라 목, 손목, 발목, 허리 등을 바람개비처럼 빙글빙글 돌려본다.

몸짓과 언어 통합하기

내 몸을 빙글빙글 돌려요

활동 목표

- 빙글빙글 돌아가는 선을 따라 음악에 맞추어 걸어본다.
- '빙글빙글'이라는 단어를 들으면서 종이에 돌아가는 모양을 끼적인다.

표준보육과정 관련 요소

- 신체운동 〉 신체 활동에 참여하기 〉 신체 활동에 참여하기
- 의사소통 〉 쓰기 〉 끼적이며 즐기기

활동 자료

- 영아들이 밟고 움직일 수 있는 빙글빙글 돌아가는 선, 경쾌한 음악

  *돗자리나 천에 마스킹 테이프를 붙여 구성하거나 스펀지 블록을 이용해서 만들 수 있다.

  *블록을 이용해서 만들면 경계가 생겨서 영아들이 쉽게 움직일 수도 있다.

핵심 어휘와 사전적 정의

- 돌다 : 일정한 축을 중심으로 하여 한 방향으로 움직이다.

활동 방법

1. 빙글빙글 돌아가는 선과 교사의 움직임을 탐색한다.
   - 우리 반에 아주 커다란 빙글빙글이 생겼네.
   - 선생님이 빙글빙글 선을 따라 걸어볼게.
2. 선을 따라 다양한 움직임으로 빙글빙글 몸을 움직인다.
   - 선을 따라서 선생님처럼 걸어볼까?
   - 거북이처럼 기어서 빙글빙글 돌아볼까?
   - 코끼리처럼 쿵쾅거리면서 빙글빙글 돌아볼까?

*돌아가는 선 주변에 의자를 두어서 돌기가 끝나면 앉아서 기다릴 수 있도록 한다.

*영아들이 선을 따라 걷기 힘들어 하는 경우 교사와 함께 움직여볼 수 있도록 한다.

활동 평가

• 빙글빙글 돌아가는 선 위를 따라 걸을 수 있는가?
• 쓰기 도구를 이용해서 빙글빙글 도는 모양을 끼적일 수 있는가?

활동의 유의점

• 영아들의 특성상 교사와 일대일 상호작용하는 것을 선호하므로 교사가 한 명씩 손을 잡고 또는 허리를 잡고 놀이할 수 있는 기회를 제공하면 영아들이 신체 활동에 자발적으로 참여할 수 있다.

확장 활동

• 커다란 종이에 크레파스를 이용해서 '빙글빙글' 말을 하면서 팔을 크게 움직여 빙글빙글 선을 끼적인다.

*영아들이 빙글빙글이라는 말을 표현하지 않더라도 교사가 반복해서 들려준다.

일상생활에 적용하기

빙글빙글이 많아요

활동 목표
- 주변에서 빙글빙글 돌아가는 모양을 찾아본다.
- '빙글빙글'이라는 어휘를 이용해서 두 단어 이상의 말을 한다.

표준보육과정 관련 요소
- 의사소통 〉 말하기 〉 낱말과 간단한 문장으로 말하기
- 자연탐구 〉 탐구하는 태도 기르기 〉 반복적 탐색 즐기기

활동 자료
- 빙글빙글 돌아가는 모양의 다양한 사진들(막대사탕, 달팽이 그림, 빙글빙글 돌아가는 미끄럼틀, 놀이공원 관람차)

핵심 어휘와 사전적 정의
- ~도 : 어떤 것이 다른 것과 마찬가지로 역시 그러한 것임을 나타내는 보조사
- ~도 빙글빙글, ~빙글빙글 돌아(가)요.

활동 방법

1. 교사가 소개하는 사진 자료를 보며 이름을 말한다.
   - (사진을 보여주며) 이게 무엇일까?
   - (영아들이 대답을 하면 정확한 발음으로 다시 말해준다.) 사탕이구나.
2. 각 사진에서 빙글빙글 돌아가는 모습을 찾아본다.
   - 막대사탕에는 빙글빙글이 어디에 있어?

*영아의 손을 잡고 손가락으로 빙글빙글 돌아가는 모양을 따라 그려본다.

- (손가락으로 따라 그리며) 막대사탕도 빙글빙글

3. 영아들에게 사진을 하나씩 선택하게 하고 각 사진을 이용해서 두 단어를 이용해서 말해볼 수 있도록 한다.
   - 세연이는 어떤 빙글빙글 사진 골랐어?
   - (영아가 미끄럼틀이라고 말하는 경우) 세연이 미끄럼틀도 빙글빙글
   - 선생님에게 세연이가 '미끄럼틀도 빙글빙글' 말해볼까?

*영아가 잘 이야기하는 경우 격려해주고, 이야기 못 하는 경우 다른 친구들과 함께 합창해볼 수 있도록 한다.

활동 평가

- '빙글빙글'이라는 말을 듣고 빙글빙글 돌아가는 모양을 찾을 수 있는가?
- '빙글빙글'이라는 언어를 일상생활에서 사용할 수 있는가?

활동의 유의점

- 영아들의 말하기가 월령에 따라 큰 차이가 있으므로 말하기가 빠른 영아들을 또래들이 모델링할 수 있도록 활동을 조직할 수 있다.
- 활동이 진행되는 경우 영아들이 교실의 놀잇감들을 본래의 목적과 다르게 빙글빙글 움직이는 것에 초점을 맞추어 사용하는 데 집중할 수 있으므로 이런 상황을 미리 예측하고 일정 기간 동안 충분히 탐색할 수 있는 시간을 배려할 수 있도록 한다.

확장 활동

- 교실에서 빙글빙글 돌아가는 문구나 놀잇감들을 찾아서 빙글빙글 움직여 보고 '빙글빙글'이라는 어휘를 사용해서 말해볼 수 있도록 한다.
- '빙글빙글'이라는 단어를 사용한 챈트를 만들어 일상생활에서 활용한다.

노래를 활용한 몸짓 놀이

나처럼 해봐라

활동 목표

- 말하는 사람을 주의 깊게 보고 그의 움직임을 따라한다.
- '나처럼 해봐라 이렇게' 문장을 이용해서 자신이 원하는 것을 표현한다.

표준보육과정 관련 요소

- 의사소통 〉 말하기 〉 자신이 원하는 것을 말하기
- 의사소통 〉 듣기 〉 말하는 사람을 주의 깊게 보기
- 예술경험 〉 예술적 표현하기 〉 움직임으로 표현하기

활동 자료

나처럼 해봐라

활동 방법

1. 활동을 도입하기 전 3~5일 정도 정리 시간이나 낮잠 시간을 깨울 때 노래를 틀어주어서 영아들이 노래에 익숙해질 수 있도록 한다.
2. 동요 CD를 틀어놓고 음악에 맞추어 다 함께 노래를 부른다. 교사는 노래에 맞추어 자연스럽게 영아들이 따라하기 쉬운 동작을 한다.
   *만약 영아들이 자연스럽게 교사의 동작을 따라한다면 눈빛이나 미소로 격려한다.
3. 교사의 움직임을 보고 따라한다.

- 선생님처럼 따라해 볼 수 있는 친구?
- "선생님처럼 해 봐라. 이렇게~!"

  *세수하기, 이 닦기, 밥 먹기 등 영아들의 일상생활과 관련된 움직임으로 도입하는 것이 좋다.

4. 한 명의 친구는 음악에 맞추어 몸을 움직이고 다른 친구들은 그 움직임을 보고 따라한다.
   - 나도 선생님처럼 움직여 볼 수 있는 친구?
   - 혜원이처럼 해 볼까? "혜원이처럼 해 봐라. 이렇게~!"
   - (세수하는 흉내를 낸 경우) 혜원이 어떻게 움직였어? 우리도 다 같이 세수해보자.
   - "혜원이처럼 해 봐라. 이렇게~!" 어푸어푸 세수하자~!

     *노래를 처음부터 끝까지 부르는 것보다는 영아의 움직임을 언어로 표현하고 그것을 다시 몸으로 표현하는 것에 초점을 맞추어 활동을 진행한다.

활동 평가

- 다른 사람의 몸짓을 보고 비슷하게 따라할 수 있는가?
- 자신의 생각을 몸짓으로 표현할 수 있는가?

활동의 유의점

- 본 활동의 진행 시 영아들이 자신의 생각을 친구들 앞에서 표현하는데 수줍음을 나타낼 수 있다. 그런 경우 영아의 의견을 교사가 듣고 해당하는 표현을 교사와 손을 잡고 함께 표현할 수 있도록 한다.
- 영아들은 아무 동작을 하지 않아도 그저 친구들 앞에 서서 주목받는 것 자체를 즐길 수도 있으므로 표현의 유무에 상관없이 리더의 역할을 할 수 있도록 기회를 공평하게 제공한다.

활동 평가

- 일상생활의 전이시간에 활동을 반복해서 경험할 수 있도록 한다.
- 다양한 동작의 카드를 준비해서 거울에 붙여두고 영아들이 카드의 움직임을 따라하는 자신의 모습을 탐색할 수 있도록 한다.

손유희를 활용한 몸짓 놀이

주먹 쥐고, 손을 펴서

활동 목표
- 노래를 듣고 노래의 내용에 따라 몸을 움직인다.
- 신체 각 부분의 명칭을 알고 위치를 가리킨다.

표준보육과정 관련 요소
- 의사소통 〉 듣기 〉 말소리 구분하여 듣고 의미 알기
- 신체운동 〉 감각과 신체 인식하기 〉 신체를 인식하고 움직이기

활동 자료

주먹 쥐고

활동 방법

1. 활동을 도입하기 전 3~5일 정도 정리 시간이나 낮잠 시간을 깨울 때 노래를 틀어주어서 영아들이 노래에 익숙해질 수 있도록 한다.
2. 노래 가사에 맞추어 교사가 몸을 움직이고 영아들은 그것을 따라한다.
   - ○○반 친구들 주먹 어디 있나? 여기!
   - 주먹 쥐어보자. 손을 펴 보자. 손뼉 쳐 보자.
   - 손을 머리 위로 올려보자. 햇님이 반짝반짝
3. 노래 CD를 틀어놓고 노래를 부르며 교사의 동작을 따라한다.

4. 영아들이 익숙해지면 맨 마지막의 노래 가사를 바꾸어서 다양한 동작을 해본다.

> (토끼 귀를 만들어) 토끼가 깡총, 토끼가 깡총, 토끼가 깡총, 깡총 뜁니다.
> (고깔모자를 만들어) 모자가 뾰족, 모자가 뾰족, 모자가 뾰족, 정말 멋져요.
> (두 손을 아래로) 펭귄이 뒤뚱, 펭귄이 뒤뚱, 펭귄이 뒤뚱 뒤뚱거려요.
> (두 손을 옆으로) 나비가 훨훨, 나비가 훨훨, 나비가 훨훨, 날아갑니다.
> (두 손을 앞으로) 자동차가 붕붕, 자동차가 붕붕, 자동차가 붕붕, 달려갑니다.

활동 평가

- 노래를 듣고 노랫말에 따라 몸을 움직일 수 있는가?
- 신체 부분의 이름을 아는가?
- 다양한 의태어를 듣고 적절하게 움직이는가?

- 동요의 속도가 영아들의 움직임에 비해 빠를 수 있으므로 활동 초반에는 교사가 노래를 직접 부르면서 동작에 익숙해질 수 있도록 한다.
- 영아들이 움직임과 그와 관련된 어휘를 익히기 위해서는 많은 반복이 필요하므로 노래의 가사를 한 번 바꾸면 며칠 동안 반복해서 익숙해지면 다른 가사로 변경하여 확장하는 과정을 거치는 것이 좋다.
- 주제에 맞게 다양한 사물이나 동 · 식물의 움직임이나 모습을 언어화하여 몸짓으로 표현한다.

노래 가사의 변형	가사에 따른 몸짓의 예시
(두 손을 머리에) 모자가 뾰족, 모자가 뾰족, 모자가 뾰족, 정말 멋져요.	
(두 손을 아래로) 펭귄이 뒤뚱, 펭귄이 뒤뚱, 펭귄이 뒤뚱 뒤뚱거려요.	
(두 손을 옆으로) 나비가 훨훨, 나비가 훨훨, 나비가 훨훨, 날아갑니다.	
(두 손을 앞으로) 자동차가 붕붕, 자동차가 붕붕, 자동차가 붕붕, 달려갑니다.	

[다양한 동작 그림 제시]

유아기에 접어들면 유아 스스로 읽기와 쓰기를 시작하고 즐거움을 느끼기도 한다. 학부모들은 유아기 언어 지도에 관심이 많고 기대도 크다. 교사들은 유아기의 발달적 특징을 고려하여 다양한 언어 활동을 계획, 실행하며 부모 기대와의 공통 분모를 찾아가고 있다. 교사들은 유아기 언어 지도에서 부모에게 보여지는 데 중점을 둔 포트폴리오를 만드는 데 집중하기보다는 흥미있는 언어 활동이 제시되도록 노력해야 한다. 유아기의 언어 활동은 유아들의 생활 경험에 근거하여 듣기, 말하기, 읽기, 쓰기를 고루 경험하고 언어 사용에 있어서 관심을 갖고 지속적으로 사용하고자 하는 의욕을 북돋우는 데 초점이 맞추어져야 한다. 유아기는 다양한 언어 사용 맥락에서 언어 사용의 필요성을 느끼고 언어를 통해 풍부한 감성을 형성하고 생각과 지식을 전하는 과정을 경험해야 한다.

유아기 언어 발달을 돕기 위해서 교사는 언어 지도를 위한 계획을 수립할 수 있어야 한다. 언어 지도의 계획에는 환경 구성, 교수-학습 자료의 준비 등이 포함되어야 한다. 기본적 사전 준비를 거친 후 교사는 수업 실제를 구현하기 위해 적합한 교수 매체와 교수의 방향을 구체적으로 그려낼 수 있어야 한다. 본 장에서는 언어 지도를 위해 그림책을 활용한 교수 방법과 언어의 형태, 의미, 화용에 초점을 둔 교수 방법을 소개하고자 한다.

학습 목표

- 그림책이 지니고 있는 가치를 이해한다.
- 유아에게 적합한 그림책의 선정 기준을 알아본다.
- 유아의 언어 지도를 위해 그림책을 활용하는 방법을 이해한다.
- 언어의 구성 요소에 따른 유아 언어 지도 활동의 과정을 이해한다.
- 유아의 언어 지도를 위한 수업 계획을 세우고 실행할 수 있다.

학습 내용

지식	기술	태도
• 그림책을 활용한 언어 지도 방법 • 언어 구성 요소에 기초한 언어 지도 방법	• 언어 지도 계획안 작성 • 유아에게 적합한 그림책 분석, 선정	• 유아 언어 지도에 대한 관심 • 언어 지도 계획의 창의성 • 그림책에 대한 호기심

핵심 용어

그림책의 가치, 그림책 선정, 그림책 활용, 언어의 형태, 언어의 의미, 언어의 활용

Chapter

7

유아 언어 교육의 실제

7 유아 언어 교육의 실제

1. 그림책을 활용한 언어 지도

1) 유아와 그림책

그림은 보는 이로 하여금 풍부한 감성을 일으킨다. 감상자들은 색감이나 질감의 다양성에 매료되기도 하고 그림의 주제를 따라 그림 속의 상황으로 빠져들기도 한다. 그림을 보며 여러 가지 상상의 나래를 펼치고 이는 그림책 감상에서도 마찬가지다.

그림책은 등장 인물, 배경, 이야기로 구성되어 있는데 이를 자세히 들여다보면 사물들이 지닌 표정, 암시, 의미, 사물과 배경을 구현하는 색감, 그리고 그림책을 제작한 기법들은 새로움으로 가득하다. 여러 작가들의 상상력이 그림책을 통해 유아들에게 전달된다.

유아들은 다양한 그림책을 접하면서 자신이 선호하는 그림책을 구별하기 시작한다. 초기에는 성인이 선택하여 영유아에게 제시하지만 점차 유아 스스로 그림책을 선택하고 반복적으로 읽으며 탐닉한다. 유아들은 그림책을 통해 다른 유아들의 삶이나 환상 속의 다른 세계를 간접적으로 경험한다. 다양한 그림책을 접할수록 유아들의 간접적 경험세계도 넓어진다.

성인들은 유아들에게 다양한 그림책을 소개하는 역할을 맡고 있는 셈이다. 성인은 그림책을 통해 일상의 문제 해결이나 앞으로의 다양한 경험에 대한 기대와 모험을 길러주는 것이다. 교사는 그림책의 내용과 형태가 매우 다양하므로 특정한 분야나 내용만을 소개하기보다는 폭 넓게 접하도록 하여 유아 스스로 선택할 수 있는 힘을 길러주는 것이 바람직하다.

유아들이 그림책을 읽을 때 해석이 다양해질 수 있으므로 교사는 그림책을 들려줄 때 특정 관점이 고정되지 않도록 주의해야 한다. 최소화된 성인의 개입과 자유로운 그림책 탐색 환경에서 이야기가 전개되는 과정에 푹 빠진 유아들은 친구에게 자신이 알고 있는 이야기를 들려주며 재창조의 과정을 거치기도 한다.

유아에게 그림책은 자신의 이야기나 소망을 옮겨놓은 것이며 그림책의 세계는 생각을 마음껏 펼칠 수 있는 사고력과 상상력의 대지이다. 그림책이 갖는 가치를 다음 몇 가지로 정리할 수 있다.

문해력 증진

- 글자를 소리내어 읽는 것이 아니라 상황 맥락에서 이해하는 능력이 좋아짐
- 다양한 어휘, 문장을 익혀 표현이 풍부해짐

문제 해결 사고 발달

- 이야기의 도음, 전개, 결말을 따라가며 문제 해결, 추론 과정 등을 경험하여 사고력이 발달됨

심미감 발달

- 다양한 기법의 그림책을 통해 아름다움을 발견하고 즐기게 됨
- 갈등해결, 배려, 희생의 이야기를 통해 인간적인 따뜻한 마음씨를 느낌

인격 형성

- 다양한 인물을 통해 사회적인 롤모델을 가짐
- 그림책을 통해 사회적 기술, 문제 해결, 베품 등을 배움

2) 그림책 선정

영아와 구분하여 유아용으로 제시되는 그림책은 우선 낱장의 두께가 얇아지고 글의 양은 많아지며 그림의 비중은 줄어든다. 하지만 단순히 글과 그림의 분량으로 영아용과 유아용을 구분하는 것은 바람직하지 않다. 내용적 측면에서는 그림책이 유아의 발달 단계, 경험, 사고 수준과 맞는지 고려하고 책을 즐겨할 요소가 포함되어 있는지 살펴보아야 한다. 그림의 측면에서는 삽화가 질적으로 우수하고 다양한 작업 기법을 통해 시각적으로 아름다움을 느낄 수 있어야 한다. 형태의 측면에서는 유아들이 반복적으로 읽기에 적합한 재질로 안전하게 만들어져야 한다는 점이 고려되어야 한다. 또한 유아들이 들고 읽거나 무릎에 놓고 읽을 때 불편함이 없는 크기여야 한다.

유아를 위한 그림책을 선정할 때 고려할 몇 가지 요소를 살펴보면 다음과 같다.

첫째, 그림책의 내용과 그림이 일치하는가? 그림책은 대부분 글과 그림이 함께 제시되는데 이때 내용과 그림이 일치하여 문자기호와 그림의 상징을 동시에 이해하는 유아들에게 혼란이 없어야 한다. 문장은 움직임을 묘사하고 있는데 등장 인물의 동작이 정적인 상황과 표정으로 표현된 그림책은 적절하지 않다.

둘째, 문장이 정확하면서도 표현이 다양하고 풍부한가? 그림책을 통해 유아들은 다양한 어휘를 터득하게 된다. 동화의 기본요소인 사건을 묘사하는데 누가, 언제, 어디서, 무엇을, 했는지가 독자로 하여금 쉽게 이해되도록 기술되어야 한다. 또한 생김새나 움직임, 상황, 장소들을 묘사하는 언어가 독특하고 충분한 공감을 일으킬 만한 표현으로 기술되어야 한다.

셋째, 그림이 풍부하여 상상력이나 미적인 호기심을 자극하는가? 그림책의 삽화는 작가들이 심혈을 기울여 자신만의 고유성을 드러내는 작품이다. 삽화에는 동화에서 글로 표현한 내용은 물론 글로 표현할 수 없었던 작은 단서들까지 섬세하게 묘사되어 있다. 특히 상상적인 표현들은 유아들에게 새로운 아이디어를 자극하기도 한다. 제럴드 맥더멋의 『거미 아난시』는 아프리카 미술의 아름다움을 느끼도록 하고 레오 리오니 작품의 『프레드릭』은 간결한 그림 가운데 온화한 색채의 사용으로 동화 전반을 따뜻함으로 감싸고 있다. 반면 토미 웅게러의 『세 강도』는 검은색을 배경으로 하여 표지부터 공포심을 자극한다. 안녕달의 『수박 수영장』은 수박의 속이라는 생각지 못한 공간이 배경으로 설정되어 다양한 상상력을 자극한다. 이와 같이 삽화들은 그림책에 대한 이해와 상상을 자극하고 다양한 정서적인 반응을 유도하는 장치이기도 하다.

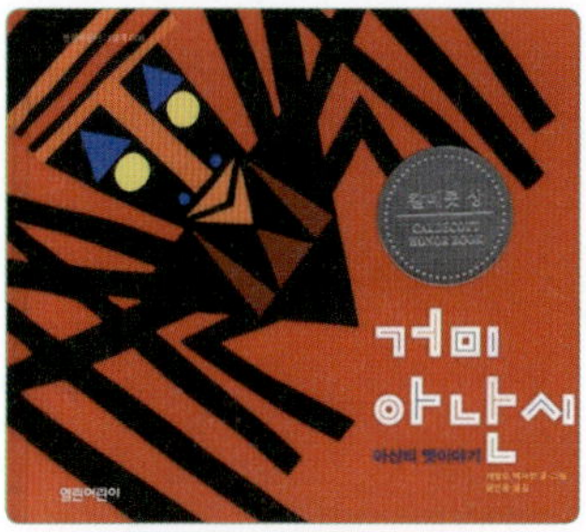

넷째, 그림이 조화롭게 구성되어 유아들이 흥미를 느끼도록 하는가? 그림책은 글과 그림이 서로 공간적 배치, 색, 글자체 등에서 유기적으로 연결되어 있어야 한다. 이러한 글과 그림의 관계가 조화롭게 될 때 유아들이 그림책을 읽으며 그림에 빠지고 글자를 통해 내용을 보다 더 잘 이해하게 된다. 『곰 사냥을 떠나자』의 글의 배치는 의성어, 의태어를 배치할 때 반복적이면서도 글자의 크기를 점점 커지도록 하여 주인공들의 '모험심', '두려움' 등의 감정을 깊이 있게 이해하도록 해준다. 그림책 『사과가 쿵』의 본문 내용 중에서 '쿵', '잘 먹었습니다' 등의 단어는 다른 글자보다 크게 배치되어 떨어지는 사과의

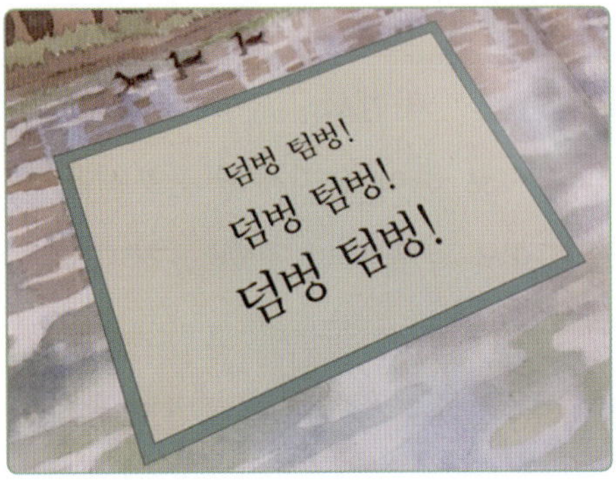

무게감을 실감하도록 돕고 있다.

다섯째, 다양한 내용을 담고 있는가? 유아들은 영아에 비해 경험이 다양해지면서 흥미의 범위가 확대되어진다. 일상 생활, 동 · 식물, 우주, 기계, 환상세계로 폭이 넓어지면서 구체적이고 사실적인 묘사나 과학적 탐구에 기반한 내용 등에도 관심을 기울인다.

유아기에는 인지 발달 측면에서 추론하거나 복잡한 사고를 하는 능력이 발달한다. 언어 표현은 논리적이면서도 유머러스함을 즐기기도 한다. 또한 사색이나 탐구 아이디어를 제공하는 그림책에도 흥미를 갖는다. 교사들은 유아들의 이러한 발달 특징을 반영하여 그림책을 선정하여 들려주어야 한다. 유아들에게 적합한 인지적인 성장, 유아들의 일상 경험, 상상적 요소, 언어적 유희 등으로 구분하여 그림책의 예를 제시해 보면 아래와 같다.

인지적 성장

유아들은 생각하기를 즐겨한다. 그림책 중 유아가 알고 있는 바를 확인하거나 새롭게 알게 되는 지적 자극을 주는 동화가 좋다. 자신의 몸에 대한 이야기, 생물이나 우주에 관한 이야기, 숫자 이야기 등이 유아들의 호기심을 자극한다.

- 교육적 가치 : 문제 해결력, 추론
- 동화책 : 『멍멍 의사 선생님』, 『숨 쉬는 항아리』, 『보인다 우리 몸』, 『갯벌이 좋아요』, 『이제 숲은 완벽해』

일상경험

가족과 친구 사이, 성장 과정 등은 유아들의 일상 경험이다. 표현하지 않아도 일상 생활을 통해 해결할 심리적 · 사회적 요구가 존재한다. 나와 같은 경험을 하는 주인공을 통해 자신만의 문제가 아니라 친구들도 같은 고민이 있음을 이해하며 심리적으로 편안함을 느끼며 문제 해결의 다양한 방법을 익힐 수 있다.

- 교육적 가치 : 심리적 안정감, 사회적 문제 해결, 협동, 배려
- 동화책 : 『이사가는 날』, 『입을 크게 벌려라』, 『있는 그대로의 너를 사랑해』, 『이슬이의 첫 심부름』, 『피터의 의자』

상상, 도전, 유머

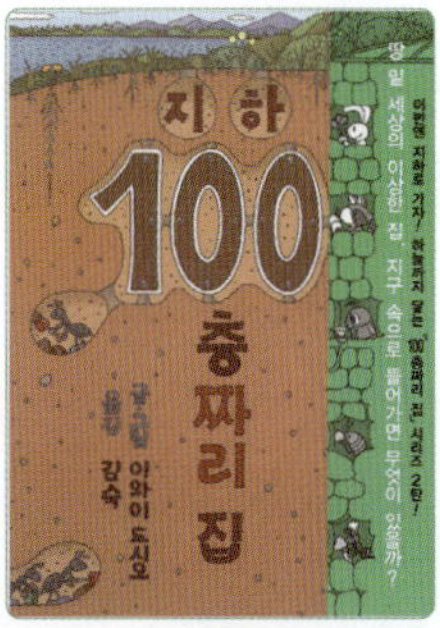

일어나지 않을 일을 상상하고 새로운 도전을 해보는 과정은 기대감과 유쾌함, 놀라움을 선사한다. 현실에서 불가능한 일이나 현실의 어려움을 극복하려는 용기를 내는 데 도움이 되거나 웃음으로 이겨내는 데 도움이 된다.

- 교육적 가치 : 심리적 안정감, 사회적 문제 해결, 협동, 배려
- 동화책 : 『괴물들이 사는 나라』, 『터널』, 『지하 100층짜리 집』, 『구름빵』

언어적 유희

재미있는 말의 반복이나 같은 문장 구조의 확장이 특징적인 그림책은 유아들이 책을 접하면서 언어의 리듬감을 익힐 수 있다. 감각적인 언어를 읽으면서 자연스럽게 어휘의 동질성을 이해하고 운율에 친숙해진다. 언어적 유희가 많은 책은 유아들이 반복적으로 읽으려는 성향을 촉진해준다.

- 교육적 가치 : 어휘 확장, 언어적 운율감
- 동화책 : 『시리동동 거미동동』, 『공사냥을 떠나자』, 『넉점 반』

3) 활동 단계

그림책을 활용한 언어 지도 방법은 매우 다양하다. 가장 일반적인 방법은 교사가 선택한 그림책을 유아들에게 읽어주는 것이다. 그림책을 통한 언어 지도에서 교사가 유의할 부분은 단어를 익히거나 사건의 순서를 기억하는 데 중점을 두기보다는 그림책 전반에 대한 이해와 친근감을 갖도록 하는 것이다. 교사가 그림책에 대한 접근방법을 모델링해 줌으로써 유아들이 그림책을 쉽게 접근하여 선택하고 즐겨 읽을 수 있도록 도와야 한다.

이러한 목적에 적합한 그림책을 활용한 언어 지도 활동을 '그림책에 친숙해지기', '그림책 이해하기', '그림책 활용하기'의 세 단계로 나누어 보았다. 그림책에 친숙해지기 단계에서는 그림책과 유아들의 첫 만남 내지 관계 형성을 돕는 단계라고 볼 수 있다. 유아들이 그림책의 내용을 알기 전에 교사가 그림책의 삽화, 제목, 책표지의 암시 등을 다룸으로써 그림책에 어떤 이야기가 있을

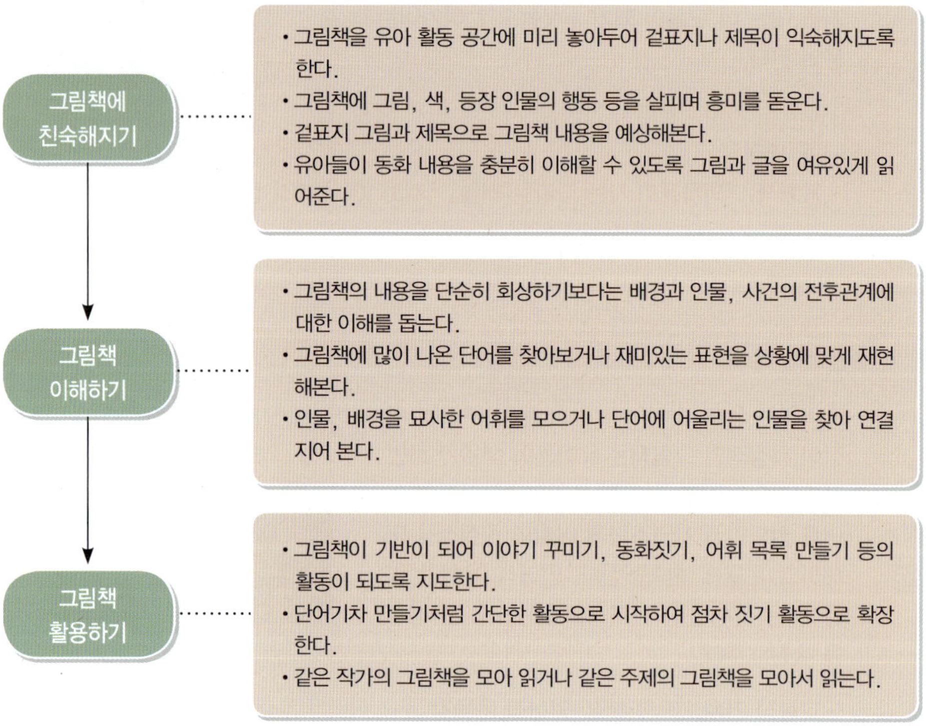

그림 7-1 그림책을 통한 언어 지도 활동 단계

지 상상하도록 하여 흥미를 돋우는 과정이다. 이때 유아들이 그림책에 주의를 기울이고 내용을 궁금해 한다면 그림책과 긍정적인 관계를 만들어가는 신호로 볼 수 있다. 이 단계에서의 교사 질문의 예는 "그림책의 앞면은 어떤 그림이니?", "무엇을 하고 있는 것 같니?", "이 아이(혹은 곰, 사람 등)는 왜 이런 표정을 하고 있을까?", (제목을 가리고) 이 책의 제목이 뭘까?" 등이다.

그림책 이해하기는 내용과 삽화를 이해하는 과정이다. 교사가 들려주는 이야기를 들으며 내용적인 측면에서는 기승전결, 배경, 인물의 성격 등을 자세히 들여다보는 단계라고 볼 수 있다. 또한 그림책의 삽화에 대한 이해도 충실히 하는 단계이다. 삽화에 나타난 등장인물의 표정이나 동작이 나타내는 의미를 찾아보고 배경을 살펴보며 이야기 전개의 상황을 종합적으로 이해하는 단계이다. 그림책 전체를 충분한 시간을 두고 살펴 다시 한 번 글과 그림을 연결지어 감상할 수 있도록 한다. 이때 유아들의 자연스러운 반응은 교사가 그대로 수용해주어 개별적인 반응도 매우 가치롭다는 것을 느끼도록 해주어야 한다. 활동으로 주인공의 행동의 원인을 살펴보거나 마음에 드는 인물 찾기, 새로운 단어 찾기, 반복적인 단어로 찬트 만들기 등을 할 수 있다. 이 단계에서 교사는 "그림은 무엇으로 그린 것 같니?", "주인공이 왜 그랬을까?", "재미있는 말(혹은 처음 듣는 말)이 있었니?"와 같은 질문을 할 수 있다.

그림책 활용하기에서는 그림책에 대한 이해를 바탕으로 다양한 확장 활동을 전개하는 단계이다. 그림책을 활용하는 방법은 매우 다양하므로 교사가 진행하고 있는 주제나 다음 활동과의 연계를 고려하여 선택한다. 그림책에 있는 단어를 적어보거나 단어를 활용하여 이야기 꾸미기, 그림책의 내용을 기반으로 한 동극, 문제 상황에 기초한 토의 활동 등이 있다. 이 단계에서 교사의 질문은 "만약 우리가 주인공이었다면 어떻게 했을까?", "재미있는 단어들만 모아보자", "이 그림책과 비슷한 이야기는 뭐가 있을까?", "작가가 같은 사람의 책을 모아보자." 등이 있다.

4) 활동의 실제

그림책에 친숙해지기

나는 해결사

활동 목표

- 그림책의 내용을 들으며 단서를 보고 다양한 형태를 상상해 말한다.
- 꼬마 곰이 그림을 통해 문제를 해결한 과정에 대해 알아본다.

누리과정 관련 요소

- 의사소통 〉 듣기 〉 바른 태도로 듣기
- 의사소통 〉 읽기 〉 책 읽기에 관심 가지기

활동 자료

- 그림책 『마술연필』(앤서니 브라운 저, 현북스), 부분과 전체로 나누어진 그림(예 사각형-창문, 텔레비전, 책/ 반원형-오렌지, 터널, 공 등), 문제 상황 그림(곰이 과일을 양 손에 가득 든 토끼를 만난 상황, 종이를 자르려고 종이를 들고 주변을 두리번거리는 아이 모습 등), 화이트보드, 펜

활동 방법

1. 부분 그림을 통해 동화에 대한 흥미를 돋운다.
   - 여기 그림을 보자. 이 그림을 보면 생각나는 것이 있니? (유아들의 다양한 반응을 수용한다.)
   - 이 모양만 보고도 여러 가지 생각을 했구나. 선생님도 어떤 모양이 될지 생각을 해 봤어. 어떤 모양이 될까? (그림을 보면서 확인한다.)
   - 지금 날씨가 너무 더운데 이 네모가 무엇이 되면 좋을까?
   - 아유, 너무 심심한데 이 네모가 무엇으로 바뀌면 좋을까?
   - 네모가 창문도 되고 텔레비전도 되었네. 그림이 자꾸 바뀔 수 있네.

2. 그림책을 탐색한다.

- 여기 너희들처럼 그림을 재미있게 그리는 곰이 있어. (그림책을 들어서 보여준다.) 이 곰이 무엇을 가지고 있니?
- 어디에 있는 것 같니? 곰은 뭘 하려고 하고 있을까?
- 그것을 어떻게 알 수 있었니?
- 제목은 무엇이라고 써 있니?
- (겉표지를 넘기며) 다음 장에는 어떤 그림이 있을까?

3. 이야기를 들려준다.

- 이제 동화에서 곰이 어떤 행동을 하는지 들어보자.
  (유아들의 동화 내용에 대한 자연스러운 반응은 수용한다.)

4. 동화를 회상하며 동화에 대해 이야기한다.

- 곰이 어떤 행동을 했니?
- 우리들도 곰처럼 재미있는 그림을 그려볼까?
- 선생님이 그림을 보여줄 테니 어떤 그림이 필요한지 그려보자.
- (문제 상황 그림 제시) 이런 때는 무엇이 필요할까? 나와서 그려보자.
- (유아들이 화이트보드에 그림을 그리도록 한다.)
  ○○이가 그린 그림을 보자. 무엇이 필요하다고 그렸을까?
- 곰이 그린 것 중에서 가장 재미있는 것은 무엇이었니?

활동시 유의점

- 그림 완성도보다는 상황에 맞는 사물을 다양하게 떠올리도록 한다.

활동 평가

- 동화 듣기에 관심을 갖는가?
- 문제 상황에 맞는 그림을 연상해내는가?

그림책 이해하기

작은 것도 괜찮아요

활동 목표
- 동화를 듣고 '작아씨'의 어려움에 대해 공감한다.
- 작아씨의 마음을 나타내는 단어를 적어보고 모아본다.
- 등장 인물이 가진 문제를 해결하는 방법을 의논한다.

누리과정 관련 요소
- 의사소통 〉 듣기 〉 이야기 듣고 이해하기
- 의사소통 〉 말하기 〉 낱말과 문장으로 말하기

활동 자료
- 그림책 『작아씨』(로저 하그리브스 저, 나비북스), 미니어처(사과, 인형, 사람, 책상 등) 화면, 단어 목록 적을 종이, 펜

활동 방법

1. 화면을 보여주어 공통적인 특징을 알아본다.
   - 몇 가지 사진을 보여줄 텐데 어떤 점이 같은지 한번 알아보자.
   - (미니어처 그림을 보여주며) 무엇이 같다고 생각하니?
   - 모두 작은 것을 모아놓았구나.
   - 이 작은 모습들을 보니 어떤 마음이 드니?
   - 그런데 실제로 이렇게 작은 사람이 있다면 어떻게 우리와 함께 살 수 있을까?
   - 오늘은 아주 작은 몸집을 가진 사람의 이야기란다.
   - 얼마나 작아서 '작아씨'일까?
2. 그림책을 보며 동화를 들려준다.
   - 작아씨는 어떤 일들을 경험했니?
   - 그때마다 어떤 어려움이 있었니?
3. 작아씨의 입장이 되어 감정을 이야기해본다.
   - 내가 만약 작아씨였다면 어떤 마음이 들었을까?

- (그림의 한 부분을 보여주며) 이럴 땐 어떤 마음일까?
- 너희들도 이런 마음이 든 적이 있었니?
- 그림을 보면서 작아씨의 마음을 적어보자. 마음을 표현하는 말을 알고 있니?
- (유아들이 표현한 내용을 받아 적거나 유아들이 적는다.) 또 다른 말로 표현할 수 있을까?
- 작아씨처럼 우리 주변에서 볼 수 있는 것 중에서 작은 것은 무엇이 있을까?

4. 작아씨의 문제를 해결할 수 있는 방법에 대해 의논한다.
   - 작아씨는 어떤 문제를 경험했니?
   - 내가 만약 작아씨라면 어떻게 하면 좋을까?
   - 어떤 방법으로 문제를 해결할 수 있을까? 친구들과 의논해 보자.
   - 우리가 생각한 방법을 함께 들어보자.
   - 반대로 생각해보자. 작아서 좋은 점은 없을까?

활동시 유의점
- 유아들이 감정을 나타내는 단어를 다양하게 표현하도록 지도한다.

활동 평가
- 읽어주는 내용에 관심을 갖고 듣는가?
- 자신의 생각을 다른 사람에게 표현하는가?

그림책 활용하기

화를 풀어요

활동 목표
- 그림책 내용을 듣고 화가 났을 때 문제 해결 방법을 찾아본다.
- 친구들과 여러 가지 감정에 대해 이야기를 나누고 마음에 관한 단어를 모아본다.

누리과정 관련 요소
- 의사소통 〉 말하기 〉 느낌, 생각, 경험 말하기
- 의사소통 〉 읽기 〉 읽기에 흥미 가지기

활동 자료
- 동화 『소피가 화나면 정말 정말 화나면』(몰리 뱅 저, 책 읽는 곰), 마음 모양 카드, 펜

활동 방법

1. 그림책을 탐색한다.
   - 오늘의 이야기는 『소피가 화나면 정말 정말 화나면』이라는 동화야.
   - 제목을 들으니 어떤 생각이 드니?
   - '정말 정말'이라고 한 이유는 뭘까?
   - '정말'과 '정말 정말'은 어떻게 다르게 느껴지니?(다 같이 소리내 본다.)
   - 소피의 표정은 어떠니?
   - 소피가 무엇 때문에 화가 났을 거라고 생각하니?
   - 소피가 화난 이유를 알아보자.
2. 동화를 들려준다.
   (그림의 색이나 암시를 이해할 수 있도록 천천히 읽어준다.)
   - (동화를 들은 후) 동화 장면 중에서 다시 보고 싶은 곳은 어디니?
   - 이 장면은 왜 다시 보고 싶었니?

3. 소피와 같이 속상한 마음이었을 때에 대해 이야기한다.
   - 소피는 왜 화가 났니? 소피가 화났을 때 어떤 표정이었니?
   - 소피가 화나서 어떻게 했니? 소피처럼 화가 난 적이 있었니?
4. 마음과 관련한 단어들을 모아본다.
   - 화가 나는 마음 말고 다른 마음들도 있니?
   - 내 마음을 말해주는 말은 어떤 것들이 있을까? (교사가 '동생이 내 장난감을 가져가서 미웠어'와 같이 예시를 들어준다.)
   - (카드를 주며) 여기에 우리 마음을 보여주는 글자들을 적어보자.
   - (유아들이 작성한 후) 우리 마음을 말하는 단어들은 어떤 것들이 있는지 보자.
   - (유아들이 적은 카드를 보며) 속상해, 미워, 억울해 같은 단어들이 우리 마음을 말하는 단어들이었구나.
   - 오늘은 동화를 듣고 소피와 같이 화나고 속상한 마음에 대해서도 알아보고 내 마음을 표현하는 다른 말들도 찾아보았어. 무엇을 느끼게 되었니?

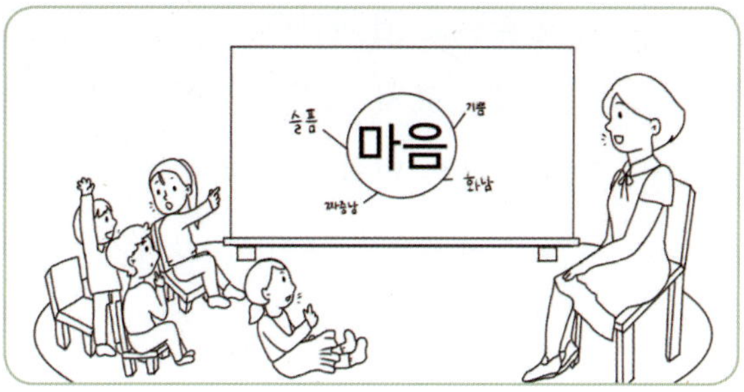

활동시 유의점

- 긍정적 · 부정적 마음을 나타내는 다양한 단어를 연상하여 적어보도록 격려한다.

활동 평가

- 소피의 행동에 공감을 나타내는가?
- 마음을 나타내는 다양한 단어를 떠올릴 수 있는가?

그림책 활용하기

작가를 알아봐요

활동 목표

- 같은 작가의 그림책을 감상하는 경험을 한다.
- 동일 작가의 그림책의 특징과 작가에 대해 알아본다.

누리과정 관련 요소

- 의사소통 〉 듣기 〉 이야기 듣고 이해하기
- 의사소통 〉 말하기 〉 느낌, 생각, 경험 말하기

활동 자료

- 에즈라 잭 키츠의 동화책 『피터의 의자』, 『눈 오는 날』, 『피터의 편지』, 『휘파람을 불어요』

활동 방법

1. 동화를 듣는 방법에 대해 이야기한다.
   - 오늘은 동화를 1개만 듣지 않고 여러 개를 들어보려고 해.
   - 이 동화들은 한 사람이 지었단다. 동화를 들으면서 비슷한 점이 있는지 살펴보자.
2. 동화책을 탐색한다.
   - 책 겉표지 그림들은 어떠니?
   - 제목은 뭐라고 쓰여져 있니?
   - 주인공은 누구인 것 같아?
   - 무슨 이야기가 있을 것 같니?
3. 유아들이 선택한 동화를 듣는다.
   - 어떤 동화를 먼저 들을까?
   - 다음 동화는 무엇을 들을까?(유아들의 집중 정도에 따라 2~3권을 듣는다.)
4. 동화에 대해 이야기 나눈다.
   - 동화를 듣고 나서 가장 기억에 남는 것은 무엇이니?
   - 동화에서 같은 점이 있었니?

- 동화 그림은 어떻게 달랐니?
- 동화 그림 중에서 우리도 따라해 볼 수 있을 것 같은 것도 있니?

5. 작가에 대해 알아본다.
   - 이 책을 지은 사람의 이름을 보았니?
   - '에즈라 잭 키츠'라고 한단다.
   - 그림을 혼자 공부해서 그리고 우리처럼 아이들을 위한 그림책을 많이 만들었어. 피부색이 다양한 친구들을 주인공으로 그린단다.
   - 이 분의 동화책을 읽어보니 어떤 느낌이 드니?
   - 우리가 읽었던 동화 중에서 같은 사람이 그린 동화들이 있었니?

활동시 유의점

- 같은 작가의 작품을 찾아보는 활동을 통해 그림책에 보다 깊은 흥미를 갖도록 지도한다.

활동 평가

- 동일 작가의 작품에 흥미를 느끼는가?
- 작가의 작품 특징에 대해 표현하는가?

그림책 활용하기

맛을 상상해요

활동 목표

- 동화를 듣고 동화의 내용에 대해 말한다.
- 맛을 나타내는 말을 다양하게 표현해본다.
- 새로운 단어를 만들어 본다.

누리과정 관련 요소

- 의사소통 〉 말하기 〉 낱말과 문장으로 말하기
- 의사소통 〉 쓰기 〉 쓰기에 관심 가지기

활동 자료

- 그림책 『달 샤베트』(백희나 저), 달 모양 종이, 펜

활동 방법

1. 날씨가 더울 때 어떻게 지내는지 이야기를 나눈다.
   - 우리가 더울 때는 어떻게 하지?
   - 여름에는 전기를 사용하는 때가 많은데 만약 전기가 들어오지 않으면 어떤 일이 생길까?
2. 그림책을 소개한다.
   - (겉표지를 보며) 어디일까?
   - 제목은 뭐야?
   - 달 샤베트가 뭘까? 혹시 먹어본 적 있니?
   - 이야기를 다 읽고 나면 뭔지 알 수 있을 것 같아.
3. 이야기를 듣는다.
   - 아파트에 무슨 일이 있었니?
   - 반장 아주머니는 무엇을 만들었니?
   - 달 샤베트가 만들어졌을 때 동물들은 어떻게 했니?
   - 옥토끼는 어땠을까?

4. 맛을 표현하는 단어를 만들어본다.
   - 달 샤베트가 나왔는데 맛이 어떨 것 같아?
   - 우리가 상상해서 적어보자.
   - (달 모양 종이를 나누어준다.) 여기에 적어보자.
   - 다 적으면 모두 모아서 어떤 맛이 모였는지 읽어보자.

     (유아들이 적으면 카드를 모아서 비슷한 맛끼리 모은다.)

활동시 유의점
- 단어를 쓰지 못하는 유아들을 도와준다.
- 새로운 어휘를 만들어보도록 지도한다.

활동 평가
- 동화에서 나타난 상황을 이해하는가?
- 맛에 대한 다양한 단어를 연상하는가?

2. 언어 구성 요소를 활용한 언어 지도

1) 언어 구성 요소

언어의 구성 요소는 형태, 의미, 화용 측면으로 나누어진다. 언어의 형태는 문자와 소리를 연결하는 내용과 음절에서 단어, 문장으로 이어지는 관계를 통해 문장을 구성하는 내용을 포함한다. 언어의 의미는 의미 이해하기와 어휘와 의미 구성의 유창성을 내용으로 삼고 있다. 언어의 화용은 문자 언어 사용 기술을 기초로 한 읽기와 쓰기, 언어의 기능에 대한 경험, 문해 활동에 대한 긍정적인 태도를 내용으로 삼고 있다. 구성 요소의 구체적인 하위 내용은 아래의 표와 같다.

표 7-1 언어의 구성 요소에 따른 하위 내용

내용 요소	하위 내용
언어의 형태	• 한글 자, 모음의 형태와 이름 알기 • 글과 소리를 연결하기 • 음운을 조합하여 음절 구성하기 • 음절을 조합하여 단어 구성하기 • 단어를 배열하여 문장 구성하기
언어의 의미	• 단어–문장–텍스트의 의미 이해하기 • 대상, 움직임, 상태, 감정을 표현하는 어휘 경험하기 • 하나의 의미를 표현하는 다양한 어휘 경험하기
언어의 화용	• 글을 읽고 난 후에 자신의 경험과 관련하여 생각하기 • 자신의 생각과 경험을 적절하게 글로 표현하기 • 요구, 규제, 상호작용, 자기표현, 발견, 상상, 정보의 언어 기능을 경험하기 • 화자와 청자, 맥락을 고려하여 적절하게 문자 언어를 사용하기 • 문자 언어의 가치와 필요성을 인정하기 • 문해 활동에 흥미를 가지고 적극적으로 참여하기

이와 같은 언어 구성 요소를 활용한 언어 지도는 유아들로 하여금 언어를 구성하는 요소에 대한 지식과 관계성을 다양한 활동을 통해 경험하고 내면화

하는 과정을 통해서 궁극적으로 문해 능력을 향상시키는 데 목적이 있다.

(1) 언어의 형태

유아들이 한국어의 형태에 대한 인식을 높이기 위해서는 한글 자모음의 형태와 이름 익히기, 자모음을 합쳐 소리가 나는 음절의 형성 과정 알기, 음절을 조합하여 단어 만들기, 단어를 조합하여 문장 만들기를 경험할 필요가 있다.

유아들은 자모음을 인식하며 소리가 만들어지는 과정에 관심을 가질 수 있으며 체계적인 소리형성 과정을 통해 보다 원활하게 언어를 습득할 수 있다. 또한 자모음을 비교하고 대치하며 글과 소리의 관계를 깨달아가고 글을 읽을 수 있는 기초를 형성하게 된다. 더불어 음절에 대한 인식을 바탕으로 새로운 단어를 만들고 이를 이용해 경험, 생각, 느낌을 나타내는 문장을 구성함으로써 의미가 있는 언어 구조를 형성할 수 있게 된다.

(2) 언어의 의미

유아들은 자신이 습득한 단어의 의미를 정확하게 알고 이를 바탕으로 다양한 의미를 지닌 표현을 습득해나가야 한다. 단어, 문장의 의미는 유아의 경험과 분리되거나 단어 암기와 같은 훈련을 통해서 습득되기보다는 유아의 일상생활 맥락과 연결지어 단어, 문장이 사용될 때 의미를 보다 분명히 알게 된다. 같은 단어라 하더라도 사용하는 맥락에 따라 의미가 달라질 수 있으므로 교사들은 다양한 상황에서 사용되는 단어들의 예를 들어주고 문장이나 상황에서 해석되는 의미를 설명해주도록 한다. 특히 의성어, 의태어, 색이나 감정을 나타내는 단어들은 사용 맥락에 따라 의미가 변화하므로 동작, 정서 등의 의미를 개념화할 수 있도록 자주 사용하는 것이 좋다.

(3) 언어의 활용

유아들은 언어 사용자로서 자신의 생각이나 감정을 요구나 자기표현과 같은 언어 기능을 충분히 활용하여 표현하고, 말과 글로 표현된 타인의 의사 표현을 이해하고 적절히 반응하는 능력을 발달시켜 가야 한다. 교사들은 일상적 상호작용 과정에서 현재 말하는 내용의 의미가 무엇인지 파악하도록 유아들을 돕고, 글을 사용하는 과정에서 의미가 보다 정확하게 전달될 수 있도록 내용을 구성하고 이에 적합한 어휘를 선택하여 경험과 관련지어 표현할 수 있도록 도와주어야 한다. 언어의 활용은 특히 맥락과 대상이 중요하다. 대상이나 장소를 달리해보는 경험들이 효과적인 의사소통 기술을 습득하는 데 도움이 된다.

2) 활동 단계

언어가 지닌 특성을 인식하며 맥락에 적절한 단어와 문장을 구사하는 능력을 갖추도록 돕기 위해서 교사는 언어의 구성 요소에 대한 이해를 바탕으로 교수 계획을 수립해야 한다. 이는 언어의 형태와 의미를 파악한 후 언어를 효과적으로 사용하도록 돕는 과정이다. 아래에 제시된 활동 단계는 반드시 자모음, 음절부터 시작해야 한다는 것을 의미하지는 않는다.

한글은 매우 체계적으로 자모음을 조합하여 음절, 단어로 자연스럽게 확장되어가는 특징을 지니고 있으나 이러한 체계에 따라 학습이 단계별로 진행되는 것은 아니다. 유아들은 이미 영아기 때부터 다양한 경로로 언어를 습득하고 있다. 때로 각각의 음절로 배우고 때로는 의사소통 과정에서 자연스럽게 배우기도 한다. 언어의 구조는 음소, 음절, 형태소, 문장 등으로 나아가나 실제 언어 습득의 과정은 일차원적으로만 진행되는 것은 아니라는 의미이다.

여기에서는 교사의 교수법적인 접근 방법을 돕기 위해서 언어의 특징인 자모음을 먼저 인식하고 언어의 의미와 활용 단계로 나아가도록 하는 과정의 예시를 제시한 것이다.

언어 형태 탐색하기는 앞서 설명한 바와 같이 자모음 각각의 형태와 이 자모음이 만나서 서로 음절, 단어, 문장을 이루는 과정에 대한 이해와 탐색을 도모하는 단계이다. 이 단계에서는 자모음의 형태에 관심을 갖도록 같은 자 · 모

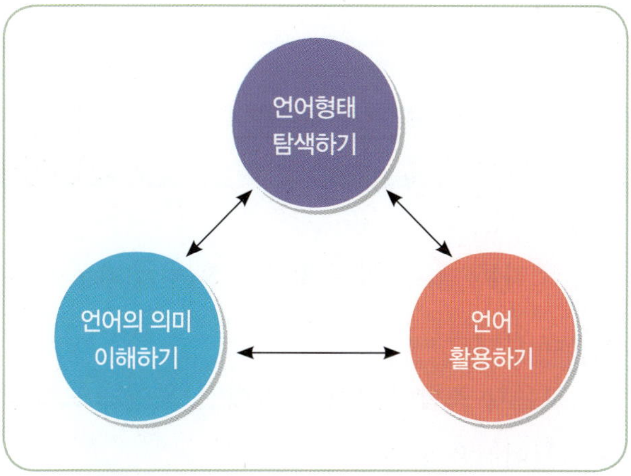

그림 7-2 언어 구성 요소에 따른 언어 지도 과정

음 찾기, 자모음 써보기 등의 활동을 한다.

언어의 의미 이해하기는 문자에서 사용되는 단어와 문장의 의미가 무엇인지를 이해하는 단계이다. 이 단계에서는 단어와 문장의 의미를 이해하는지 질문하고, 자신의 생각, 느낌에 적합한 단어, 문장을 구성하는지 알아본다. 또한 글을 읽고 글의 의미나 글에 나타난 감정이 무엇인지 알아본다. 같은 정서를 나타내는 단어를 모아서 적어보거나 단어나 글의 내용을 몸으로 표현하여 이해 정도는 나타낸다.

언어 활용하기는 간단하게는 말과 글을 활용한 의사소통 과정이라고 할 수 있다. 이 단계에서는 말과 글의 편리함을 느끼도록 하고 말과 글을 이용해 생각, 느낌을 맥락에 맞게 표현하도록 하는 활동이 이루어진다.

3) 활동의 실제

언어의 형태 탐색하기

소리를 만들자

활동 목표

- 혼자 소리를 낼 수 없는 자음과 혼자 소리를 낼 수 있는 모음의 특징을 안다.
- 자 · 모음의 조합에 의해 만들어진 음절이 모여 의미 있는 단어가 만들어짐을 안다.

누리과정 관련 요소

- 의사소통 〉 듣기 〉 낱말과 문장 듣고 이해하기
- 의사소통 〉 말하기 〉 낱말과 문장으로 말하기

활동 자료

- 자석 화이트보드, 자음이 배열된 글자판, 자모음 자석, 자음 카드(주황 배경), 모음 카드(연두 배경), 자음 목걸이, 모음 목걸이

활동 방법

1. 자 · 모음의 차이에 대해 알아본다.
   - 여기 붙인 주황색 카드와 연두색 카드는 어떤 차이가 있을까?
   - 이 카드들 중에서 소리를 낼 수 있는 카드들이 있어.
   - 어떤 소리들이 나는지 읽어볼까?
   - 혼자 소리를 낼 수 없는 것은 무엇일까?
2. 자 · 모음 짝짓기 게임을 한다.
   - 유아들이 자 · 모음 목걸이 카드를 하나씩 목에 건다.
   - 원이나 자유롭게 움직이다가 부르는 숫자만큼 짝을 짓는다.
   - 모여 앉은 유아들끼리 자 · 모음을 조합해보고 소리가 나면 그 소리를 낸다.
   - 소리가 만들어진 팀이 있니? 소리를 한 번 내볼까?

(소리가 만들어진 짝은 '잘했어', 소리가 나지 않는 짝은 '다음에 꼭 성공해'하며 격려한다.)

- 짝짓기의 인원을 다양하게 변화시키며 활동을 한다.
- 단어가 만들어진 팀도 있나봐. 한번 읽어 볼까?

3. 활동을 마무리한다.

- 오늘 자음, 모음을 이용해서 소리도 만들고 단어도 만들어 봤어.
- 어떤 소리들이 나왔지?
- 나오지 않은 짝들 중에서 우리가 다시 짝지어서 소리가 나게 할 수도 있니?
- 자음, 모음이 만나서 정말 많은 소리를 만들 수 있구나.

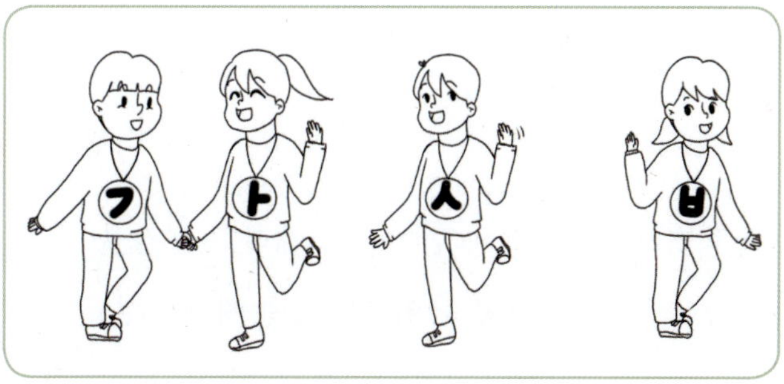

활동시 유의점

- 자음과 모음이 만나서 소리가 나는 과정을 경험하는 활동이므로 다양한 조합을 유도한다.

활동 평가

- 자음과 모음을 구별할 수 있는가?
- 자음과 모음이 만나서 소리가 나는 과정을 이해하고 있는가?

이야기를 만들어요

활동 목표

- 단어의 의미를 알고 각각을 연결하여 의미 있는 문장을 만든다.
- 말이나 글로 표현하기 전에 의미를 구성하는 과정이 필요함을 안다.
- 의미와 의미의 결합은 다양하게 새로운 의미로 재구성할 수 있음을 안다.

누리과정 관련 요소

- 의사소통 〉 말하기 〉 낱말과 문장으로 말하기
- 의사소통 〉 말하기 〉 느낌, 생각, 경험 말하기

활동 자료

- 낱말 카드(튜브, 바다, 산, 배낭, 비, 우산, 자동차, 고래, 번개, 태양, 수박, 아이스크림, 선글라스, 모자, 모기)

활동 방법

1. 15개의 단어를 소개하고 문장을 구성한다.
   - 어떤 단어들이 있는지 볼까?
   - 여기 단어를 보니 봄, 여름, 가을, 겨울 중에서 어떤 계절이 생각나니?
   - 여름에 많이 사용하는 단어들이구나.
   - 여기 있는 단어들을 이용해서 재미있는 여름 이야기를 만들어보자.
2. 문장을 구성하는 과정을 알아본다.
   - 먼저 2개의 단어를 골라서 이야기를 만들어 볼까?
   - '태양'과 '아이스크림'을 골라보자. 어떤 이야기가 될까?
   - '아이스크림을 먹고 있는데 해가 너무 뜨거워서 다 녹았다'도 만들 수 있구나.

- 다르게 만들어 보자.
- 단어는 2개인데 문장은 많이 만들어지는구나.

3. 단어들을 이용해 다양한 문장을 만들어 본다.
   - 다른 단어들을 모아서 이야기를 만들어 보자.
   - 이번에는 어떤 단어들을 모아볼까?
   - '우산'과 '비'를 이용하면 어떤 이야기가 나올까?
   - 단어 수를 더 늘려볼까?
4. 활동을 평가한다.
   - 오늘 여러 가지 단어를 이용해서 단어를 만들어 봤는데 재미있었니?
   - 이렇게 이야기를 만드는 것이 우리에게 어떤 도움이 될까?

활동시 유의점

- 단어를 연결하고 문장으로 만드는 과정의 가치를 인식할 수 있도록 지도한다.

활동 평가

- 단어와 단어를 연결짓는 데 어려움이 없는가?
- 다양한 문장을 만들어 내는가?

언어의 의미 이해하기

전래동화 패러디 극장

활동 목표

- 익숙한 전래동화를 기승전결 구조에 맞춰 회상한다.
- 전래동화의 등장 인물들을 재구성하여 새로운 이야기를 창작한다.

누리과정 관련 요소

- 의사소통 〉 듣기 〉 동요, 동시, 동화 듣고 이해하기
- 의사소통 〉 말하기 〉 느낌, 생각, 경험 말하기

활동 자료

- 전래동화 이야기 책, 등장 인물 인형, 인형극 틀, 숫자판

활동 방법

1. 수수께끼를 통해 흥미를 유발한다.
   - 선생님이 이야기하는 것을 잘 듣고 어떤 사람인지 맞춰보자.
     "나는 여자예요, 나는 사과가 싫어요, 나는 7명의 난장이들과 함께 살아요, 백설공주와 일곱 난장이 나오세요."
2. 등장 인물을 소개하고 이야기의 제목을 회상한다.
   - 이번에는 인형을 보여줄게. 생각나는 옛날 이야기 제목을 말해보자.
   - 오늘 옛날 이야기의 주인공들이 많이 모였구나.
3. 이야기를 기승전결 구조에 맞게 이야기한다.
   - 백설공주 이야기를 알고 있니?
   - 새로운 방법으로 이야기를 해보자. 4가지를 차례대로 말하는 거야.
   - (숫자판 1을 들고) 하나! 백설공주에게는 어떤 일이 있어났나요?
   - (숫자판 2를 들고) 둘! 그래서 백설공주는 어떻게 되었나요?
   - (숫자판 3을 들고) 셋! 백설공주에게 일어났던 가장 중요한 사건은 무엇이었나요?

- (숫자판 4를 들고) 넷! 마지막에 백설공주 이야기는 어떻게 끝나요?
- 4가지를 차례대로 말하니 어때요? 다른 이야기도 이렇게 간단하게 4가지를 차례대로 말해볼까?

4. 등장 인물을 재구성하여 새로운 이야기로 만들어본다.
   - 이번에는 4가지의 옛 이야기의 등장 인물 중에서 4명을 골라서 새로운 이야기를 한 번 만들어보자.
   - 해님 달님(백설공주, 일곱 마리 아기 양, 토끼와 자라)에서는 어떤 친구를 고를까?
   - 4명의 주인공이 함께 모이면 어떤 이야기가 만들어질까?
   - 하나! 처음엔 어떤 이야기로 시작할까? 어떤 친구를 등장시킬까?
   - 둘! 그래서 어떻게 되었을까?
   - 셋! 가장 크고 중요한 일이 일어난다면 어떤 일일까?
   - 넷! 마지막에는 어떻게 되었을까?
5. 활동을 마무리한다.
   - 우리가 만든 이야기를 정리해 보자. 다시 들려줄게.
   - 우리가 새로운 이야기를 만들었구나.

활동시 유의점
- 이야기 구조를 이해하고 이에 맞는 구성을 할 수 있도록 지도한다.

활동 평가
- 이야기의 핵심을 분명하게 말하는가?
- 4단계를 잘 이해하고 반응하는가?

언어의 의미 이해하기

수수께끼 놀이

활동 목표

- 단어를 읽고, 그 의미를 다른 사람이 이해할 수 있는 언어로 설명할 수 있다.
- 단어의 의미를 몸짓, 표정과 같은 비언어적인 의사소통 방법을 포함하여 효과적으로 표현한다.
- 다른 사람의 이야기를 잘 듣고 그 의미를 이해한다.

누리과정 관련 요소

- 의사소통 〉 말하기 〉 낱말과 문장으로 말하기
- 의사소통 〉 듣기 〉 이야기 듣고 이해하기

활동 자료

- 수수께끼 카드(20장), 주머니

활동 방법

1. 수수께끼 활동을 소개한다.
   - 우리 수수께끼해 봤지?
   - 역할을 어떻게 나누어야 하지? (문제를 낼 사람을 정한다.)
   - 다른 사람들은 문제를 맞히는 역할이야.
2. 주머니에 카드를 넣고 활동을 시작한다.
   - 주머니에서 카드를 하나 꺼내서 문제를 내는 사람이 설명하는 거야.
   - 친구들이 잘 맞힐 수 있도록 잘 설명해야 해.
   - 말로만 설명하는 것이 아니라 얼굴 표정이나 팔, 다리를 움직여도 좋아.
   - 설명을 듣고 맞히는 사람이 그 단어 카드를 갖는 거야.
   - 문제를 내는 사람이 그만한다고 하면 다른 사람이 문제를 낼 수 있어.

3. 역할을 바꾸어 해본다.

4. 활동을 평가한다.

- 모두 카드를 몇 장씩 가졌는지 보자.
- 이 중에서 설명하기 어려운 단어는 뭐였니?
- 단어 카드를 잘 설명해준 사람은 누구였니?

활동시 유의점

- 소그룹 활동으로 진행할 때 효과적이다.
- 카드를 자신이 많이 모으기 위해 설명을 미흡하게 할 경우 교사가 옆에서 도움을 제공한다.

활동 평가

- 단어를 설명하는 과정에 열심히 참여하는가?
- 단어를 맞히기 위해 노력했는가?

언어의 의미 이해하기

나의 가나다 책 만들기

활동 목표

- 음절이 포함되는 단어를 다양하게 탐색하고 읽어본다.
- 다양한 매체를 활용하여 문자를 탐색하고 수집해본다.

누리과정 관련 요소

- 의사소통 〉 읽기 〉 읽기에 흥미 가지기
- 의사소통 〉 쓰기 〉 쓰기에 관심 가지기

활동 자료

- 책 만들기 자료(제목 '○○○의 가나다), 포스트 잇, 연필, 지우개, 글자사전(하마의 가나다, 어린이 첫 한글사전 등)

활동 방법

1. 관련된 책을 소개한다.
   - 『하마의 가나다』라는 책인데 어떤 내용인지 읽어보자.
   - 하마의 가방 말고 다른 단어를 넣어서 책을 만들 수 있을까?
   - (유아들이 만든 단어를 넣어) 동화를 다시 읽어보자.
2. '나의 가나다 책 만들기' 활동을 소개한다.
   - 『하마의 가나다』 책에 단어를 넣어서 만든 것처럼 단어를 채울 수 있을까?
   - (책 만들기 자료를 보여주며) 여기에 단어를 찾아서 적을 수 있을까?
3. 유아들이 자유롭게 활동할 수 있도록 한다.
   - 친구에게 물어볼 수도 있고 우리 교실에 있는 물건들의 이름을 적을 수도 있어.
   - 운동이나 동물 이름만 모아서 사전에 적어도 좋아.
   - 또 사전도 준비해 뒀어. 친구들이 적지 않는 단어들을 적어보려면 한 번 찾아보렴.
4. 활동이 끝난 후 서로 만든 책을 소개한다.

• (활동을 마무리하도록 한다.) 이제 정리하고 모여보자.

• 어떤 책들이 완성되었는지 살펴보자.

• 누가 나와서 말해 보자.

(유아들이 다양하게 작성한 내용을 칭찬해 준다.)

활동시 유의점

• 많이 쓰는 것도 중요하지만 다양한 음절을 사용해 보도록 한다.

활동 평가

• 스스로 활동에 참여하는가?

• '가나다' 음절의 차이를 인식하고 활동에 참여하는가?

참고문헌

강범모 (2010). **언어: 풀어쓴 언어학 개론** 3판. 서울: 한국문화사.

강은진 (2007). 영아 언어 발달 연구의 경향 분석: 0-36개월 미만 영아를 대상으로. **유아교육연구, 27**(2), 139-162.

고려대학교 (2012). **외국어로서의 한국어 교수법**. 고려대학교 출판부.

고은영 (2009). 유아 듣기 발달 및 듣기 교육 연구동향. 건국대학교 대학원 석사학위논문.

곽경화, 김영실 (2012). 이름글자를 활용한 그룹게임이 유아의 음운 인식과 읽기능력, 읽기 흥미에 미치는 영향. **열린유아교육연구, 17**(3), 157-180.

교육과학기술부 (2009). **초등학교 교육 과정해설**. 교육과학기술부.

교육과학기술부, 보건복지부 (2013). **3-5세 연령별 누리과정 해설서**. 교육과학기술부, 보건복지부.

교육부 (2015). **초 · 중등학교 교육과정 총론**. 교육부.

_____ (2019). **유치원 교육과정 고시문**. 교육부.

교육부, 보건복지부 (2019). **2019 개정 누리과정 해설서**. 교육부.

구봉경 (2006). 동화 듣고 다시 말해보기 활동이 유아의 내용 이해력과 이야기구조 개념에 미치는 영향. 중앙대학교 교육대학원 석사학위논문.

김경철, 채미영 (2001). 유아용 평가 도구들의 언어 평가 분석. **열린유아교육연구, 8**(2), 137-152.

_____________ (2003). 이야기 꾸미기 활동과 상상력 평가- 상상력 평가 준거 설정을 중심으로. **유아교육연구, 23**(1), 209-227.

김나연 (2002). 말놀이 학습을 통한 초등학교 저학년 어휘 지도 연구. **국어교육연구, 17**, 45-80.

김남희 (2013). 동시 중심 균형적 언어활동이 유아의 읽기 흥미와 읽기 발달에 미치는 영향. 이화여자대학교 교육대학원 석사학위논문.

김두순 (2014). 유아교육기관의 그림동화책 활용에 대한 교사의 인식 분석. 금오공과대학교 대학원 석사학위논문.

김민진 (2005). 유아 언어 접근법의 초등학교 저학년에서의 적용 가능성 탐색. **초등교육연구, 18**(2), 279-301.

김민진, 송연경 (2016). 환경 인쇄물을 활용한 언어활동이 유아의 음운 인식, 읽기ㆍ쓰기 흥미 및 어휘 발달에 미치는 효과. **열린유아교육연구, 21**(1), 703-728.

김영실, 김진영, 김소양 (2006). **영유아를 위한 언어 지도.** 경기: 공동체.

김영태, 성태제, 이윤경 (2003). **취학전 아동의 수용 언어 및 표현 언어 발달척도.** 서울: 서울장애인종합복지관.

김영태, 장혜성, 인성숙, 백현정 (1995). **그림어휘검사.** 서울: 서울장애인종합복지관.

김은심, 조정숙 (2013). **영유아언어 교육의 이론과 실제.** 경기: 정민사.

김인순, 박순호, 손영숙, 홍순옥 (2009). **유아교사를 위한 유아언어 교육.** 서울: 동문사.

김정화 (2009). 유아교육현장에서 문학적 접근 프로그램이 유아의 언어 · 사고능력 증진에 미치는 효과. 가야대학교 교육대학원 석사학위청구논문.

김 현 (2008). 영아의 언어능력과 제반 변인에 관한 연구, 전남대학교 대학원 박사학위논문.

노명완, 이차숙 (2002). **문식성 연구.** 서울: 박이정.

노상혜 (2012). 균형적 언어 교육접근법에 기초한 문해 활동이 만 4세 유아의 읽기, 쓰기 발달에 미치는 효과 및 유아의 반응. 이화여자대학교 교육대학원 석사학위청구논문.

노영희, 김창복, 전유영 (2014). **영유아언어 교육.** 경기: 양서원.

문화일보 (2016). 20세기 초 문맹률 높던 중국, 헐버트 권유로 한글 쓰려했다. 2016.7.28. 기사.

박배식 (1992). **언어 발달과 지도.** 서울: 학문사.

박성희 (2012). 언어 구성 요소를 적용한 만 5세 문해 교육 프로그램의 구성 및 효과. 중앙대학교 대학원 박사학위논문.

박세진 (2009). 영아의 몸짓 사용 종류와 어휘 습득 간의 관계 : 8~24개월 영아를 중심으로. 이화여자대학교 대학원 석사학위논문.

박찬옥, 서동미, 곽현주 (2014). **유아교과교육론.** 경기: 정민사.

박형신, 김금주 (2011). 이야기 다시 말하기를 통한 말 붙임새 창작 활동이 유아의 국악 능력과 언어 능력에 미치는 영향. **열린유아교육연구, 16**(2), 253-273.

박혜경 (1991). 유아를 위한 총체적 언어 교육 접근법의 효과에 대한 연구. 이화여자대학교 대학원 박사학위논문.

박혜경, 김영실, 김지영, 김소양 (2006). **유아 언어 교육-이론과 실제.** 경기: 양서원.

배소영 (2003). 영유아기 의미평가도구 MCDI-K의 타당도와 신뢰도에 관한 연구. **언어청각장애 연구, 8**(2), 1-14.

배소영, 임선숙, 이지희, 장혜성 (1994). **구문의미이해력 검사**. 서울: 서울장애인종합복지관.

보건복지부 (2020). 제4차 어린이집 표준보육과정 고시문. 서울: 경성문화사.

서동미, 엄은나, 이혜경, 박성희 (2013). **유아교과교육론**. 경기: 공동체.

서동미, 이옥임, 박지선, 조재은 (2009). **영유아프로그램의 이해와 실제**. 경기: 정민사.

성미영 (2013). 초등 과학 수업에서 show and tell 발표의 활용이 학습 동기와 과학 태도에 미치는 영향. 경인교육대학교 교육대학원 석사학위논문

송연경 (2015). 환경 인쇄물을 활용한 유아문해 교육 프로그램 개발 및 적용 효과. 중앙대학교 대학원 박사학위논문.

송완용 (2005). 시간의 강을 건너 온 언어 기원설. **독어교육, 34**, 115-138.

송주연, 황해익 (2010). 유아언어평가도구 개발을 위한 탐색. **유아교육학논집, 14**(1), 159-184.

신귀련 (2002). 이중 언어 경험정도에 따른 유아의 상위언어 능력 발달에 관한 연구. 부산대학교 대학원 석사학위논문.

심정림 (2014). 이야기 전달하기 활동이 유아의 듣기능력과 이야기 이해력에 미치는 영향. 한국교원대학교 교육대학원 석사학위논문.

유민임, 오성숙 (2013). **유아언어 교육**. 경기: 양서원.

윤진주 (2007). 음성 언어 중심의 유아 언어 교육 프로그램 개발 및 적용 효과. 원광대학교 대학원 박사학위논문.

윤진주, 김영실 (2008). 음성 언어 중심의 유아 언어 교육 프로그램 적용 효과. **열린유아교육연구, 13**(3), 387-410.

이대균, 서윤정 (2005). 발음 중심 교수법과 총체적 언어 접근법을 병행한 언어 교육 프로그램의 효과. **열린유아교육연구, 10**(4), 23-44.

이대균, 김주영, 임자영, 박지선 (2009). **영유아 언어 교육**. 경기: 공동체.

이문정 (1999). 유아의 이야기 짓기와 극화 활동의 연계가 유아의 이야기 구조 및 찰 상황적 언어 발달에 미치는 영향. 이화여자대학교 대학원 박사학위논문.

_____ (2004). 한글의 문자 특성에 적합한 유아 읽기, 쓰기 교육. **미래유아교육학회지, 11**(1), 169-192.

이미향 (2002). 동화 듣고 이야기해보기 활동이 유아의 말하기 태도와 말하기 능력에 미치는 영향. 대구가톨릭대학교 교육대학원 석사학위논문.

이미화, 이정림, 여종일, 김경미, 김명순, 이경옥, 이완정, 이정욱, 최일선, 최혜영 (2012). **5세 누리과정 운영에 따른 유아평가 연구-평가척도**. 육아정책연구소.

이상연, 안성우 (2014). 유아의 듣기능력과 언어 발달과의 상관연구. **언어치료연구, 23**(1),

109-125.

이숙희, 박혜경 (2008). 균형적 유아 읽기 프로그램 적용 효과. **교육과학연구, 39**(2), 113-135.

이승현(2015). 2015 개정 초등교육과정 성취기준 비교, 분석. 대구대학교 교육대학원 석사학위논문.

이영자 (2013). **유아언어 발달과 지도**. 경기: 양서원.

이영자, 김재숙, 김금주, 박미라, 정주원, 권세경 (2009). **영유아 언어 교육**. 서울: 창지사.

이영자, 이종숙, 이정욱 (1996). 보육시설경험이 1, 2, 3세아의 구어 및 문어발달에 미치는 영향. **한국영유아보육학, 10**, 31-73.

이옥임, 박성희 (2015). 만1세반에서 짧은 이야기를 활용한 어휘-경험 통합 활동의 적용과정 탐색. **어린이문학교육연구, 16**(4), 101-126.

이옥섭 (1999). 균형 있는 문해 프로그램이 유아의 읽기, 쓰기 발달에 미치는 효과 연구. 서울여자대학교 대학원 박사학위논문.

이원미, 김호 (2012). 그림 자료를 활용한 이야기 꾸미기 활동이 유아의 창의성에 미치는 효과. **어린이문학교육연구, 13**(1), 19-37.

이은해, 이미리, 박소연 (2006). **아동 연구방법의 이해.** 서울: 학지사.

이정은, 김경숙 (2016). 명화를 활용한 이야기꾸미기 활동이 유아의 언어 표현력 및 이야기 이해력에 미치는 영향. **생애학회지, 6**(2), 77-95.

이지연, 이근영, 장유경 (2004). 어머니의 책읽기 상호작용 유형이 영아으 초기 어휘발달에 미치는 영향. **한국심리학회지, 17**(1), 131-146.

이지영 (2009). 유치원·초등학교 연계에 기초한 균형적 문식성 프로그램의 구성 및 적용. 성신여자대학교 대학원 박사학위논문.

이지현, 김유정 (2005). 유아의 어휘 습득에 있어서 명시적, 직접적 어휘 지도법과 맥락적, 간접적 어휘 지도법의 효과의 차이. **열린유아교육연구, 10**(4), 297-316.

이지현, 마송희, 김수영, 정정희 (2009). **영유아를 위한 언어 교육**. 경기: 공동체.

이차숙 (1999). 유아의 음운인식과 읽기 능력과의 관계에 관한 연구. **교육학연구, 37**(1), 389-406

______ (2004). **유아 언어 교육의 이론적 탐구**. 서울: 학지사.

______ (2005). **유아 언어 교육의 이론과 실제**. 서울: 학지사.

______ (2007). **유아 언어 교육의 이론과 실제**. 서울: 학지사.

임귀자, 김영옥 (2012). 그림책을 활용한 의미지도 그리기(Semantic Mapping) 언어 활동이 유아의 읽기 능력과 그리기 표상 능력에 미치는 영향. **유아교육연구, 32**(1), 59-83.

임양금 (2005). 유아의 이름글자를 활용한 균형 잡힌 문자 언어 접근법의 효과. 원광대학교 대학원 박사학위논문.

임효정 (1997). '말놀이'를 통한 국어과 교수-학습 방법의 연구. **국어교육연구, 12**(0), 29-56.

장유경, 홍세희, 이근영 (2007). 어휘습득에서 어머니의 언어적 입력과 상호작용 유형의 영향. 한국심리학회 학술대회 자료집. pp.106-107.

전유영 (2011). 균형적 접근법에 기초한 유아 언어 교육 프로그램의 구성 및 적용효과. 중앙대학교 대학원 박사학위논문

전유영 (2013). 균형적 접근법에 기초한 유아 언어 교육 프로그램이 유아의 언어적 태도 및 능력에 미치는 영향. **열린유아교육연구, 18**(2), 1-32.

정남미 (2005). **유아언어 교육**. 서울: 창지사.

______ (2011). **유아언어 교육**. 서울: 창지사.

정옥분 (2005). **발달심리학**. 서울: 학지사.

조명한 (1983). 한국 아동의 언어 획득 연구: 책략 모형. 서울대학교 출판부.

조정숙, 김은심 (1996). **유아언어 교육**. 서울: 정민사.

조주연, 이병승 (2012). 언어의 뇌과학적 이해와 초등언어 교육의 방향. **한국초등교육**, 403-428.

조혜원(2019). 5세 누리과정 의사소통 영역과 2015 개정 교육과정 초등 1년 국어교과의 언어놀이 활동 연계성. 공주대학교 교육대학원 석사학위논문.

주영희 (2001). **유아 언어 발달과 교육**. 서울: 교문사.

지청숙 (1999). 말놀이 학습을 통한 언어사용능력 신장 방안. 서울교육대학교 교육대학원 석사학위논문.

최현석 (2009). **인간의 모든 감각**. 서해문집.

표준국어대사전. 국립국어원 http://www.korean.go.kr/에서 인출

한국교육 과정 평가원, 한국유아교육학회 (2007). **2007년 유치원교육 과정**. 서울: 한국교육 과정평가원.

한유미, 김혜선, 권희경, 양연숙 (2014). **영유아 언어 교육의 이해-이론과 실제**. 서울: 학지사.

한유미, 김혜선, 권희경, 양연숙, 박수진 (2005). **영유아 언어 교육의 이해 이론과 실제**. 학지사.

한유미, 김혜선, 권희경, 양연숙, 박수진 (2005). **영유아 언어 교육의 이해**. 서울: 학지사.

허미애 (2007). 유아교사의 이야기나누기에 대한 실천적 지식 탐구. 중앙대학교 대학원 박사학위논문.

현정희 (2014). 언어 교육 프로그램이 유아의 언어능력에 미치는 효과에 관한 메타분석. 건국대학교 대학원 박사학위논문.

홍혜경, 김명화, 김정아, 김세루 (2012). **영유아 언어 교육 이론과 실제.** 학지사.

황은순 (2010). 균형적 언어 교육 접근법에 기초한 유치원 문해 프로그램이 초등학교 1학년 읽기 쓰기 교육에 미치는 영향. 덕성여자대학교 대학원 박사학위청구논문.

황해익 (2009). **유아평가의 이해.** 경기: 정민사.

Adams, M. J. (1990). *Beginning to read and learning about print*. Cambridge, MA: MIT Press.

Albrecht, K., & Miller, L. G. (2001). *Innovation: Infant & toddler development*. MD: Gryphon House, Inc.

Anderson, J. L., Morgan, J. L., & White, K. S. (2003). A statistical basis for speech sound discrimination. *Language and Speech*, 46(2–3), 155–182.

Carroll, D. W. (1994). *Psychology of language*. Pacific Grove, CA: Books/Cole Publishing Co.

Chomsky, N. (2000). **언어지식**(*Knowledge of Language*). (이선우 역) 서울: 아르케(원전은 1986년에 출간).

Chomsky, N. (2007). On Language: *Chomsky's Classic Works Language and Responsibility and Reflections on Language in One Volume*. New Press.

Clay, M. (1991). *Becoming literature : The construction of inner control*. Portmouth, NH: Heinemann.

Decasper, A. J., & Spence, M. J. (1986). Prenatal maternal speech influences newborn's perception of speech sounds. *Infant Behavior and Development*, 9, 133-150.

Devitt, M. & Sterelny, K. (1990). *Language and reality: an introduction to the philosophy of language*. Oxford: Basil Blackwell

EBS 언어 발달의 수수께끼 제작팀 (2014). **언어 발달의 수수께끼.** EBS 미디어, 서울: 지식너머.

Goldin–Meadow, S. (2000). Beyond words: The importance of gesture to researchers and learner. *Child Development*, 71(1), 231–239.

Hammond, W. D. A. (1999). *Balanced early literacy curriculum: An ecological perspective in Early Instruction for the New Millenium*. D. Hammond & T. Raphael (Eds.). Ann Arbor: Center for the Improvement of Early Reading Achievement.

Hoff-Ginsberg, E. (1997). *Language development.* Books/Cole Publishing Company, New York.

Hoskisson, K., & Tompkins, G. E. (1987). *Language arts: content and teaching strategies.* Columbus, Ohio: Merrill Pub. Co.

Iverson, J. M., & Goldin-Meadow, S. (1997). What's communication got to do with it? Gesture in children blind from birth. *Development psychology*, 33, 453-567.

Jalongo, M. R. (2000). *Early childhood language arts* (3rd ed.). Needlham Heighs, MA: Allyn and Bacon.

Lee, L. P. (2011). Environmental print: Research on Hong Kong children's understanding of chinese words. *Asia-Pacific Journal of Research in Early Childhood Education,* 5(2), 49-66.

McGee, L. M. & Schickedanz, J. A. (2007). Repeated interactive read-aloud in preschool and kindergarten. *The Reading Teacher*, *60*(8), 742-751.

Nilsen, B. A. (2008). Week by week: Documenting the development of young children. NY: Thomson Delmar Learning.

Morrison, G. (2012). *Early childhood education today*. NJ: Pearson.

Morrow, L. M. (1986). Effects of story retelling on children's direction of original stories. *Journal of Reading Behavior, 18,* 135-152.

National Research council (2001). *Preventing reading difficulties in young children.* Academic Press.

Nelson, J. R., & Stage, S. A. (2007). Fostering the development of Vocabulary Knowledge and Reading Comprehension Though Contrxually-Based Multiple Meaning Vocabulary Instruction. *Education & Treatment of Children, 30*(1), 1-22.

Nilsen, B, A. (2008). *Week by week: Documenting the development of young children.* NY: Thomson Delmar Learning.

Samuel E. Wood, Ellen Green Wood, & Denise Boyd (2012). *Mastering the world of the phychology*. Standalone Book. (김초복, 장문선, 허재홍, 김지호, 진영선, 곽호완, 박영신 역 (2015). **심리학의 세계**. 학지사)

Sapir, E. (1929). The Status of Linguistics as a Science. *Language,* 5(4), 207-214.

Schickedanz, R. J., Hansen, K. & Forsyth, P. D. (1990). *Understanding Children.* Mountain View, CA: Mayfields Publishing Comany.

Seyda Özçaliskan & Goldin-Meadow, S. (2009). When gesture-speech combination on enhancing the quality of mother–infant interaction. *Child Development*, 70(3), 713–721.

Stahl, S. A., & Murray, B. A. (1994). Defining phonological awareness and its relationship to early reading. *Journal of Educational Psychology*, 86(2), 221–234.

Taylor, J. (1973). *Reading and Writing in the First School*. London: George Allen and Unwin Ltd.

Tomasello, M. (2003). *Constructing a language: a usage-based theory of language acquisition*. Cambridge, Mass.: Harvard University Press,

Trawick-Smith, J. (2012). **놀이지도: 아이들을 사로잡는 상호작용**[*Interactions in the classroom*]. (송혜린, 신혜영, 신혜원, 조혜진 역) 서울: 다음세대. (원전은 1994년에 출판)

Vouloumanos, A., & Werker, J. F. (2007). Why voice melody alone cannot explain neonates' preference for speech. *Developmental Science*, 10(2), 169–171.

Vygotsky (1987). *Mind in Society*. MA: Havard University Press.

Weaver, C. (1994). *Reading process and practice*. Portsmouth, NII: Heinemann

Whitehurst & DeBaryshe (1989). Observational learning and language acquisition. IN *The many faces of imitation in language learning*. Springer.

Whorf, B. L. (1938). The Punctual and Segmentative Aspects of Verbs in Hopi. *Language,* 12(2), 127–131.

찾아보기

저자소개

서동미

중앙대학교 문학박사

현) 경동대학교 유아교육과 교수

저서) 유아사회교육(2020, 양성원)
유아교육과정(2020, 정민사)
유아수학교육(2020, 정민사)
영유아교수학습방법론(2019, 공동체)

엄은나

중앙대학교 문학박사

현) 용인예술과학대학교 유아교육과 교수

저서) 유아교사를 위한 논리논술교육(2020, 정민사)
유아사회교육(2020, 양성원)
영유아교수학습방법론(2019, 공동체)
영유아언어교육(2017, 정민사)

박성희

중앙대학교 문학박사

현) 교원임용 티처메카 유아교육전공 대표강사

저서) 배움중심수업설계(2022, 공동체)
유아교육과정(2020, 정민사)
영유아교수학습방법론(2019, 공동체)

이혜경

중앙대학교 문학박사

현) 오산대학교 유아교육과 교수

저서) 영유아교수학습방법론(2019, 공동체)
보육교사인성론(2018, 정민사)
영유아언어교육(2017, 정민사)
영유아수학교육(2015, 학지사)

제2판

영유아 언어 교육

1판 1쇄 인쇄 2017년 2월 23일
1판 4쇄 발행 2020년 8월 12일
2판 1쇄 발행 2022년 2월 20일
2판 3쇄 발행 2025년 1월 30일

저 자 서동미 · 엄은나 · 박성희 · 이혜경
발 행 인 회장 박철용
대표 박세원
발 행 처 정민사
주 소 경기도 파주시 직지길 522 파주출판도시
전 화 031-955-8030
팩 스 031-955-8025
홈 페 이 지 http://www.jmpub.co.kr
이 메 일 yswgroup@naver.com
출 판 등 록 1979년 1월 22일 No. 406-2004-000130호

I S B N 978-89-5809-951-2
정 가 22,000원